Zu diesem Buch

Pädagogik «vom Kinde aus»,
Schulreform im Geist der Jugendbewegung,
Kameradschaft von Lehrern und Schülern in demokratischen Schulgemeinden,
Schulen ohne Leistungsdruck und Zensuren, in denen die Schüler bestimmten, was und wie sie lernen wollten:
Dreizehn Jahre Nationalsozialismus haben uns von diesen pädagogischen Erfahrungen und Modellen aus der Weimarer Republik abgeschnitten. Nach 1945 hat die akademische Pädagogik die ersten Ansätze zur Ablösung autoritärer Erziehung in der Schule mit Schweigen übergangen, die offizielle Schulpolitik hat restauriert, was die Schulreformer in den Schulgemeinden und vor allem in den Hamburger Gemeinschaftsschulen bereits überwunden hatten. J. R. Schmids 1936 aus der Nähe des Zeitgenossen geschriebener Bericht zeichnet Entstehung, Entwicklung und Ende einer pädagogischen Praxis auf, die sich zum Ziel gesetzt hatte, konsequent den Bedürfnissen und Bildungsmöglichkeiten des Kindes zu dienen.

Jakob R. Schmid, geboren 1909 in Zürich, studierte nach seiner Ausbildung zum Volksschullehrer Pädagogik, Psychologie und Philosophie. Er war von 1941 bis 1955 Direktor und Lehrer für Psychologie und Pädagogik am Staatlichen Lehrerinnenseminar in Thun (Schweiz) und ist seither Professor für Pädagogik an der Universität Bern.

Jakob R. Schmid

Freiheitspädagogik

Schulreform und Schulrevolution in Deutschland

Deutsch von
Walther Vontin

rororo

Rowohlt

Die Originalausgabe erschien im Verlag Delachaux et Niestlé, Neuchâtel, 1936 unter dem Titel: «Le maître-camarade et la pédagogie libertaire»
Umschlagentwurf Jürgen Wulff

DEUTSCHE ERSTAUSGABE

Veröffentlicht im Rowohlt Taschenbuch Verlag, Reinbek bei Hamburg, Mai 1973

Satz Aldus und Folio (Linofilm-Super-Quick)
Gesamtherstellung Clausen & Bosse, Leck/Schleswig
Printed in Germany
ISBN 3 499 16817 0

Inhalt

Vorwort (1972)

Was diese Schrift mitzuteilen hat, ist vor vielen Jahren entstanden. Deshalb scheint es angebracht, den Leser über ihre Genese und über das etwas ungewöhnliche Schicksal, das ihr beschieden war, ins Bild zu setzen:

Das Buch geht auf meine Doktorarbeit an der Universität Genf zurück und erschien zum ersten Mal 1936 in Neuchâtel und Paris unter dem Titel ‹*Le maître-camarade et la pédagogie libertaire*›. Es wurde in erster Linie als Beitrag zur jüngeren und jüngsten Geschichte der Pädagogik verfaßt. Die Wurzeln des Erziehungskonzepts, das man heute weitherum das «antiautoritäre» nennt, sollten aufgedeckt werden, und ich wollte nachweisen, daß in dieser «Freiheitspädagogik» nicht einfach eine Steigerung «freiheitlicher» Reformpädagogik gesehen werden darf.

Freilich aber war von Anfang an mit dieser historischen Absicht auch eine kritische verbunden. Ich hatte mich in einer Diplomarbeit mit «typischen» Lehrerhaltungen beschäftigt und beschloß, einer von ihnen, der kameradschaftlichen, kritisch nachzugehen. Zu diesem Vorhaben regten mich Erinnerungen an «Gemeinschaftsschulen» an, die ich während eines Berliner Studiensemesters kennengelernt hatte. Es verdichtete sich hierauf durch die Begegnung mit dem deutschen Pädagogen Dr. Karl Wilker, der 1934 als Emigrant in die Schweiz kam und einige Zeit mit seiner Familie im Hause meines Lehrers und väterlichen Freundes Dr. Willi Schohaus, Seminardirektor in Kreuzlingen, lebte. Dr. Wilker hatte seine Bibliothek, insbesondere auch seine Zeitschriftensammlung, herübergerettet. Ich stieß da auf viel Material über die 1919 entstandenen Hamburger «Gemeinschaftsschulen» und erkannte, daß es sich dabei um den größten, kühnsten und am grundsätzlichsten fundierten Versuch «antiautoritärer» Erziehung handelte, den die Geschichte der Pädagogik überhaupt kennt. Karl Wilker stellte dann die Verbindung mit William Lottig (1867–1953) in Hamburg her, der einer der führenden Köpfe in der Gemeinschaftsschul-Bewegung gewesen war, und Lottig versah mich mit weiterem, auf anderen Wegen kaum mehr erreichbarem Material; er vertraute mir sogar seine persönlichen, während der ganzen Dauer des Schulversuchs geführten Tagebücher an, obwohl er von meiner kritischen Absicht wußte. – Bei Hedi und Willi Schohaus lernte ich etwas später auch noch Paul Geheeb kennen, den Gründer der Odenwaldschule. Auch er war emigriert und wirkte dann bis zu seinem Tode 1961 in der Schweiz – in seiner «Ecole d'Humanité» auf dem Hasliberg im Berner Oberland, die noch jetzt unter der Mitleitung seiner Gattin steht. Die Gespräche mit Paul Geheeb und die Dokumente über die Odenwaldschule, die er mir zugänglich machte, ließen mich am deutlichsten erkennen, daß der Hamburger Versuch anderen Geistes war als die meisten weiteren großen Verwirklichungen deutschen pädagogischen Pioniertums jener Zeit, von denen Näheres bekannt war.

– Der Odenwaldschule wurde dann allerdings der eigene Platz, den sie innerhalb des Kapitels über Landerziehungsheime reichlich verdient hätte, nicht eingeräumt, weil für den französischsprachigen Leser bereits die zuverlässige Untersuchung von Elisabeth Huguenin über sie vorlag.

Gerade die kritische Absicht einem «antiautoritären» in mancher Hinsicht bewunderungswürdigen pädagogischen Wagnis gegenüber, das im Deutschland von Weimar unternommen worden war, hielt mich aber in den folgenden Jahren vor einer Übertragung des Buches in meine Muttersprache zurück. Die Verbreitung meiner Kritik an den Hamburger «Gemeinschaftsschulen» in dieser Sprache wäre ja der damaligen deutschen, unter Druck und Drohung der nationalsozialistischen Ideologie stehenden pädagogischen Sehweise weitgehend entgegengekommen, obschon meine Vorbehalte ganz anders intendiert waren.

Auch nach 1945 kam ich nicht darauf zurück, obwohl unterdessen in Mexiko eine spanische Ausgabe meiner Schrift erschienen war. Ihre Thematik lag den ersten Nachkriegsjahren eher fern, und dann kannte ich mich gut genug, um zu wissen, daß mich die Zuwendung zu ihr nicht zu einer Übertragung ins Deutsche, sondern zu einer Neuschrift führen würde, wenn ich auch, jedenfalls für den rein historischen Teil, keinen zwingenden Grund dafür sah. – 1971 aber erschien in Paris, ohne mein Zutun, ja, infolge einer administrativen Panne, ohne mein Wissen eine unveränderte französische Neuausgabe, die 1972 neu aufgelegt werden mußte, und an sie schlossen sich Übersetzungen ins Italienische und noch einmal ins Spanische an. Bald wurde ich aus Deutschland darauf aufmerksam gemacht, daß dort vom großen Hamburger Experiment kaum mehr gesprochen werde. So kam ich zur Meinung, der Hauptgehalt meiner Frühschrift dürfe nunmehr auch dem pädagogisch Interessierten deutscher Zunge vorgelegt werden, und zwar nach dem Wortlaut der ursprünglichen Fassung, trotz ihrer Mängel und der Spuren meiner frühen, persönlich stark engagierten Beschäftigung mit diesem Stoff.

Das setzte jedoch einen andern Übersetzer als mich selbst voraus. Durch einen unwahrscheinlichen Glücksfall fand er sich nicht allein in einem Fachmann, der selbst schon viel publiziert hatte, über eine vielseitige Erfahrung als Herausgeber und Übersetzer verfügte und mit der meisten im Buche verarbeiteten Literatur seit langem vertraut war. Über all dies hinaus hat Dr. Walther Vontin seinerzeit, als Student und junger Hamburger Studienrat, die pädagogischen Bewegungen, die im Mittelpunkt meiner Untersuchungen stehen, nicht nur aus nächster Nähe verfolgt, sondern zum Teil aktiv miterlebt, so auch die Jugendbewegung. Ich danke ihm für das ermutigend lebhafte Interesse, für die Gewissenhaftigkeit und für die Unermüdlichkeit, die er «unserem» kleinen Werk hat angedeihen lassen. Besondere Mühe hat er auf sich genommen, um viele heute schwer auffindbare Zitate im ursprünglichen Wortlaut beizubringen.

Die eigentliche Substanz des Buches sehe ich heute im Beitrag, den es zur Kenntnis von Vorgeschichte und Geschichte der «antiautoritären» Erziehung leisten kann, die seit einigen Jahren irrtümlicherweise als etwas radikal Neues angesehen wird. Hierfür werden zum Teil Unterlagen wieder beigebracht, die der Geschichte der Pädagogik nicht verlorengehen sollten. Auch außerhalb der eigentlichen Dokumentation wurde der Text nach dem Wortlaut übertragen; er erfuhr jedoch einige Raffungen, vor allem im letzten, kritischen Teil, wo drei Abschnitte in einen einzigen, ausschließlich referierenden, zusammengezogen wurden. Damit tritt die ursprüngliche kritische Absicht deutlich zurück; über die Gründe dazu glaube ich dem Leser, insbesondere dem schweizerischen, einige Rechenschaft schuldig zu sein: Im letzten Teil der französischen Fassung hatte ich als Doktorand versucht, psychologische Irrtümer aufzuzeigen, die der Haltung des «Lehrer-Kameraden» nach meiner Meinung zugrunde liegen, und ich übte pädagogische Kritik an dieser Haltung. Beides geschah, wie es damals vielleicht noch üblicher war als heute, in offener und starker Anlehnung an die Autorität meiner akademischen Lehrer – an die Schriften von Pierre Bovet, Edouard Claparède und Jean Piaget vor allem, und an das pädagogische Werk von Paul Häberlin. – Einer Kritik, in der die einschlägige Literatur von mehr als drei Jahrzehnten nicht berücksichtigt ist, konnte ich heute nicht mehr Raum geben.

Ich bin zwar nach wie vor davon überzeugt, daß die «Pädagogik vom Kinde aus», wie man die «antiautoritäre» Erziehung damals bezeichnete, teilweise aus irrtümlichen anthropologischen und psychologischen Voraussetzungen hervorgegangen ist. Aber ich würde heute das «Versagen» der Hamburger Schüler nicht mehr so geradlinig mit diesen Irrtümern in Beziehung setzen wie damals. Zuvor müßte es viel gründlicher soziologisch, tiefen- und lernpsychologisch hinterfragt werden. Und dann müßte auch viel eingehender danach gefragt werden, wie sich politische Wandlungen, die sich spätestens ab 1925 in der Hamburger Öffentlichkeit und vor allem im Schoße der Schulbehörden anbahnten, direkt und indirekt auf das Klima ausgewirkt haben, unter dem das in heller Begeisterung begonnene Experiment vor sich ging.

Noch heute würde ich dem «Lehrer-Kameraden» auch die Überzeugung entgegenhalten, daß zwischen einem Menschen, der lehrt und einem Menschen, der lernt, und daß zwischen einem Menschen, der zu erziehen hat und einem Menschen, der erzogen werden soll, *Gefälle* ist – und sein muß. Aber meiner damaligen pädagogischen Kritik würde man jetzt vorwerfen, daß sie von der unbefragten Sicherheit eines bestimmten weltanschaulichen Standpunkts ausging. Jede Pädagogik geht von einem bestimmten weltanschaulichen Standpunkt aus, und mein Standpunkt ist noch der gleiche. Aber heute weiß ich besser als vor 36 Jahren, daß er nur *ein* Standpunkt ist. Darum weiß ich auch, daß man von einem andern *politischen* Standpunkt aus über Erfolg und Mißerfolg des Hamburger Versuchs anders urteilen würde – schon deswegen, weil man dann unter «Erfolg» vielleicht etwas anderes verstünde als ich. Erst die Aufnahme, die das Buch jetzt in Frankreich, Italien, Spanien und Südamerika findet, hat mir die Augen ganz geöffnet für die Einsicht, daß sich heute vor dem Problem der «antiautoritären» Erziehung die Geister primär gar nicht anthropologisch, psychologisch und pädagogisch scheiden, sondern politisch.

Wie ich meine, von einem zwar weltanschaulich bestimmten, aber nicht politisch eingeengten Ort aus Stellung nehmen zu dürfen, habe ich in der kleinen Schrift ‹*Antiautoritäre, autoritäre oder autoritative Erziehung?*› (Bern und Stuttgart 1971) zum Ausdruck gebracht. Deshalb darf ich den «Maître-Camarade» dem deutschsprachigen Leser näherbringen, ohne dem Bericht über ihn durch eine Neuformulierung früherer Kritik einen anderen zeitlichen Stellenwert geben zu wollen. Es geschieht im Vertrauen darauf, daß auch durch den Bericht von 1936 heute noch kritischer Sinn in Bewegung gerate.

Thun-Bern, im Dezember 1972 Jakob R. Schmid

Aus dem Vorwort zur 1. Auflage (1936)

Jetzt ist der Augenblick gekommen, in dem es möglich ist, die Entwicklung der Pädagogik in den letzten Jahrzehnten zu überblicken. Die Schul- und Erziehungsreform unseres Jahrhunderts – als Reaktion auf den Intellektualismus und Utilitarismus in der Pädagogik des 19. Jahrhunderts – hat jetzt eine bestimmte Etappe erreicht: Sie hat ihre Ziele gesetzt, ihre Methoden entwickelt, und sie hat ihre ersten Schlachten geschlagen. Aus anderen als pädagogischen Gründen ist in Europa, vor allem in Deutschland, die Schul- und Erziehungsreform nun zu einem Stillstand gekommen. Wenn sie dereinst weitergeht, wie wir trotz allem hoffen wollen, dann wird es sich vor allem einmal darum handeln, bisher gewonnene Einsichten zu vertiefen und auf breiter Basis praktisch zu erproben. Und was dann an Grundsätzlichem dazu kommt, wird viel eher als die Fortsetzung einer pädagogischen Ära den Beginn einer neuen bedeuten. – Darum darf jetzt versucht werden, die Erziehungsbewegung der letzten Jahrzehnte in ihren Grundzügen zu erfassen.

Das ist nicht leicht, weil diese Bewegung in einer so großen Vielfalt von Theorien sowie praktischen Vorschlägen und Versuchen besteht, daß es schwierig ist, in ihnen gemeinsame Züge zu entdecken. Wollte ich die Bewegung – wie es in der Geschichte der Pädagogik üblich ist – von dem *Ziel* her definieren, das sie für die Erziehung aufgestellt hat, dann fände ich keine Formel, die auf alle die Theorien und alle die Versuche anwendbar wäre, die hier in Betracht kommen. Denn nicht nur die Ziele, von denen die verschiedenen Auffassungen ausgehen, sind vielfältig und oft voneinander abweichend, sondern schon der Begriff des «Ziels» selbst hat, wie ich noch zeigen werde, viele Auseinandersetzungen ausgelöst. Es gäbe auch noch andere Möglichkeiten. Man hat zum Beispiel versucht, die pädagogischen Systeme nach dem *Kindheitsbegriff* zu definieren, der in ihnen enthalten ist. Je nachdem, ob die Kindheit nur als eine Periode der *Vorbereitung* oder als eine *autonome*, in sich geschlossene Periode angesehen wird, hat die Erziehung einen völlig anderen Charakter. Von diesem Gesichtspunkt aus unterscheidet man in der Geschichte der Pädagogik mehrere große Epochen. Auch jede der neuen pädagogischen Richtungen unseres Jahrhunderts setzt sich mit diesem Problem auseinander. Man könnte im Grunde sogar eine gemeinsame Tendenz in diesen verschiedenen Richtungen feststellen. Aber es ist nicht möglich, eine Formel zu finden, die für alle pädagogischen Auffassungen einen gemeinsamen Standpunkt zum Ausdruck bringt.

Aber wenn auch in den theoretischen Grundlagen tiefreichende Unterschiede bestehen, so zeigen doch ihre Verwirklichungen in der Praxis gewisse Übereinstimmungen, oder doch zum mindesten Ähnlichkeiten. Dies ist am deutlichsten dort der Fall, wo sich die Reformen direkt auf die

Praxis des Schulunterrichts und auf die Erziehung durch die Schule beziehen. Und da sehe ich die auffälligste Übereinstimmung unter allen Reformversuchen, und zugleich die auffälligste Abwendung von der Schulpädagogik früherer Zeiten darin, daß seit einigen Jahrzehnten in allen Postulaten und praktischen Versuchen zur Umgestaltung der Schule nach einem neuen Lehrer-Schüler-Verhältnis gesucht wird. Alle Reformer haben die äußerliche, formalistische und despotische Autorität des Lehrers der alten Schule getadelt. Und ebenso haben sie alle das Fehlen eines persönlichen Kontakts des Lehrers zu seinen Schülern kritisiert, den «verhängnisvollen Graben» oder sogar den «unüberbrückbaren Abgrund», der Lehrer und Schüler voneinander trennte. Alle Reformbewegungen haben daher der Freiheit des Kindes einen wichtigen Platz eingeräumt und gefordert, daß der Lehrer seinen Schülern menschlich näherkommt, daß er sich mit ihnen mehr oder weniger «verbrüdert».

Diese Tendenzen sind besonders in Deutschland hervorgetreten, vor allem in den ersten Jahren nach dem Kriege und der Revolution. In Deutschland gewann die Bewegung ein solches Ausmaß, daß sie auch die Volksschule und die Höhere Schule ergriff. Und fast ausschließlich hier hat die neue Beziehung von Lehrern zu Schülern ihre vollständigste und radikalste Verwirklichung erfahren: im «Lehrer-Kameraden», wie man ihn nach dem Kriege in bestimmten neuen Schulen antreffen konnte.

Wie ich noch deutlich machen werde, glaube ich zwar nicht, daß die pädagogische Haltung des Lehrer-Kameraden, die ich hier untersuche, für die Tendenzen zur Befreiung des Schülers und zur Hinwendung des Lehrers zu ihm, die die ganze Reformbewegung kennzeichnen, die einzig typische ist. Aber wenn diese Haltung auch nicht die verbreitetste Realisierung des neuen Verhältnisses von Lehrern und Schülern darstellt, ist sie doch bestimmt seine konsequenteste und auffallendste Erscheinungsform. Daher zeigt das kameradschaftliche Lehrer-Schüler-Verhältnis die Tendenzen der modernen pädagogischen Epoche wie durch ein Vergrößerungsglas, wodurch es uns möglich wird, auch ihre weniger auffallenden, aber trotzdem ebenso wichtigen Züge zu erfassen. Natürlich muß man dabei genau untersuchen, worin sich im Rahmen der modernen Pädagogik der kameradschaftliche Lehrer von der Einstellung anderer Lehrer ihren Schülern gegenüber unterscheidet. Darum werde ich mich in der ersten Hälfte des historischen Teils dieses Buches bemühen. Ich will auch versuchen, die tieferen Gründe für diese Unterschiede zu zeigen, und das wird mir dann die Möglichkeit geben, eine gewisse Klassifizierung der modernen Reformen vorzunehmen.

In den Mittelpunkt meiner Untersuchung stelle ich einen einzigen Versuch, der den Stil des Lehrer-Kameraden vollständig verwirklicht hat, nämlich den Versuch der Hamburger Gemeinschaftsschulen. Ich hätte auch andere, wenn auch weniger charakteristische Beispiele aus Deutschland und anderen Ländern anführen können.[1] Aber nachdem ich mich davon überzeugt hatte, daß das Beispiel, das ich gewählt habe, die Hauptmerkmale aufweist, die auch in den anderen Modellen festzustellen sind, habe ich vorgezogen, mich an dies lebendige Beispiel zu halten statt an eine Konstruktion, die sich aus Gemeinsamkeiten und Verschiedenheiten mehrerer Versuche ergeben hätte. Darum kann ich eine detaillierte und konkrete Beschreibung der pädagogischen Praxis des Lehrer-Kameraden geben. Im übrigen ist das Beispiel, das ich gewählt habe, nicht nur das charakteristischste von allen, sondern es läßt auch deutlicher als alle anderen die theoretischen Grundlagen der «Freiheitspädagogik» erkennen, so daß sich ihre historischen Ursprünge hier besonders gut nachweisen lassen.

1 Ich nenne zum Beispiel das Waisenhaus «Kinderheim Baumgarten» in Wien, das Siegfried Bernfeld 1919 gegründet hat (s. Bibliographie), und die Schule von E. F. O'Neill in Kearsley, England (s. Une école active en Angleterre, in: Adolphe Ferrière, ‹*La liberté de l'enfant à l'école active*›), oder den Versuch von A. S. Neill in Summerhill (s. ‹*The Problem Child*› 1926).

I. Die Tatsachen

1. Der Lehrer-Kamerad am Werk

Unser Jahrhundert ist in höherem Maße als irgendein früheres das Jahrhundert der pädagogischen Reformen und Revolutionen. Besonders in den anderthalb Jahrzehnten, die seit dem Kriege von 1914 bis 1918 vergangen sind, sind in fast allen zivilisierten Ländern auf dem Gebiete des Unterrichts und der Erziehung unerhört viele Versuche und Experimente zu verzeichnen. Trotz der Unruhen und der besonders schweren Not, unter der die besiegten Länder zu leiden hatten, haben gerade sie an den Versuchen zur Erneuerung der Erziehung einen besonders aktiven Anteil genommen. Das mag auf den ersten Blick eine erstaunliche Tatsache sein, aber sie wird verständlich, wenn man bedenkt, daß diese Länder noch mehr als die Sieger die gebieterische Notwendigkeit gespürt haben, ihrem Leben sicherere Grundlagen zu geben, um die Nation vor einer neuen Katastrophe zu bewahren.

Anfang 1934, nach dem reaktionären Staatsstreich in Österreich, haben die Erzieher in der ganzen Welt dem Werk einer neuen Erziehung, das der junge demokratische Staat seit 1919 mitten im wirtschaftlichen Elend aufgebaut hatte, spontan ihre Sympathie bekundet. Sie gaben der Hoffnung Ausdruck, daß die Schulen und die sonstigen pädagogischen Institutionen, die nach dem Krieg in Österreich geschaffen worden waren[1] und die den Pädagogen in aller Welt als Vorbild dienen könnten, gerettet würden.

Im Gegensatz zu der Entwicklung, die sich in Österreich vollzog, hatte die Umgestaltung von Erziehung und Unterricht in Deutschland nicht den Charakter einer allgemeinen Reform. Dieser Unterschied überrascht nicht, wenn man berücksichtigt, daß die Weimarer Verfassung den einzelnen Ländern des Deutschen Reiches sehr viel Autonomie gelassen hatte, u. a. die Kulturhoheit. Aber die pädagogische Reformbewegung wurde dadurch nicht beeinträchtigt. Ich erinnere nur an die «Begabtenklassen» in der Volksschule, an die Einführung der «Aufbauschule» im Bereich der Höheren Schule und an den neuen Geist, der in den *‹Richtlinien für die höheren Schulen Preußens›*[2] zum Ausdruck kam. Noch charakteristischer für die pädagogische Reform in Deutschland sind jedoch die Freiheit des Experimentierens, die die neuen Schulbehörden den Vorkämpfern einer neuen Erziehung einräumten, und die moralische und materielle Unterstützung, die sie jedem ernsthaften Versuch zuteil werden ließen. Die päd-

1 Vgl. R. Dottrens *‹L'Éducation nouvelle en Autriche›* – Jetzt auch: Hans Fischl, *‹Schulreform, Demokratie›*.

2 Siehe Bibliographie.

agogische Epoche von 1918 bis 1933 ist daher nicht durch eine allgemeine und amtliche Reform gekennzeichnet, sondern durch eine Fülle von Erprobungen und Versuchen, die sowohl im öffentlichen als auch im privaten Schulwesen durchgeführt worden sind.[3]

Unter all diesen Versuchen ist der Hamburger Versuch, der hier beschrieben werden soll, wohl der eigentümlichste, und er ist derjenige, der sich am weitesten von der bisherigen Tradition in Erziehung und Unterricht entfernt hat. Es handelt sich um den Versuch von etwa hundert Lehrern, die im Rahmen des öffentlichen Schulwesens die «Gemeinschaftsschule» geschaffen haben.

Die ersten Gemeinschaftsschulen sind 1919 in Hamburg eröffnet worden: vier Volksschulen mit je über 600 Schülern – die Schule Berlinertor, die Schule Telemannstraße, die Wendeschule (Breitenfelderstraße), die Schule Am Tieloh – und eine Höhere Schule, die Lichtwarkschule. Nach dem Vorbild der Hamburger Schulen erfolgten ähnliche Schulgründungen in Bremen, in Magdeburg, in Großzschocher bei Leipzig und in Berlin, wo Wilhelm Paulsen, städtischer Schulrat, vorher Leiter einer Hamburger Gemeinschaftsschule, sich für solche Schulen eingesetzt hatte.

Diese Schulen sind nicht wegen einer neuen Methode interessant, die ihre Lehrer erfunden und angewandt hätten; im Gegenteil, ihre Besonderheit bestand recht eigentlich darin, daß hier keinerlei «Methode» angewandt wurde. Anfangs hatten die Lehrer kaum ein anderes Programm als dies: die Freiheit des Experimentierens, die ihnen gewährt worden war, gründlich auszunutzen, indem sie dem gesamten überkommenen Schulbetrieb und den ganzen Apparat von Vorschriften und Organisation ablehnten, der normalerweise den Arbeitsgang des beamteten Lehrers genau umreißt.

In dieser Weise wollten sie in voller Freiheit und ohne vorgefaßten Plan eine neue Institution entstehen lassen, die eines Tages die Schule im überkommenen Sinn des Wortes ablösen könnte. ‹*Die Überwindung der Schule*›, so lautet der charakteristische Titel der wichtigsten theoretischen Schrift, die sich mit den Gemeinschaftsschulen beschäftigt.[4]

Der völlig neue Charakter dieser Schulen zeigt sich äußerlich in der Abschaffung aller organisatorischen Einzelheiten, denen man in der traditionellen Schule eine große Wichtigkeit beigemessen hatte. Die Schulen brauchten sich nicht mehr an ein vorgeschriebenes Jahresprogramm zu halten, sie hatten keinen Stundenplan, sie kannten weder die Aufteilung des Lehrstoffes in Fächer noch die Aufteilung der Schüler in Jahrgangsklassen. Mit den Problemen, die sich daraus ergaben, werde ich mich an

3 Die neuen Schulen und die wichtigsten Schulversuche beschreibt Fritz Karsen in seinen Büchern ‹*Deutsche Versuchsschulen der Gegenwart*› und ‹*Die neuen Schulen in Deutschland*›.

4 Von Wilhelm Paulsen.

späterer Stelle beschäftigen und dort auch Einzelheiten über die Arbeit berichten, die in diesen Gemeinschaftsschulen geleistet worden ist, ebenso über die pädagogischen Grundlagen dieser Schulen.

Aber das Wesentliche der Schulerneuerung und das, was ihren Pionieren am wichtigsten war, ist die Tatsache, daß sie ein neues Verhältnis des Erziehers zum Kind gefordert und verwirklicht haben. Und in dieser Veränderung der Beziehungen zwischen den Lehrern und ihren Schülern liegt der Wert und die spezifische Wichtigkeit der Erfahrungen, die hier gesammelt wurden. Wilhelm Paulsens Buch, das ich zitierte, hätte auch den Titel *«Die Überwindung des Lehrers»* haben können, denn unter den Pädagogen der Gemeinschaftsschulen gibt es Lehrer, deren Haltung kaum noch an die des traditionellen Schulmeisters erinnert.

Wir haben es hier mit dem ersten kollektiven und zugleich mit dem konsequentesten Versuch in der Geschichte der Pädagogik zu tun, das Prinzip der «Kameradschaft» in der Schule zu verwirklichen. Diese Kameradschaft soll in diesem Buch unter ihren verschiedenen Aspekten untersucht werden.

Zunächst noch ein paar Worte über die Herkunft und die Bedeutung der Informationen und der Quellen, die mir zur Verfügung standen. Ich habe in Berlin Gemeinschaftsschulen besucht und konnte dort die neuartigen Beziehungen zwischen Lehrern und Schülern selbst beobachten. Die führenden Persönlichkeiten der Hamburger Gemeinschaftsschulen haben über ihre Ideen und über ihre Erfahrungen in Schriften und Artikeln berichtet, vor allem in der *Pädagogischen Reform,* der halbmonatlich erscheinenden Zeitschrift des Lehrervereins «Gesellschaft der Freunde des vaterländischen Schul- und Erziehungswesens», die sich seit 1922 *Hamburger Lehrerzeitung* nennt, aus der ich häufig zitieren werde.

Außerdem konnte ich mir Schulzeitungen und Schulberichte verschaffen, insbesondere aus der Hamburger Berlinertorschule. Endlich hatte ich das große Glück, das persönliche Tagebuch eines Lehrers studieren zu können. William Lottig, einer der aktivsten Führer der Hamburger Schulreform und Leiter einer der dortigen Gemeinschaftsschulen, überließ mir 27 Hefte mit seinen persönlichen Aufzeichnungen über seine Erlebnisse in der Schule in den Jahren 1919 bis 1933.* Ich stütze mich also in erster Linie auf die Erfahrungen von Hamburg, von wo die ganze Bewegung ausgegangen ist. Aber ich muß ausdrücklich hinzufügen, daß die Schulen, von denen ich in diesem Buch spreche, nur einen Teil der «Hamburger Schulbewegung» darstellen. Nach dem Kriege sind zum Beispiel Schulen eröffnet worden, in denen vorzugsweise neue Lehrmethoden benutzt wurden, wo man aber nicht die Pädagogik der Kameradschaft eingeführt hat, zu der

* William Lottigs Tagebücher befinden sich heute im Archiv der Gesellschaft der Freunde des vaterländischen Schul- und Erziehungswesens in Hamburg (Anm. d. Übers.)

sich die Gemeinschaftsschulen bekannten.[5]

Weil ich vor allem das Verhältnis der Lehrer zu ihren Schülern darstellen will, kann ich hier auch nicht die gesamte Arbeit beschreiben, die in den Gemeinschaftsschulen geleistet worden ist. Insbesondere kann ich Fragen methodischer und didaktischer Art (die natürlich in einer allgemeinen Beschreibung dieser Schulen einen breiten Raum einnehmen würden) hier nur andeuten, wenn auch die kameradschaftliche Haltung sich selbstverständlich bis in den Unterricht hinein abzeichnet und ich sie auch unter diesem Aspekt betrachten muß.

Hinsichtlich der pädagogischen Haltung der Lehrer in den Gemeinschaftsschulen sind noch zwei Anmerkungen erforderlich. Zunächst einmal muß gesagt werden, daß die theoretischen und praktischen Auffassungen dieser Lehrer nicht für die ganze Zeit, in der die Gemeinschaftsschulen bestanden, unveränderliche Größen gewesen sind. Gewisse Einzelheiten meiner Beschreibungen müßten als übertrieben erscheinen, wenn ich nicht ausdrücklich betonte, daß sie sich vor allem auf die Anfänge beziehen; in den letzten Jahren, besonders seit 1925, setzten sich gewisse Abschwächungen des radikalen Stils durch. Hinzu kommt noch, daß es zu einem bestimmten Zeitpunkt zwischen den einzelnen Schulen deutliche Unterschiede gab, von der Wendeschule, der radikalsten Schule, bis zur Schule Telemannstraße, die von Anfang an ziemlich gemäßigt war. Wenn ich die vier Schulen als ein Ganzes betrachte (wie sie selbst es übrigens in ihren «Berichten» und in ihrer Verteidigung gegen Angriffe immer getan haben), dann muß ich in meinen Beschreibungen hier und da doch zu Verallgemeinerungen kommen. Ich halte mich an Züge, die für alle diese Schulen typisch sind. Wenn ich Beispiele anführe, die außerhalb des Typischen liegen, mache ich auf den individuellen Charakter ausdrücklich aufmerksam.

Wie lebten nun Lehrer und Schüler in den Gemeinschaftsschulen zusammen? Bevor ich die Haltung der Lehrer einer gründlichen Untersuchung unterziehe, möchte ich mit einem Blick auf das Ganze eine konkrete Vorstellung vom Leben in einer solchen Schule vermitteln. Der folgende Bericht zeigt, wie neuartig der «Ton» war, der in diesen Schulen herrschte, und wie neuartig die Haltung und die Tätigkeit des Lehrers im Kreise seiner Schüler waren. Diese Schilderung stammt aus einer Schule in Großzschocher bei Leipzig, die 1922 nach dem Vorbild der Hamburger Schulen gegründet wurde. Der Lehrer Fritz Stahl beschreibt uns die Vorgänge eines Vormittags in der Gemeinschaftsschule.

«Es ist morgens um halb acht. Meistens fangen wir erst um acht Uhr an. Aber da klingelt jemand an meiner Wohnungstür. Es ist Lisbeth. ‹Ich möchte den Schlüssel zum Schulgarten haben.› Ein wenig später bin ich

5 Vgl. Julius Gebhard, ‹*Die Schule am Dulsberg. Das Werden einer neuen Hamburger Volksschule*›.

auch im Garten. Mehrere Mädchen arbeiten schon an ihren Beeten. Sie säen und pflanzen. Andere stehen und warten. Sie bitten mich um eine Bescheinigung für die Gärtnerei, um dort Pflanzen für die Beete der Schulgemeinschaft zu holen. Lisbeth, meine große Organisatorin, hat sich schon einen vollständigen Arbeitsplan für ihre Gruppe gemacht. Zuerst wollen sie die Fenster des Gartenhäuschens säubern und den Fußboden fegen. Nanu, denke ich, meistens sind sie nicht so eifrig! Jetzt kommt die Hauptsache: ‹Dann werden wir nach der Natur zeichnen, und dann holen wir uns die Bilderrahmen, die wir noch in der Klasse haben. Wir reparieren sie und tun unsere Zeichnungen in die Rahmen. Und dann können wir doch Pappe und Papier kaufen, nicht wahr? Das Geld, das wir brauchen, nehmen wir uns aus der Gruppenkasse.› Gut, um diese Mädchen brauche ich mich für ein paar Stunden nicht zu kümmern. Inzwischen sind meine Transportarbeiter mit dem Gerätekarren eingetroffen, der sofort geplündert wird. Ein paar Jungen bilden eine Arbeitsgruppe, um Wege anzulegen. Der Werkmeister bin ich, und ich muß überall zugleich sein. Es ist schon halb neun. Endlich kommt Anna, dieser kleine Faulpelz! Gestern ist sie erst um halb elf gekommen. Was tut's? Die Kinder sind den ganzen Tag bei mir; ist es der Mühe wert, ihnen wegen einer Stunde gleich Vorwürfe zu machen? Endlich habe ich mal einen Augenblick für mich! ‹Fritz, tust du denn heute gar nichts?› ruft mir Frieda zu und zeigt mir das Beet, das sie eben umgegraben hat. Ich habe meine Geräte bei mir und fange an, verschiedene Reparaturen auszuführen. Herbert und Kurt helfen mir. Mein Kollege Michaelis trifft mit der Masse der Jungen ein. Die Aktivität wird immer eifriger und vielseitiger. Die Jungen wollen den Rest einer Baumwurzel ausroden. Ob sie das können? Da hinten spielen einige Ball, andere üben Volkstänze. Wir Lehrer sprechen kurz über die Gartenarbeiten. Ich will meine Arbeit wiederaufnehmen. Meine Geräte sind verschwunden. Natürlich haben die Jungen sie weggenommen. ‹Wir wollten eine Rampe für die Treppe am Graben bauen.› Gut, aber was sehe ich da? Haben meine Nichtsnutze da nicht ein tiefes Loch im Rasen ausgehoben? ‹Nun, Fritz, schimpf doch nicht! Wir bringen das alles wieder in Ordnung.› Ich gehe wieder ins Schulhaus und gebe den Kleinen eine halbe Stunde Unterricht. Sie sind sehr aufmerksam, und sie rechnen um die Wette. Dann gehe ich ans Flußufer hinunter. Unter den Weiden liegt eine Gruppe kleiner Mädchen, und Marie liest ihnen mit lauter Stimme ein Märchen von Andersen vor. Die Art, wie sie das tut, macht mir Freude. Etwas weiter entfernt sitzen andere Mädchen im Gras und tun gar nichts. Ich setze mich zu ihnen. Die Signalpfeife ertönt. Es ist ein Uhr. ‹Es wird geschlossen; steht auf!› Das dauert noch ein wenig. Um Viertel vor zwei bin ich zu Hause. Eine halbe Stunde später holt Frieda mich wieder in den Garten. Mein Kollege Eichler ist schon unten. Ich mache eine kleine Federzeichnung. Einige Kinder zeichnen mit mir, die anderen spielen. Martha bringt die Gitarre. ‹Fritz, laß uns doch das Landsknechtslied lernen, das du uns neulich in der Stunde vorgesungen hast. Ich möchte es gern kennen und komme nicht damit zurecht.› Wir lernen das Lied. Ja, jetzt sind sie alle aufmerksam bei der Sache. Es sind nur zehn Kinder, aber eins ist sicher: In zwei Tagen kennt die ganze Klasse das Lied, in einer Woche die ganze Schule und in einem Vierteljahr das ganze Dorf.»[6]

Dieser Bericht, der allerdings von einem besonders radikalen Reformer stammt, wird sicher viele Fragen auslösen. «Ist das eine Schule oder eine Ferienkolonie?» wird man fragen, wie es auch viele Besucher getan haben. «Ist dieser Herr Stahl eigentlich noch der Lehrer seiner Kinder – ist er nicht vielmehr einfach ihr Kumpel? Wohin kommt er mit seinem Unterricht? Und was werden diese Schüler in der Prüfung wissen?» Ich brauche alle diese Fragen, die sicher berechtigt sind, wohl nicht sofort zu beantworten. Ich will nur die eine herausgreifen, die das zentrale Problem betrifft, um das es in dieser Untersuchung geht. Wenn man diesen Bericht liest, fällt es einem wirklich schwer, diesen «Fritz» als den «Lehrer» der Kinder zu bezeichnen. Nicht nur darum, weil sie ihn duzen und sich ohne weiteres seiner Geräte bemächtigen, mit einem Worte, weil zwischen ihm und seinen Schülern ein familiärer Ton herrscht, sondern vor allem darum, weil während des ganzen Vormittags nicht der Wille des Lehrers, sondern der Wille der Schüler oder vielmehr ihre Laune bestimmt, was sie tun.

Was an diesem Beispiel ebenso wie an allen anderen, die ich gelesen habe, auffällt, ist die beinahe schrankenlose *Freiheit*, die die Kinder genießen, eine Freiheit, die ihnen in einem Maße gewährt wird, das man in der Schule bis dahin noch nicht gekannt hat. Diese Freiheit macht sich in allen Bereichen des Schullebens bemerkbar. Dies auffallendste Merkmal im Verhalten des «Lehrer-Kameraden» in den Gemeinschaftsschulen soll zuerst untersucht werden.

Es wird nicht überraschen, daß die vielen Vorschriften und Verbote, die sonst die Freiheit des Schülers einschränken, ganz verschwunden sind. In Hamburg war beispielsweise die Kontrolle des Schulbesuchs keineswegs streng. Anfangs gab es nicht selten Tage, an denen 10 oder sogar 20 Prozent der Kinder die Schule schwänzten. Ich werde noch zeigen, daß es nicht Zwangsmaßnahmen der Lehrer waren, die diesem traurigen Zustand nach einiger Zeit ein Ende setzten. Sogar im Unterricht hatten die Schüler große Bewegungsfreiheit. Ein Lehrer berichtet,[7] daß die Schüler bei ihm kommen und gehen durften, wie sie wollten, und daß er sie nur gebeten hat, ihm vorher Bescheid zu sagen, wenn sie dem Unterricht fernbleiben wollten, und ihm auch den Grund dafür anzugeben.

In den Gemeinschaftsschulen kannte man nicht mehr die übliche «Klas-

6 In: *Leipziger Schulwart* VI (1922), S. 38. (Aus dem Französischen übersetzt, weil der Originaltext nicht zu beschaffen war. Anm. d. Übers.)

7 Wilhelm Reese, in: *Unsere Schule. Blätter der Schulgemeinde Berlinertor*, 1922.

se», in die der Schüler gesteckt wird, ohne daß man ihn nach seinen Wünschen gefragt hat, und in der er bleibt, solange seine Arbeit als ausreichend anerkannt wird. An die Stelle der starren Klasse hatten die Hamburger Pädagogen die elastische «Gruppe» gesetzt, die sich frei um einen Lehrer scharte. Die Kinder wählten sich selbst die Gruppe, der sie angehören wollten, und sie konnten die Gruppe auch wechseln. Aber die Lehrer sahen sich doch bald gezwungen, den Übertritt aus einer Gruppe in eine andere zu erschweren, um eine ständige Fluktuation in der Schule zu verhindern, die jede ernsthafte und kontinuierliche Arbeit lahmzulegen drohte. Trotzdem wählten sich die Kinder nach diesem Gruppensystem nicht nur ihre Mitschüler aus, sondern – wenigstens teilweise – auch ihre Lehrer. Der folgende Fall veranschaulicht die Bedeutung, die man den Entscheidungen der Kinder beimaß. William Lottig berichtet, daß während der Krankheit eines Lehrers 15 Schüler seiner Gruppe seinem Vertreter den Vorzug gaben und ihn als Lehrer behalten wollten. Nach langen Verhandlungen und mit Zustimmung der beiden Lehrer erfüllte man den Wunsch der Kinder. Und William Lottig bemerkt dazu: «Wo an einer alten Schule wäre dergleichen nur entfernt so denkbar!»[8] Der Unterricht selbst beruhte vollständig auf dem freien Interesse und der Entscheidung der Kinder.

Die Hamburger Versuchsschulen hatten bei ihrer Behörde erreicht, daß sie an die Lehrpläne nicht gebunden waren. Die Lehrer nutzten diese Unabhängigkeit von den Lehrplänen dazu aus, den Kindern jede nur mögliche geistige Freiheit zu lassen. Es wurde kein Zwang auf die Kinder ausgeübt, irgend etwas Bestimmtes zu lernen; man verlangte von ihnen keine Anstrengung, die sie nicht aus eigenem Entschluß freiwillig auf sich nahmen. Es kam nicht selten vor, daß Schüler noch im zweiten oder sogar im dritten Schuljahr weder lesen noch schreiben konnten. In bezug auf alles, was sie noch nicht zu lernen wünschten, blieben die Schüler unwissend. Der Unterricht wurde in der Unterstufe ausschließlich als *Gesamtunterricht* erteilt (d. h. als Unterricht, der nicht in Fächer aufgeteilt ist und der viel Ähnlichkeit mit der Decroly-Methode* hat). In der Oberstufe wurde der Gesamtunterricht durch fakultative Kurse einzelner Fächer und Themenkreise ergänzt. Der folgende authentische Bericht zeigt beispielhaft, daß die geistige Freiheit und die Spontaneität der Kinder die eigentlichen bestimmenden Prinzipien des Unterrichts waren.

Ein Lehrer berichtet über die Arbeit in seiner «Gruppe»[9]: «Ein kleiner Norweger ist Ostern neu in die Gruppe aufgenommen. Er erzählt viel von den hohen Bergen, den tiefen Fjorden, vom Skilaufen auf den weiten

8 Lottigs Tagebuch vom 30. August 1923.

9 Hans Goes, Bericht der Gruppe Goes (2.–4. Schuljahr), in: *Unsere Schule* 4 (1925), Februar (gekürzt).

* Ovide Decroly (1871–1932), belgischer Kinderpsychologe und Pädagoge. (Anm. d. Übers.)

Schneefeldern ... Da fallen von seiner Seite die zwei Namen ‹Nansen› und ‹Amundsen›. Man fragt nach ... Ich teilte der Gruppe mit, daß Nansens Buch ‹*In Nacht und Eis*› auch in deutscher Sprache erschienen sei, daß wir es auch in unserer Schulbücherei hätten und ich es ja holen könnte. Da nur 5 Exemplare vorhanden waren, wurde beschlossen, es gemeinsam in der Klasse zu lesen, eine Arbeit, welche, da nur ein Teil der Gruppe lesen kann, auf mich fiel.

Was die Kinder zuerst wollten, waren natürlich die Bilder; die mußten erst alle einmal besehen werden; dann kam auch der eigentliche Bericht über die Expedition. Dieser Bericht war nun fast ein halbes Jahr der Ausgangspunkt unserer Arbeit. Es darf allerdings nicht so aufgefaßt werden, als ob wir ein halbes Jahr hindurch nichts weiter getan, als nur dieses Buch gelesen hätten; es war so, daß hiervon ausgehend wir alle möglichen Gebiete berührten ...

Ein Stück des Weges, den wir gingen. Kapitel 1. Die *Fram*. Das Aussehen, die Bauweise des Schiffes beschäftigt uns längere Zeit. Einige Kinder geben sich mit der einfachen Beschreibung und Zeichnung des Schiffes nicht zufrieden; sie wollen es bauen. In einer Ecke der Klasse entsteht eine regelrechte Werft. Vornehmlich Jungen sind es, die hier ihre Schiffsbaukunst versuchen. Möglichst getreu werden aus Holz und Pappe die 7 Schichten der Schiffswandung ausgeführt, die Masten, die Kommandobrücke, die Rettungsboote, alles wird gebaut ... Daß in der nächsten Woche ein Hafenbesuch gemacht wird, das ist selbstverständlich.

Wir aber haben damit noch nicht abgeschlossen; denn gerade jetzt wird der Wunsch, den Hafen *noch* genauer kennenlernen zu wollen, wieder laut. Und doch hat es damals im Hafen schon so viel zu fragen und zu sehen gegeben, daß wir für eine ganze Woche unsern Nansen vergessen haben und uns nur mit dem Hamburger Hafen beschäftigen, den verschiedenen Häfen, seinen Kaianlagen usw. ...

Noch etwas war's, das wir an der *Fram* näher kennenlernen wollten; da war von elektrischem Licht, einer Dynamomaschine und einer Windmühle die Rede. Elektrisches Licht kennen wir, haben auch schon davon gesprochen, weil wir ja auch in der Schule elektrisches Licht anlegen wollen. Aber die *Fram* steht doch nicht ständig mit dem Elektrizitätswerk in Verbindung, wo kriegt denn die ihre Elektrizität her? Ach so, durch die Dynamomaschine. Was ist denn das? Und als wir auf dem Physikboden sind, da ist es den Kindern vollkommen genügend, die Maschine zu sehen; wie es kommt, daß da durch Drehung Elektrizität entsteht, ist ganz gleichgültig; jetzt im Augenblick jedenfalls ...

Daß die Kinder nicht gleich alle Probleme sehen und lösen wollen, ist nur gut ...

Um dem Skorbut vorzubeugen, hat Nansen alle möglichen Arten von Lebensmitteln mitgenommen. Ist Nansen damit vor der Krankheit gesichert? Kann man sich überhaupt vor Krankheiten schützen? ... Wann wollen wir darüber sprechen? ‹Es ist viel wichtiger, daß wir wissen, wie wir unsern Körper zu behandeln haben, als daß wir von Nansen lesen, der nach dem Nordpol gefahren ist. Ich bin für die Unterbrechung unserer Nordpolexpedition!›

So beschäftigen wir uns also zur Abwechslung mit Gesundheitslehre; doch nur mit dem, was die Kinder interessiert, also gänzlich unsystematisch. Warum muß man sich die Zähne putzen? Wir sprachen über den Bau des Zahnes und seine Funktionen. Warum waschen wir uns? Da überließ ich die Kinder sich selbst, und es war herrlich, wie sie sich gegenseitig Bescheid sagten. Fein, wie einer von den richtigen Jungen rief: ‹Ja, aber der Dreck wärmt doch, das solltest du wissen!› Und dann darauf das: ‹Ja, aber . . .› . . .

Bei der Auswahl der Getränke meidet Nansen jeden Alkohol. Warum? Er weiß sehr gut, daß Alkohol nicht gegen Kälte schützt. ‹Aber ein heißer Glühpunsch wärmt doch so schön durch!› Das weiß manch kleiner Schlaumeier auch schon. ‹Wohl für den ersten Augenblick; nachher friert man um so mehr.› Und damit sind wir mitten drin in der Alkoholfrage. Wir holen uns statistisches Material, holen uns Bücher über die Einwirkung des Alkohols auf den Körper. Zwei Fragen: Einmal fragen die Kinder, wie es mit einer *Sache* ist, dann erörtern wir das Für und Gegen, versuchen nach unseren Kräften in die Problematik einzudringen; oder aber die Frage der Kinder heißt: Wie stehst *du* zu dieser Sache; dann werde ich durchaus nicht mit meiner Meinung hinter dem Berge halten und werde ihnen meine Gründe, meine ganz persönliche Sicht der Dinge sagen . . .

Ich habe jetzt über den Gang der Arbeit während des ersten Kapitels von Nansens Nordpolfahrt berichtet. In ähnlicher Weise ging es weiter. Daß es sich hier nicht um Unterricht im landläufigen Sinne handeln kann, ist wohl klargeworden. Zur letzten Klärung sind aber doch noch einige Fragen aufzuzeigen und zu beantworten. Wie steht es mit der Schwierigkeit der Probleme? Es gibt Dinge, die für das Alter, für den Geisteszustand der Kinder zu schwierig sind. Wie ist es mit diesen Sachen? Ich habe dem bisher Gesagten nur noch einmal grundsätzlich hinzuzufügen, daß Probleme, die von den Kindern aufgegriffen und zu lösen versucht werden, natürlich von mir mitbearbeitet werden und die Lösung von mir unterstützt wird. Treten Schwierigkeiten auf, so bleibt die Entscheidung, ob Bearbeitung oder nicht, natürlich mir überlassen als dem Führer, soweit nicht von den Kindern aus der Erkenntnis dieser für sie übergroßen Schwierigkeit heraus eine weitere Bearbeitung abgelehnt wird . . . Wie lange wird eine Frage in den Mittelpunkt der Gruppenarbeit gestellt? Jedes Kind hat das Recht, sich jederzeit von der Mitarbeit zurückzuziehen; denn nur in der unbedingten Freiheit – von äußerem Zwang nämlich, von der Autorität und ähnlichem – besteht die Möglichkeit der Erkenntnis notwendiger Arbeit . . . Wenn nun ein größerer Teil der Gruppe nicht mehr mitmacht, so tritt auch hier wieder die Entscheidung an uns heran, d. h. in diesem Fall nicht so sehr letzten Endes an den Leiter, sondern an die ganze Gruppe. Sie entscheidet hier, ob die Arbeit im Rahmen der Gruppenarbeit fortgeführt werden soll oder zu einer Kursusarbeit umgestaltet wird ...

Wie weit handelt es sich nun um tatsächliche Mitarbeit der Klasse? Die ist bei mir wohl niemals vorhanden. Das liegt an der Zusammensetzung meiner Gruppe. Ich habe ein paar ausgesprochene Außenseiter, die an keiner Arbeit teilnehmen, die in ihrer geistigen Entwicklung durchaus Hilfsschüler sind. Nicht einmal beim Geschichtenerzählen, beim Spielen auf dem Felde oder Schulhof sind sie dabei. Welche Forderungen erheben sich nun für diese Kinder und die früher oder später von der allgemeinen Arbeit abfallenden? Sie müssen sich eine Beschäftigung suchen, welche die Gruppe in ihrer Arbeit nicht stört. Im übrigen bleibt es natürlich immer Aufgabe der Gruppe, bei jeder Gelegenheit zu versuchen, auch diese Kinder zu der allgemeinen Arbeit heranzuziehen.

Wie lange wird ein einmal aufgenommener Stoff bearbeitet? Der von mir gewählte Stoff der Nordpolexpedition Nansens ist nicht bis zum Ende durchgeführt worden. Wir brachen ab, als Nansen und Johannsen sich auf den Rückweg machten ... Das Abbrechen geschah nach einer Aussprache auf Wunsch der Kinder und wurde von mir gutgeheißen, da die Aufgabe gelöst war. Sie wünschten dann von sich aus noch einiges zu wissen über Amundsen, auch von Südpolfahrern. Wir beschäftigten uns da kurze Zeit mit Shackleton.»

Bevor die Lehrer ihre Arbeit begannen, hatten sie deutlich erklärt, daß sie keinerlei Zwang gegenüber den Kindern ausüben würden und keine Sanktionen verhängten und daß sie den Kindern nicht nur völlige Freiheit im Unterricht ließen (wie der zitierte Bericht es veranschaulicht), sondern uneingeschränkte Freiheit überhaupt. Gleich am ersten Tage sagten sie den Kindern, daß es keine Strafen oder sonstige Sanktionen gäbe und daß weder von Verboten noch von irgendwelchen Vorschriften die Rede sein könne.

Der erste Erfolg war ein unbeschreibliches Chaos. Diese Kinder, die noch gar nicht lange zur Schule gingen und die unter dem Regime des Rohrstocks und eines ganzen Strafregisters gelernt hatten, sich in eine strenge Disziplin von Ruhe und Ordnung einzufügen, konnten den tieferen Sinn dieser plötzlichen Befreiung wohl kaum verstehen. Braucht man sich da zu wundern, daß sie der neuen Freiheit noch nicht gewachsen waren? In den ersten Tagen herrschte daher die völlige Anarchie.

«Das Schulhaus war voll Lärm wie Gewittersturm. Stühle wurden zerschlagen, Scheiben zertrümmert, Sachen gestohlen, Räume beschmutzt, Hefte zerrissen, Wände beschmiert! Die Unverantwortlichen schwelgten in Raserei.»[10]

Die Auflösung jeder Ordnung war glücklicherweise nicht von Dauer.

10 Max Tepp, ‹*Die neue Schule*›, S. 12.

Sie würde sonst diesem Versuch einer neuen Pädagogik ein schnelles Ende bereitet haben. Ich werde an späterer Stelle die Wege zeigen, auf denen diese Pädagogik eine bestimmte neue Ordnung entwickelt hat. Aber zunächst ist es bemerkenswert, daß diese Ausbrüche von Raserei, diese Ausschreitungen und dieser Unfug für die meisten Lehrer durchaus nicht überraschend waren. Sie nahmen dies alles als die schlimme Frucht dessen hin, was die alte Schule gesät hatte, und sie sahen in alledem ein notwendiges Entwicklungsstadium der Kinder auf dem Wege zur Anpassung an den neuen Stil ihrer Lehrer.

«Im Anfang war das Chaos, muß stets das Chaos sein, wenn etwas wirklich Neues, Fruchtbares werden soll. Darum Mut zum Chaos!»[11] – Dieser Ausspruch, in dem der Unordnung eine geradezu «reinigende Funktion» beigemessen wird, ist für das negative Urteil, das diese radikalen Reformer über die bisherigen Lehrer fällten, besonders charakteristisch. Sie selbst lehnten zunächst immer wieder alles das ab, was die Lehrer in ihrem Umgang mit den Kindern bis dahin für wichtig gehalten hatten. Überall, wo bisher der Lehrer die Richtung bestimmt hatte, wo seine Entscheidung für die notwendige Arbeitsordnung gesorgt hatte, wo seine Worte und seine Anordnungen die geistige Entwicklung der Kinder gefördert hatten, kurz, in allen Gebieten der Schulpädagogik blieben die Kinder in der neuen Schule offensichtlich sich selbst überlassen, und sie hatten ihre eigenen Entscheidungen nach Gutdünken zu treffen.

Die Abschaffung des Lehrers aus Opposition gegen das Auftreten des früheren Lehrers: Das ist das unmittelbare Resultat der Freiheit, die den Kindern gewährt wird! Es ist der vorherrschende Eindruck, den man gewinnt, wenn man das Verhalten der neuen Lehrer untersucht.

Hans Goes' Bericht zeigt, daß im Unterricht alle Initiativen von den Schülern ausgegangen sind. Sie waren es, die ein bestimmtes Thema zu behandeln wünschten, und sie schlugen auch vor, es wieder aufzugeben. Die Arbeit wurde niemals von den Lehrern bestimmt; sie wagten kaum, sie auch nur vorzuschlagen.

Ein Lehrer berichtet zum Beispiel[12]: Als die Schüler ihn gebeten hätten, ihnen Arbeit anzuweisen, habe er dies glatt abgelehnt, weil er wollte, daß sie selbst sie fänden. Und befriedigt stellt er fest, jetzt sei seine Gruppe so weit, daß die Kinder freiwillig arbeiteten. Morgens fragt er sie, ob sie Arbeit haben, und in den meisten Fällen fühlt er sich dann «beinahe überflüssig».

Aber dauernd kommt es vor, daß die Schüler ihre Freiheit mißbrauchen. Die Lehrer verschweigen es in ihren Berichten nicht. Aber sie betonen immer wieder, daß sie trotzdem davon absehen, direkt und mit Zwangsmitteln einzugreifen. Das führte natürlich zu Situationen, die, zum minde-

11 Adolf Röhl, in: ‹*Pädagogik deines Wesens*› (Hg. Fritz Jöde), S. 161.
12 Wilhelm Reese, in: *Unsere Schule*, Dezember 1922.

sten für einen Außenstehenden, recht grotesk waren. Ein Besucher der Schule Am Tieloh erzählt zum Beispiel mit Bestürzung die folgende Erinnerung[13]: Er beobachtete, daß drei Jungen in einer Stunde, während der Lehrer zur Klasse sprach, Karten spielten und daß der Lehrer, der dies sah, nichts dagegen unternahm. Beispiele für ein solches Verhalten des Lehrers ließen sich leicht häufen. Den Grund für dies Verhalten darf man aber nicht in Unsicherheit oder Gleichgültigkeit oder auch im Suchen nach einer geeigneten Taktik sehen. Im Gegenteil, die Lehrer verhielten sich bewußt und grundsätzlich so. Die Lehrer der Gemeinschaftsschulen lehnten den direkten Eingriff in der Form von Ordnungsrufen, Verweisen oder Tadeln ab. Ebenso zurückhaltend verhielten sie sich in disziplinarischen Fragen der Schulordnung. Das Chaos, von dem ich weiter oben sprach, ist nicht infolge eines Einschreitens oder eines autoritären Vorgehens verschwunden. Die Lehrer haben es sogar abgelehnt, diese Ordnung mit den üblichen Mitteln wiederherzustellen. Max Tepp berichtet,[14] daß einige Jungen, die von dem Wirrwarr der ersten Tage angewidert waren, zu ihren Lehrern gegangen waren und sie gebeten hatten, sich doch endlich zu entscheiden und strenge Maßnahmen zu treffen, um wieder für Ordnung, Ruhe und Disziplin zu sorgen, und er fährt fort: «Wir sagten ihnen: Uns wäre es ein leichtes, so äußerlich Ordnung zu schaffen, wie eine Art Reichswehr; uns schiene solche Ordnung aber höchst überflüssig, es käme uns vielmehr darauf an, daß jeder Junge von sich aus sich zu Ordnung und Zucht verpflichtet fühlte.»

So erfuhren die Schüler, daß sie von den Lehrern nicht mehr erwarten konnten als von sich selbst, daß die Lehrer gar nicht daran dächten, die Ordnung durchzusetzen, sondern dies von den Kindern selbst erwarteten. Die Schüler brauchten sich also nur der Sache anzunehmen, und das taten sie auch. Es wurden Vollversammlungen einberufen, in denen die Kinder sich gegenseitig die Unordnung und die Anarchie vorwarfen, aber auch versuchten, bessere Verhältnisse zu schaffen. Man versprach sich, für mehr Ordnung zu sorgen und eine gegenseitige Kontrolle durchzuführen. In einigen Schulen setzte man einen Schülerausschuß ein, dem Polizeigewalt gegeben wurde und der für die Disziplin in der Schule verantwortlich gemacht wurde.

Ebenso übernahmen es die Schüler, auch in der Klasse für günstige Arbeitsbedingungen zu sorgen. Die arbeitswilligen Schüler hatten sich schließlich über die ständige Störung durch die «Radaumacher» und «Faulpelze» beschwert, und sie fingen an, sich mit ihnen zu prügeln und sie hinauszuwerfen. So gelangte man nach und nach zu einer gewissen Ruhe während des Unterrichts. «Der Klassenraum ist ein Arbeitsraum;

13 Nach Theo Gläß, ‹*Die Entstehung der Hamburger Gemeinschaftsschulen und die pädagogische Aufgabe der Gegenwart*›, S. 56.

14 In seiner Schrift ‹*Die neue Schule*›, S. 12.

wer anderes tun möchte als arbeiten, mag sich den geeigneten Platz dazu suchen!» so lautete der erste Beschluß, den die Klasse faßte, und alle Kinder verpflichteten sich, ihn zu beachten.[15]

Außerdem kämpften die Schüler gegen das häufige Fehlen einzelner Mitschüler, das für die Klasse sehr unangenehme Auswirkungen hatte, denn in der kollektiven Arbeit hatte jedes Kind seine besondere Aufgabe. Die Schüler übernahmen es, sich persönlich nach dem Grund des Fehlens zu erkundigen und die Eltern zu bitten, ihre Kinder regelmäßig in die Schule zu schicken. Oft sah man, wie größere Schüler andere, die lieber schwänzen wollten, mehr oder weniger sanft zur Schule brachten.

Diese wenigen Beispiele mögen genügen, um zu zeigen, daß die hauptsächlichsten disziplinarischen Funktionen, wie die Arbeit und das Leben in der Gemeinschaft sie erforderten, von den Schülern selbst übernommen wurden, wodurch es den Lehrern möglich wurde, sich so weit zurückzuhalten, wie es in den Berichten festgestellt wird. Wir haben es hier mit der völligen Autonomie der Schüler zu tun, einer Autonomie, die in einem Maße verwirklicht ist, das man in anderen Schulen nicht kennt. Aber ein charakteristischer Zug dieser Autonomie muß noch besonders hervorgehoben werden: In keiner dieser Gemeinschaftsschulen ist die Autonomie der Schüler in einem Katalog von Gesetzen und Vereinbarungen zwischen Lehrern und Schülern in der Weise niedergelegt worden, wie es in vielen Schulen in Europa und vor allem in Amerika geschehen ist, die nach dem Prinzip der Schülerselbstverwaltung (*self-government*) eingerichtet sind. Am Anfang gab es zwar eine Wahl von «Vertrauensmännern», die einen «Ausschuß» bildeten. Aber diese Ausschüsse, die an das System der Schülerselbstverwaltung erinnerten, sind bald wieder verschwunden. In den Gemeinschaftsschulen kannte man auch keine «Schülergerichte», wie die Amerikaner sie gebildet haben. Die allgemeine Form der Autonomie blieb einfach immer die freie Diskussion von Lehrern und Schülern, die stattfand, wenn sich dazu eine Gelegenheit bot oder wenn ein besonderes Ereignis im Schulleben die Diskussion nötig machte. Höchstens in Fällen von besonderer Bedeutung vereinigten sich Lehrer und Schüler der ganzen Schule zu einer «Vollversammlung», in der die betreffende Frage besprochen wurde und Entscheidungen getroffen wurden. Die Lehrer waren sogar Gegner einer kodifizierten Institution der Schülerselbstverwaltung, weil sie sie für die Erziehung, so wie sie sie auffaßten, als ungenügend ansahen.[16] Vor allem lehnten sie es ab, den Kindern von «oben» her irgendeine Organisation oder Institution vorzusetzen, die die absolute Freiheit, die sie ihnen gerade gewährt hatten und die für die Lehrer ein grundlegendes Prinzip war, einschränken oder verändern könnte. Es muß jedoch

15 Wilhelm Reese, in: *Unsere Schule* 2, Dezember 1922.

16 In einem späteren Kapitel (2. Teil, 3. Kapitel) stelle ich das System der Schülerselbstverwaltung der hier behandelten Pädagogik gegenüber.

gesagt werden, daß diese Reformer wußten, daß das Leben in der Gemeinschaft die absolute Freiheit des Individuums einschränken und abgrenzen muß. Das entsprach auch ihren Absichten; aber sie hielten es für unbedingt wichtig, daß jede Organisation dieser Art sich von selbst im Kreise der Kinder entwickelte.

Ich sagte schon, daß das Gemeinschaftsleben sich die nötigen Zügel der individuellen Freiheit selbst geschaffen hat. An die Stelle der allgemeinen Unordnung in der Schule trat eine gewisse Ordnung; die Anarchie im Unterricht entwickelte sich in Richtung auf Gruppenarbeit; das Fehlen im Unterricht wurde seltener – dies alles, weil die eigenen Bedürfnisse der Gemeinschaft die Notwendigkeit dieser Veränderungen bewiesen hatten. Wenn die Schulgemeinschaft ihre Rechte und ihre Interessen gegen die Willkür des einzelnen durchsetzt, wird sie zum einzig möglichen wirksamen Korrektiv gegen den Mißbrauch individueller Freiheit. Aber sie leistet noch mehr: Da sie weitgehend die disziplinarischen Funktionen des Lehrers übernimmt, bekommt sie in jeder Hinsicht eine große pädagogische Bedeutung. Vielleicht ist es nicht übertrieben, was die Lehrer der Hamburger Lichtwarkschule aussprachen: «Der eigentliche Erzieher ist nach unserer Auffassung das Ganze des Schullebens selbst.»[17]

Damit komme ich zu der aktiven Seite der Erziehung, die hier untersucht werden soll. Denn was ich bisher beschrieben habe, ist nur das passive erzieherische Verhalten, die Ablehnung alles dessen, was der allgemeinen Ansicht nach die pädagogische Aktivität eines Lehrers ausmacht. Wenn es dabei geblieben wäre, dann hätte der Versuch dieser Lehrer wohl kaum einen anderen Sinn gehabt als den, alles zu beseitigen, was den Erziehern aller Zeiten wichtig und wesentlich gewesen war. Dann wäre die Arbeit dieser Lehrer ohne praktische Bedeutung geblieben. Sie wäre nur eine anarchistische Revolution gewesen, die sich nicht bloß gegen alle zeitgenössischen pädagogischen Systeme gerichtet hätte, sondern gegen Erziehung schlechthin. Diese nihilistische Tendenz tritt allerdings hier und da in der Arbeit und in den Schriften von Extremisten der Bewegung in Erscheinung. Sie reduziert Erziehung zu einem unfruchtbaren Gehen-lassen, das bar jedes Verantwortungsgefühls ist. Aber das ist weder die typische Haltung noch die allgemeine Tendenz dieser Reformer gewesen; sonst hätten ihre Schulen sich nicht so lange halten können. Jedenfalls hätte die Hamburger Schulbehörde den Gemeinschaftsschulen ihre Versuchszeit nicht, wie es 1924 geschehen ist, verlängert, und sie hätte nicht anerkannt, daß in diesen Schulen eine fruchtbare Arbeit geleistet worden ist.[18]

Ich stellte fest, daß die Schulgemeinschaft in einem gewissen Maße die

17 *Pädagogische Reform* 1921, S. 198.

18 Vgl. ‹*Das hamburgische Schulwesen 1914–1924*›, Hg. Oberschulbehörde Hamburg, S. 14.

Erziehungsaufgabe übernommen hatte, von der der Lehrer sich scheinbar freigemacht hatte. Seine rein pädagogische Funktion – falls es eine solche noch gab – mußte sich daher im Rahmen eben dieser Gemeinschaft erfüllen. Eine Untersuchung seiner Arbeit und seiner Stellung im Rahmen der Gemeinschaft kann uns zeigen, welcher Art seine Funktion war. Das Hauptbemühen der Lehrer war darauf gerichtet, bei den Kindern den Sinn für Zusammenarbeit und Zusammengehörigkeit zu wecken und zu fördern und sie dahin zu bringen, eine lebensfähige Gemeinschaft miteinander zu bilden. Dies Bemühen fand seinen Ausdruck im Unterricht, in den Maßnahmen zur Gestaltung des übrigen Schullebens und endlich auch in der Aktivität, die die Lehrer für die Gemeinschaft selbst entfalteten. Ich will die Arbeit der Lehrer in diesen drei Gebieten untersuchen.

Ich sagte bereits, daß sich der Unterricht in den Gemeinschaftsschulen nicht mehr nach den alten Methoden abspielte, die nach Ansicht ihrer Lehrer zu sehr auf den egoistischen Ehrgeiz und den individualistischen Konkurrenzkampf eingestellt waren. Aller Unterricht in den Gemeinschaftsschulen beruhte auf kollektiver Arbeit, auf der Arbeit in Gruppen. Jede individuelle Arbeitsleistung (Einzeluntersuchungen, kleine Schülervorträge usw.) stand zu dem Thema, mit dem sich die ganze Gruppe beschäftigte, in Beziehung, wurde im Interesse der gemeinsamen Arbeit ausgeführt und von diesem Standpunkt aus beurteilt. – Darum räumte man auch der Werkarbeit großen Platz ein, gerade Handarbeit führt ganz unmittelbar zu gemeinschaftlichem Tun.

Ein besonderer Zug dieses Unterrichts ist die Tatsache, daß es in den Gemeinschaftsschulen weder Zeugnisse noch Prüfungen gab. Karl Hoffmann, der Leiter der Berlinertorschule, sagt, nach seiner Ansicht und der seiner Kollegen seien Zeugnisse oder Bescheinigungen, die die Kinder in «gute» und «schlechte» Schüler aufteilen, dem Gemeinschaftsgeist abträglich gewesen, der sie miteinander verbinden sollte, und darum habe man sie abgeschafft.[19]

Die Mühe, die die Lehrer sich von vornherein gaben, im Schulleben alle künstlichen Trennungen zwischen den Kindern zu vermeiden, ist sehr charakteristisch. Jungen und Mädchen wurden nicht mehr getrennt; die Koedukation war hier verwirklicht – ein weiteres Zeichen dafür, so schreibt ein Chronist der Gemeinschaftsschulen,[20] daß diese Pädagogen überall das Trennende durch das Einigende ersetzt hätten. Die guten Resultate, die man mit der Koedukation erreichte (sie erstreckte sich auch auf die Gymnastik und das gemeinsame Baden), sind allgemein anerkannt worden. In ihrem gemeinsamen Bericht von 1921[21] bezeichnen die Schulen den Geist gesunder Kameradschaftlichkeit von Jungen und Mädchen als das sicht-

19 *Das werdende Zeitalter*, April 1927, S. 153.

20 Theo Gläß, ‹*Die Entstehung der Hamburger Gemeinschaftsschulen*, S. 68.

barste Ergebnis ihrer Arbeit. Die Gemeinschaftsschulen haben noch weitere Aufspaltungen der Schülerschaft aufgehoben, die die traditionelle Schule beibehielt und als unentbehrlich betrachtete. Die neuen Schulen hoben die strenge Aufteilung der Schüler nach dem Lebensalter auf. Eine «Gruppe» (an Stelle der «Klasse» der bisherigen Schule) vereinigte oft Kinder sehr unterschiedlichen Alters. Ich will nicht in die Erörterung der methodischen Fragen eintreten, die sich aus dieser Aufteilung ergaben. Hier ist sie mir nur wichtig, weil sie die entschiedene Absicht dieser Lehrer erkennen läßt, die Zusammengehörigkeit der Kinder wichtiger zu nehmen als alle didaktischen und administrativen Bedenken. Diese Absicht wurde auch von den Schülern verstanden und anerkannt. Ein Beispiel dafür ist die folgende kleine Szene. Eine Lehrerin[22] hatte eines Tages vorgeschlagen, die großen und die kleinen Schüler voneinander zu trennen, um die Schwierigkeiten zu vermeiden, die sich aus ihrem gemeinsamen Unterricht ergaben, und sie zu verschiedenen Tageszeiten in die Schule kommen zu lassen. Aber ihre Gruppe protestierte. Besonders die Großen waren empört; sie sagten: «Eine schöne Familie, die die Kleinen rausschmeißt, wenn sie älter werden! Dann hätten wir sie nicht aufnehmen sollen, jetzt gehören sie zu uns! Nette große Brüder und Schwestern wären wir dann! Lies und schreib doch extra mit ihnen, wir wollen schon was anderes tun! Seid man nicht bange, ihr kommt nicht raus!»

Jede Frage der Schulorganisation wurde also nach den Bedürfnissen der Schulgemeinschaft entschieden. Ich muß noch hinzufügen, daß die Gemeinschaft nicht nur die Schule selbst umfaßte; die Lehrer gaben sich die größte Mühe, auch die Eltern dafür zu gewinnen, sich der Gemeinschaft anzuschließen.[23]

Ich komme auf das Verhältnis von Lehrern und Schülern zurück. Wie waren die Beziehungen zwischen den Erziehern und der Gemeinschaft, deren Wichtigkeit ich schon betont habe? Wie stand der Lehrer eigentlich

21 ‹*Berichte der hamburgischen Versuchs- und Gemeinschaftsschulen*›, Hg. Nicolaus Henningsen, 1921, S. 4.

22 Auguste Förstermann, in: *Hamburger Lehrerzeitung* 1922, S. 245.

23 Es würde mich hier allzuweit von meinem Thema ablenken, wollte ich über die ungemein große Aktivität berichten, die die Lehrer der Gemeinschaftsschulen entwickelten, um die Eltern für die Probleme der Schule zu interessieren. Die Eltern, die durch einen «Elternrat» vertreten und in einem Schulverein zusammengeschlossen waren, hatten nicht nur unmittelbaren Einfluß auf die Schulerziehung und befanden sich daher mit den Lehrern ihrer Kinder in einem ständigen Kontakt, sondern die Lehrer forderten sie auch auf, in der Schule Vorträge zu halten und im Werkunterricht als Lehrmeister tätig zu sein, als Mitwirkende und als Zuschauer an den Schulfesten und anderen Schulveranstaltungen (Musik-, Theater- und Leseabenden usw.) teilzunehmen, wodurch eine enge Verbindung zwischen Schule und Elternhaus geschaffen wurde. So haben die Eltern durch ihre geistige und materielle Unterstützung bei den Schwierigkeiten der ersten Jahre wirklich eine große Hilfe geleistet.

zu der Schulgemeinschaft, da sich seine pädagogische Arbeit doch in ihrem Rahmen und durch ihre Vermittlung vollziehen mußte? Die Antwort auf diese Frage muß uns den Beweis dafür liefern, daß der Lehrer-Kamerad trotz der «passiven» Haltung, die ich beschrieben habe, und unabhängig von seinen indirekten Anstrengungen zugunsten der Schulgemeinschaft eine bestimmte direkte pädagogische *Aktivität* entfaltet hat. Ebenso wird diese Antwort uns Aufschluß über die Rolle geben, die der persönliche Faktor in den kameradschaftlichen Beziehungen zwischen Lehrern und Schülern gespielt hat.

Der Ausspruch, den ich weiter oben zitierte, nach dem die Gemeinschaft («das Ganze des Schullebens») der eigentliche Erzieher sein soll, läßt in bezug auf die besondere Rolle des Lehrers mehrere verschiedene Interpretationen zu. Man könnte beispielsweise glauben, diese Pädagogen hätten damit eingestanden, daß allein die Schüler die Schulgemeinschaft bildeten; das würde auf die Alleinherrschaft der Schüler hinauslaufen. Der Lehrer hätte sich dann selbst völlig aufgegeben; er hätte die Kinder «in Ruhe gelassen», hätte seine sämtlichen Funktionen an die Schulgemeinschaft übertragen und hielte sich selbst aus ihr heraus, was aber die Schulgemeinschaft nicht daran hinderte, in ihm eine gewisse äußere Stütze in der organisatorischen Arbeit zu finden, deren Grundzüge ich schon aufgezählt habe. Aber diese Interpretation reduziert die Funktionen des Lehrers auf die eines bloßen Organisators, eines Beobachters, der ohne jeden Einfluß auf die Entwicklung der Kinder ist und der letzten Endes überflüssig wird. Aber obwohl diese Lehrer den Kindern eine fast schrankenlose Freiheit eingeräumt und ihre disziplinarischen Funktionen der Gemeinschaft übertragen hatten, blieben sie doch keineswegs passiv. Wie war ihnen das möglich, ohne daß es zu ihren grundlegenden Prinzipien im Widerspruch stand? Eben dadurch, daß der Lehrer dennoch nicht außerhalb der Gemeinschaft stand, sondern ein Teil von ihr war. Die Gemeinschaft, das war tatsächlich die Verbindung von Schülern *und* Lehrern. Die Lehrer nahmen an ihr genauso teil wie die Kinder. Eine besondere und höchst wichtige Tatsache ist es aber, daß die Auslöschung des «Lehrers» und seiner Autorität sich praktisch nicht auf die *Person* und auf die *Persönlichkeit* des Erziehers erstreckte. Die Lehrer waren aus der Gemeinschaft der Kinder keineswegs ausgeschlossen. Im Gegenteil, sie selbst fühlten sich als Mitglieder eben dieser Gemeinschaft, an die sie gebunden und von der sie nicht getrennt waren. Das kommt in ihrem ersten Aufruf «An die Schüler» (der Gemeinschaftsschulen) zum Ausdruck:

«Unter uns ist keine Grenze. (...) Wir kämpfen nicht mehr gegeneinander und verschwenden Kraft. (...) Wir sind eine Schar miteinander ohne Zwiespalt.»[24]

Die innige Verbindung der beiden Partner des Schullebens, diese

24 In: *Der Leib* I, (April 1920), S. 117.

Gleichsetzung des Lebens der Lehrer mit dem Leben ihrer Schüler, ist einer der Gründe dafür, daß es in diesen Schulen keine formulierte und kodifizierte Selbstverwaltung der Schüler gegeben hat.

Vergleicht man die Schülerselbstverwaltung mit der autoritären Erziehung, so muß man zugeben, daß erstere Lehrer und Schüler einander nähergebracht hat. Aber auf Grund von Gegebenheiten, mit denen ich mich an späterer Stelle beschäftigen werde, kann sich daraus nicht eine Vereinigung von Lehrern und Schülern ergeben, wie sie den Pädagogen, von denen dies Buch handelt, als wünschenswert und notwendig erschien. Ich werde auf dies Thema in dem Kapitel zurückkommen, in dem ich den Einfluß der Selbstverwaltungsbewegung auf die hier untersuchte Pädagogik zu zeigen versuche. In den Gemeinschaftsschulen hat es niemals Versammlungen der Schüler unter sich gegeben, obwohl sie selbstverständlich das Recht gehabt hätten, solche Versammlungen zu veranstalten. Die Lehrer waren bei den Debatten und bei den Beschlußfassungen stets anwesend. Die Vollversammlung, die ab und zu einberufen wurde, hatte keinerlei Ähnlichkeit mit einem Parlament. Sie war nur das Forum, in dem Lehrer und Schüler sich frei aussprachen, beispielsweise über Verbesserungen oder über Beseitigung von Mißständen. Fragen von geringerer Bedeutung regelten sich von selbst im täglichen Leben im Rahmen der einzelnen Gruppen, wo Lehrer und Schüler sich im offenen Gespräch über alles verständigten, was die Arbeit, die Ordnung und die Disziplin betraf.

Wenn man die Rolle des Lehrers in diesem Gemeinschaftsleben bestimmen will, muß man zunächst einmal feststellen, daß er sich natürlich bemühte, keinerlei Druck auszuüben, der die Schüler zu einem Verhalten veranlassen würde, das nicht ihrem eigenen Willen entsprach. Ein Lehrer berichtet,[25] er habe am Anfang einmal, als eine Entscheidung zu treffen war, gemerkt, daß die Schüler das neue Verhältnis, das er zwischen ihnen und sich selbst herzustellen wünschte, noch nicht ganz verstanden hatten. Er beobachtete, daß sie das, was sie wirklich wollten, nicht zu beschließen wagten (es sollte darüber entschieden werden, ob man das Geld aus der Gruppenkasse zur Anschaffung eines Fußballs oder für einen sozialen Zweck verwenden wollte), und im Begriff waren, seinem Vorschlag zu folgen, weil sie im Lehrer noch immer eine Person sahen, deren Wille heilig war. Darauf zog er vor, den Raum zu verlassen und die Kinder alleine beraten und beschließen zu lassen. Er wollte nicht, daß seine Ansicht einen Druck auf sie ausübte, solange sie darin nur die Meinung des Lehrers sahen. Auch in den Vollversammlungen beanspruchten die Lehrer kein Ausnahmerecht für ihre Stimme und für ihre Ansicht. Sie waren anwesend, sie diskutierten, äußerten und verteidigten ihre Meinung und unterwarfen sich den allgemeinen Entscheidungen genauso wie irgendein Schüler. Der Anschluß der Lehrer an die Gemeinschaft der Schüler war

25 Fritz Jöde, ‹*Die Lebensfrage der neuen Schule*›, S. 21.

also auf dem Boden der Gleichheit erfolgt, sozusagen nach ihrem Verzicht auf jede äußere Überlegenheit. Diese Gleichberechtigung kam im übrigen auf allen Gebieten des Schullebens zum Ausdruck. Ein Lehrer der Wendeschule[26] erinnert sich zum Beispiel der langen, bewegten Diskussion, deren es bedurfte, bevor genehmigt wurde, daß die Schüler das Schulhaus durch einen besonderen Eingang betreten sollten, um den dauernden Lärm vor dem Zimmer des Schulleiters zu vermeiden. Und William Lottig berichtet in seinem Tagebuch ohne viel Erstaunen von ein paar Schülern, die sich weigerten, in der Pause auf den Hof zu gehen, und geltend machten, daß «die Lehrer ja auch in ihrem Zimmer bleiben!»[27]

Das sind nur zwei Beispiele. Ich könnte leicht weitere anführen, die zeigen würden, in welchem Grade die Unterschiede zwischen Lehrern und Schülern aufgehoben waren. Haben diese Lehrer nicht das verwirklicht, was einer von ihnen am Anfang gefordert hatte? Er hatte erklärt: «Wir wollen zunächst einmal anfangen, mit den Kindern in der Schule brüderlich zu leben. Wir wollen sie nicht bloß unterrichten, auch nicht nur mit ihnen arbeiten, sondern mit ihnen in unbedingter Kameradschaft leben.»[28]

Wir können uns fragen, ob nicht diese Gleichheit und diese Kameradschaft zwischen den Lehrern und ihren Schülern einen konkreten und rein pädagogischen Einfluß der Erzieher auf die Kinder ausschloß, der größer ist als der des «wahren Kameraden». Sicher wäre es falsch, diesen Einfluß in einer zweiten Beziehung zwischen Lehrer und Schüler zu suchen, sozusagen parallel zu der kameradschaftlichen Beziehung. Im Gegenteil, sie muß ein Teil dieser kameradschaftlichen Beziehung sein. Sie muß sich daher grundlegend von einem pädagogischen Einfluß im alten Sinne unterscheiden. Die Faktoren, die in ihm wirksam waren, die äußere Autorität und Überlegenheit, waren radikal abgeschafft worden. Aber trotzdem muß die Frage, die ich stellte, verneinend beantwortet werden. Zweifellos war in der Praxis der Hamburger Lehrer ein Einfluß, das heißt eine Führung des Lehrers am Werk. Aber es ist nicht leicht, diese Komponente ihres Auftretens exakt und allgemeingültig zu definieren. In der höchst lebendigen, unmittelbaren und wohl am wenigsten reflektierten Beziehung des kameradschaftlichen Lehrers zu seinen Schülern sind deutlich individuelle Variationen zu unterscheiden.

Eine Gruppe von Lehrern kann beschließen, keinerlei Zwang auszuüben und niemals auf irgendein Druckmittel zurückzugreifen. Sie kann sogar vereinbaren, mit den Schülern in der Gleichheit und Intimität von Kameraden zusammenzuleben. Aber der persönliche Einfluß und die lebendigen

26 Kurt Zeidler, ‹*Die Wiederentdeckung der Grenze*›, S. 81.

27 Lottigs Tagebuch vom 30. August 1923.

28 G. Wiget, ‹*Die Gemeinschaftsschule*›, zitiert nach Max Trepp: ‹Die neue Schule›, S. 39.

Beziehungen hängen in einem solchen Maße von der Individualität und den Imponderabilien des Charakters ab, daß bei der Ausführung solcher Entschlüsse mit großen Unterschieden gerechnet werden muß. Wir müssen uns daher damit begnügen, nur einen bestimmten allgemeinen und typischen Aspekt des Problems der Einflußnahme des Lehrer-Kameraden auf seine Schüler zu erfassen.

Aber dabei läuft man Gefahr, sich von den Extremen täuschen zu lassen und sie für typisch zu halten. Es ist beispielsweise oft behauptet worden, die Hamburger Pädagogen hätten jeden erzieherischen Einfluß des Lehrers auf das Kind abgelehnt. Aus der Freiheit, die den Schülern gewährt wurde, und aus der «Entmachtung» des Lehrers hat man offenbar geschlossen, daß der Lehrer sich in allen Dingen dem Willen der Kinder unterwerfen wollte und ihnen allein die Initiative und daher auch die volle Verantwortung für ihr Handeln überließe.

Ich habe schon mehrfach auf gewisse nihilistische und anarchistische Strömungen in der Bewegung der Gemeinschaftsschulen hingewiesen. Besonders in den ersten Jahren hat es bestimmte radikale Gruppen gegeben, die, wenn auch vielleicht nicht in der Praxis, aber doch zum mindesten in ihren theoretischen Beteuerungen wirklich den Eindruck machten, als wollten sie jeden lenkenden Einfluß des Lehrers und jede bewußte Erziehungsabsicht ausschalten, Extremisten, die «in der Erziehung nur ein Begleiten des Werdenden zu seinem Sein» sahen.[29]

In der pädagogischen Bewegung waren anderseits aber auch Tendenzen vertreten, den Lehrer als den «Führer» der Jugend zu betrachten, der von den Schülern, obwohl er sich ihnen gegenüber nicht mehr auf eine äußere oder «offizielle» Autorität stützen konnte und mit ihnen einen kameradschaftlichen Umgang pflegte, doch einen gewissen Gehorsam erwarten durfte, der in mancher Hinsicht im Gegensatz zu den Grundforderungen der «kameradschaftlichen» Lehrer stand. Theoretisch war es möglich, diesen Gegensatz abzustreiten, denn der Lehrer setzte sich nicht mit einer von außen kommenden Autorität durch, sondern er rechtfertigte seine Handlungen mit dem Vertrauen, das die Kinder ihm entgegenbrachten, und er hielt sich selbst für den erwählten «Führer», dem die Jugend aus freien Stücken folgte. Praktisch lief dies Verhältnis auf eine Diktatur des «Führers» hinaus, die der Freiheit des Individuums und der ganzen Gruppe abträglich war.

Die Einstellung und das Verhalten des Lehrers, die man in den Gemeinschaftsschulen am häufigsten antreffen konnte und die sicher als typisch bezeichnet werden können, machten aus dem Lehrer auch den kameradschaftlichen Führer der Gemeinschaft. Obwohl der Lehrer in jeder Weise ein Teil der Gemeinschaft war, gehörte er ihr dennoch nicht ebenso an wie irgendein beliebiger Schüler. Keiner der ernst zu nehmenden Pädagogen

29 C. H. Müller, in: ‹*Pädagogik deines Wesens*› (Hg. Fritz Jöde), S. 119.

der Bewegung hat je daran gedacht, diese natürliche Überlegenheit in Zweifel zu ziehen. Sie kam sowohl im Unterricht als auch in den anderen Bereichen des Schullebens zum Ausdruck. Im Unterricht war sie dem Lehrer selbst stärker bewußt als den Kindern. Er entschied – und er allein war dazu in der Lage –, ob ein Stoff, den die Schüler vorgeschlagen hatten, behandelt werden sollte. Und zweifellos war es dann im Laufe der Arbeit auch immer noch der Lehrer, der die Führung hatte und Erklärungen gab, wenn die Kinder sich alleine nicht zurechtfanden. Der Bericht aus Großzschocher, den ich am Anfang dieses Kapitels anführte,[30] beweist dies: Trotz der geistigen Freiheit, die die Kinder genießen, und bei aller Rücksicht, die der Lehrer auf ihre Interessen und Einfälle nimmt, sind die zentrale Stellung und die besondere Funktion, die der Lehrer in seiner Klasse hat, doch nicht zu übersehen. Abgesehen von der intellektuellen Überlegenheit des Lehrers, die natürlich vor allem im Unterricht zum Ausdruck kam, war das Leben in den Gemeinschaftsschulen auch stark durch die geistige Überlegenheit und durch den ordnenden Einfluß der Lehrer geprägt.

Als einziges Beispiel sei die Vollversammlung angeführt. Sie wurde zwar am häufigsten von den Schülern einberufen und von einem Schüler geleitet. Die Lehrer nahmen ohne Sonderstellung an der Versammlung teil. Sie taten hier nichts anderes, als was auch jeder der Schüler tun konnte: ihre Meinung aussprechen und Argumente anführen, um die Versammlung dahin zu bringen, sie anzunehmen. Nun, wenn ich mich an die Sitzungen halte, denen ich selbst beigewohnt habe, und an die Berichte und Protokolle aus Hamburg, die ich eingesehen habe, muß ich feststellen, daß es häufig die Meinung eines einzelnen Lehrers oder mehrerer Lehrer war, die den Ausgang der Diskussion bestimmte. Diese Fälle sind weitaus die häufigsten, und das ist auch nicht überraschend. Als gebildete Erwachsene verfügten die Lehrer natürlich über bessere Mittel, ihre Ansichten zu verteidigen, und außerdem wußten sie – von den Fällen abgesehen, in denen es um wirkliche Konflikte zwischen Lehrern und Schülern ging – die latenten Ansichten der Gemeinschaft besser auszudrücken und zu formulieren. Diese Faktoren trugen dazu bei, ihnen eine gewisse Führung zu sichern, die aber vor Protest und Kritik aus der Schülerschaft nie ganz sicher war – und es auch gar nicht sein wollte. Man kann also sagen, daß die natürliche Überlegenheit der Lehrer, die sich in einem kameradschaftlichen Zusammenleben unwillkürlich geltend machte, von diesen Pädagogen genügend beachtet worden ist, um ihnen einen gewissen erzieherischen Einfluß auf ihre Schüler zu sichern.

Die richtige pädagogische Beziehung, die die ursprünglichen Bemühungen um vollständige Befreiung der Kinder und die beabsichtigte Entmachtung der Lehrer scheinbar zerstört hatte, war bis zu einem gewissen

30 Vgl. S. 19.

Grade wiederhergestellt worden.

Die geistige Überlegenheit, von der ich eben sprach, war für diese Lehrer nicht die notwendige Voraussetzung ihres Erziehungsstils. Im Gegenteil, sie haben immer wieder betont, daß es sich hier nur um einen äußerlichen und sozusagen zufälligen Unterschied handle, daß sie sich in keiner Weise auf diesen Unterschied verlassen wollten und man statt dessen das betonen müsse, was Lehrer und Kinder gemeinsam haben und was bei beiden gleich ist. Es kam ihnen darauf an, daß sie wußten und immer daran dachten, daß diese Unterschiede zwischen ihnen und den Kindern allmählich geringer werden und bei genauer Betrachtung zu ein paar Schritten werden, die sie den Kindern voraus sind. So sieht es Johannes Gläser, ein Lehrer der Berlinertorschule, einer der ältesten und konsequentesten Hamburger Schulreformer, wenn er sagt:

«Wir sind werdende und seiende Menschen; etwas anderes ist auch das Kind nicht. Wozu also unsere Vorstellung ihm gegenüber, als ob wir nicht Werdende seien, all das Theater von Würde, Vollkommenheit und Herablassung. Götzendienst am Kinde liegt uns so fern, wie uns Götzendienst vor der Person überhaupt liegt, aber wenn wir klar sehen, so unterscheidet uns vom Kinde vor allem die Tatsache, daß unsere Bahn bald durchlaufen sein wird, seine Aufgaben aber erst in den Anfängen stehen.»[31]

Vor allem kommt es darauf an, daß dieser «Vorsprung» trotz allem in den Beziehungen zu den Kindern wirksam gemacht wird. Aber, so fragen wir uns nach allem, was wir von den pädagogischen Grundsätzen der «kameradschaftlichen» Lehrer wissen: Über welche *Mittel* verfügte denn der Lehrer, der entschlossen war, die absolute Freiheit der Kinder zu respektieren und in ihr Verhalten nicht gewaltsam einzugreifen? In welcher Weise konnte er seine Überlegenheit praktisch noch für eine bestimmte pädagogische Zielsetzung zur Geltung bringen? Wie ich schon sagte, waren Befehl und Tadel aus der Liste der pädagogischen Maßnahmen gestrichen; die Lehrer der Gemeinschaftsschulen wollten weder an den Ehrgeiz appellieren noch mit Drohungen arbeiten. Trotzdem standen dem Lehrer noch Mittel zur Verfügung, nämlich die gleichen, die Kameraden und Freunde untereinander benutzen: Rat und Kritik, Ermutigung, Vorschläge und Empfehlungen. Mit Hilfe dieser Mittel versuchten die Lehrer, wenn sie es für nötig hielten, das Verhalten und die Handlungen ihrer Schüler zu beeinflussen. Unter diesen Mitteln gibt es eines, das sich unter «echten Kameraden» als sehr erfolgreich erweist, wenn auch oft, ohne daß es dem «Empfänger» bewußt wird: Das ist das bewußt gegebene Beispiel. Ein sehr alter pädagogischer Grundsatz sagt, man darf moralisch nichts von den Kindern verlangen, was man nicht selbst tut oder hinnimmt. Und jeder Erzieher weiß, daß man den stärksten Zwang dann ausüben muß, wenn man dem Kinde Sachen verbieten will, die man selbst nicht ganz meidet.

31 Johannes Gläser, ‹*Vom Kinde aus*›, S. 16.

Das Beispiel ist die notwendige Voraussetzung für jedes ernsthafte pädagogische Bemühen. Es ist also nicht überraschend, daß die Lehrer der Gemeinschaftsschulen dem Beispiel eine große Bedeutung beimaßen. Dennoch ist es aber überraschend, daß sie das Beispiel in ihrer Erziehungsmethode als das *einzige* Mittel ansahen. Für diese Pädagogen ist das Beispiel nicht bloß wertvoller als das Wort, sondern auch als jedes direkte Vorgehen oder Eingreifen. Fritz Jöde sagt vom Lehrer: «Nicht sein Reden, sein Sein stempelt ihn zum Erzieher der Jugend.»[32] Und ein anderer Lehrer sagt: «Wenn wir nur selber ‹lebendige› Menschen werden, wenn wir nur ‹das Leben› in die Schule hereinlassen, dann wächst das Kind von innen heraus zum lebendigen Menschen.»[33]

Man sieht, wie sehr diese Lehrer auf den pädagogischen Erfolg des vorgelebten Beispiels vertraut haben, der durch ein enges Zusammenleben mit den Kindern möglich geworden war.

Das zeigt, daß der kameradschaftliche Lehrer trotz der «passiven» Aspekte, die ich beschrieben habe, in der Gemeinschaft, deren Mitglied er war, doch eine gewisse Führungsrolle behielt. In dieser neuen Haltung des Lehrers war nichts von der früheren Autorität nachgeblieben, die ein integrierender Bestandteil der beruflichen Funktion des Lehrers gewesen war. Nachdem er auf jede Unterstützung von außen verzichtet hatte, führte er, wie diese Pädagogen es formulierten, «von innen her». Ich wüßte diesen Doppelcharakter der neuen Lehrer-Schüler-Beziehung nicht besser zu beschreiben, als noch einmal die Worte von jemandem zu zitieren, der diese Beziehung selbst erlebt hat. Margarete Behrens, Lehrerin an einer Gemeinschaftsschule in Magdeburg, schreibt:

«Und es ist wunderbar, daß es oft den Anschein hat, als wären wir ganz ausgeschaltet, so daß Gäste zuweilen darauf erstaunt hinweisen, und daß wir doch sehr stark dabei sind – denn jede Klasse ist dennoch Klasse gerade *ihres* Lehrers, spiegelt doch gerade *sein* Wesentlichstes wider! Und das kommt daher, daß wir Mensch unter den Kindmenschen, kommt *unzweifelhaft* daher, daß wir wirklich ganz zu unseren Kindern *hin*gekommen sind, hinein in ihre Herzen, daß kein äußeres Beieinander ist zwischen ihnen und uns, sondern eine lebendige Gemeinschaft, zusammengehalten durch geistigen Austausch und das Band der Liebe.»[34]

Das Bild des kameradschaftlichen Lehrers muß nur noch mit einem wichtigen Aspekt ergänzt werden, der gewissermaßen zugleich die Grundlage und die Konsequenz alles dessen ist, was ich bisher über diesen Lehrertyp berichten konnte. Im letzten Zitat wird auf diesen Aspekt mit dem Ausdruck «Band der Liebe» angespielt. Es ist nötig, den Charakter des

32 Fritz Jöde, ‹*Pädagogik deines Wesens*›, S. 19.

33 Adolf Röhl, in: *Hamburger Lehrerzeitung* 1925, S. 544.

34 Margarete Behrens, ‹*Die Magdeburger Versuchsschule*›, in: ‹*Die neuen Schulen in Deutschland*›, Hg. Fritz Karsen, S. 110.

persönlichen Verhältnisses zwischen Schüler und Lehrer zu untersuchen und die gefühlsmäßige Beziehung zu beschreiben, die sich daraus ergibt.

Wir sahen schon, daß der Abstand zwischen Lehrer und Schüler, der für die traditionelle Erziehung, besonders für die Erziehung in den Staatsschulen, charakteristisch war, in den Gemeinschaftsschulen abgeschafft war. Das Leben der Lehrer und der Schüler verlief nicht mehr auf verschiedenen Ebenen. Lehrer und Kinder führten dasselbe Leben, das Leben der Schulgemeinschaft. Ich erinnere noch einmal an das Versprechen, daß es zwischen Lehrer und Schüler keine «Grenze» geben solle. Auch außerhalb des Unterrichts ergriffen diese Lehrer jede Gelegenheit, mit ihren Schülern zusammenzusein. Von Anfang an gab es in den Schulen regelmäßige Abendveranstaltungen, die Lehrer, Eltern und Schüler vereinigten. Andere Gelegenheiten zum Zusammensein gaben die Schulfeste, die oft mit Bühnenaufführungen und musikalischen Darbietungen verbunden waren; für diese war Probenarbeit nötig, die in den Unterrichtsstunden nicht geleistet werden konnte und für die man sich außerhalb der Schulzeit traf. Ein alljährliches Schulfest auf dem Lande dauerte mehrere Tage lang, während derer ein freies Leben mit Spielen, Singen und Tanzen reichlich Gelegenheit bot, persönliche Kontakte herzustellen oder zu festigen. In den Ferien wurden sehr häufig Lager und Reisen veranstaltet, bei denen Lehrer und Schüler die «Freuden und Leiden» eines freien Lebens in der Natur miteinander teilten. Dies Gemeinschaftsleben, das Lehrer und Schüler vereinigte, hätte sicher eine noch größere Bedeutung gehabt, wenn die Schulen Internate gewesen wären. Die Entfernungen in der Großstadt, die Tatsache, daß man von Wäldern und Feldern weit entfernt war, legten dem gemeinsamen Leben Beschränkungen auf, die sehr bedauert wurden. Einige dieser Schulen versuchten, sich einen Ausgleich durch das «Schullandheim» zu schaffen, ein urbargemachtes Grundstück mit einer Baracke, die Lehrer, Eltern und Schüler gemeinsam gebaut hatten, wo man die Sonntage und oft auch die Ferien miteinander verbrachte oder wo auch manchmal eine Gruppe mit ein paar Lehrern einen ganzen Sommer lang blieb. Das alles waren Gelegenheiten, sich zu treffen und in einer Weise zusammenzuleben, die alle Grenzen zwischen Lehrern und Schülern aufheben mußte und die zweifellos Reste von gegenseitiger Fremdheit überwinden half. Das äußere Merkmal dieser engen Beziehungen war in vielen Fällen das «Du» zwischen Schülern und Lehrern – auch im Unterricht.

Die traditionelle Schule braucht für die Art der Beziehung, die sie sich zwischen Schülern und Lehrern wünscht, ihren Kontakt mit den Schülern nicht auf die Freizeit auszudehnen. Denn um ihre Ziele zu erreichen, kann sie auf nähere Beziehungen zwischen Lehrern und Schülern verzichten. Sie sind ihr sogar unerwünscht. Die Autorität des Lehrers, die auf dem Respekt beruht, den das Kind vor seiner Persönlichkeit und vor seinem

Amt hat, bestimmt die psychologischen Bedingungen, die für das pädagogische Verfahren der alten Schule nötig sind. Der Lehrer-Kamerad, wie ich ihn hier beschrieben habe, hatte auf jede äußere Autorität verzichtet, und das Gewicht seiner Person wurde nur wohlüberlegt und in zurückhaltender Weise ins Spiel gebracht. Es ist also begreiflich, daß er nach einem anderen Mittel suchte, seinen Einfluß geltend zu machen und seine pädagogischen Ziele zu erreichen: Die gefühlsmäßige Bindung sollte die neue Grundlage bilden. Um sie herzustellen, brauchte man mehr Kontakt und mehr persönliche Beziehungen solcher Art, wie die Hamburger Lehrer sie gepflegt haben. Wenn man von diesen Voraussetzungen ausgeht, kann man wohl ohne Übertreibung sagen, daß der pädagogische Stil, den wir in den Gemeinschaftsschulen beobachtet haben, der persönliche und gefühlsmäßige Faktor, die gegenseitige affektive Beziehung, die Autorität abgelöst hat, die in der traditionellen Schule die Beziehungen zwischen Lehrern und Schülern bestimmte. In diesem Sinne muß man meiner Ansicht nach den typischen Ausspruch eines der Lehrer des neuen Typs auffassen, den William Lottig aufgezeichnet hat:

«Die Kinder vom größten bis zum kleinsten haben mich alle lieb und ich sie. Das ist ein sehr großes Wort, aber es ist so; da erübrigt sich der Respekt.»[35]

Dies Gefühl, dem hier eine entscheidende Bedeutung beigemessen wird, beruht auf Gegenseitigkeit. Die Zuneigung des Lehrers setzt die des Schülers voraus und sie wünscht sie sich auch. Das wird in vielen anderen Aussprüchen bestätigt, die diese Pädagogen formuliert haben.[36] Aber es ist sicher schwer, diese affektive Beziehung mit ihren ganz persönlichen Nuancen zu erfassen und ihre Art, ihre Intensität und ihre Tragweite zu beschreiben. Hier müßte vor allem das Individuum, der Einzelfall dargestellt werden. Ich will mich damit begnügen, auf diesen Faktor und auf seine Bedeutung ganz allgemein hingewiesen zu haben, und abschließend will ich nur noch eine besondere Form dieser Liebe zwischen Lehrer und Schüler anführen. Wenn man auch nicht sagen kann, daß diese Tendenz die allgemeine Haltung des hier beschriebenen Lehrers gewesen ist, scheint sie mir doch von ganz besonderem Interesse zu sein. Ich stütze mich hierbei vor allem auf einen Vortrag, den Kurt Zeidler, ein Lehrer der Wendeschule, 1919 gehalten hat[37] und der in konservativen Hamburger Kreisen eine Woge der Entrüstung ausgelöst hat, anderseits aber – was mir wichtiger ist – unter den entschiedenen Schulerneuerern und besonders

35 Lottigs Tagebuch vom 23. Juni 1925.

36 Dies sagt zum Beispiel ein Lehrer der Wendeschule: «Wir wissen, daß einen Menschen erziehen gleichbedeutend ist mit: ihn lieben. Und unser großer Wunsch, die unerläßliche Voraussetzung des Gedeihens unserer Arbeit ist, von unseren Schülern geliebt zu werden.» – Kurt Zeidler, in: ‹*Pädagogik deines Wesens*›, (Hg. Fritz Jöde), S. 88.

37 Kurt Zeidler, ‹*Vom erziehenden Eros*›.

unter den Lehrern der neuen Schulen viel Zustimmung gefunden hat.

Zeidler sagt zunächst, es handle sich bei dieser affektiven Beziehung des Lehrers zum Schüler nicht um jene wohlwollende uninteressierte Liebe, die die Pädagogen immer gerühmt hatten, die das Kind in seinen guten Eigenschaften lieben und in einem Idealbild, das sie sich von ihm machen und zu dem hin sie es mit aller Gewalt entwickeln wollen, und er fährt dann fort: «Freund und Helfer kann der Jugend nur sein, wer das große Verstehen in sich trägt, die Liebe, die ganz im Wesen des jungen Menschen aufgeht, die ihn bejaht mit all seinen Fehlern und Schwächen, mit all seiner Unvollkommenheit und Unsicherheit. (S. 6) . . . Diese Liebeskraft aber . . . ist nicht Untertan meines Willens oder irgendeiner Einsicht, sie wurzelt in dem stolzesten aller Triebe, den eine gütige Natur in uns gelegt hat, in unserer Sexualität. (S. 9)»

Nach Zeidler darf der Lehrer sich sehr wohl eine starke und innige Liebe zum Schüler gestatten, die dann und wann ihren Ausdruck in einer Zärtlichkeit findet, aber von einem «Gehen-lassen» der Gefühle und der Zuneigung kann natürlich weder für den Lehrer noch für den Schüler die Rede sein. Aber ebensowenig, so meint Zeidler, darf man die affektive Grundlage jeder menschlichen Beziehung übersehen, die sich auch in der Erziehung manifestiert. Diese Zuneigung soll durchaus nicht unterdrückt, sondern in allen ihren Formen bejaht und in den Dienst des Werkes gestellt werden, das auszuführen ist. Zwischen Lehrer und Schüler besteht also eine spezifische affektive Beziehung. Sie hat nach Zeidlers Ansicht in der Erziehung schon immer eine außerordentlich große Rolle gespielt, wenn man auch nicht gewagt hat, dies offen zuzugeben. Es handelt sich um jene Liebe, von der nur die Griechen freimütig gesprochen haben, um den *Eros paidikos,* den Platon in seinem ‹*Gastmahl*› gefeiert hat und dem die griechische Kultur einen legitimen Platz im Leben der Nation eingeräumt hat. Diese «platonische Liebe», die auf einer gefühlsmäßigen, sogar sexuellen Grundlage beruht, aber in ihren Manifestationen rein geistig ist, diese Zärtlichkeit des reifen Mannes für den Knaben oder den Jüngling, darf keinesfalls auf den Index gesetzt werden, sagt Zeidler; sie sei ein natürliches Gefühl, das «zu allen Zeiten ein Kulturfaktor ersten Ranges» gewesen sei (S. 12). Von diesem Gefühl beseelt, wird der Erzieher sich seiner Arbeit mit Begeisterung hingeben, und die Jugend wird hier jene Geborgenheit und jene Verbindung mit ihren Erziehern finden, die sie braucht und die die Erziehung selbst nicht entbehren kann, weil aus ihr zwischen Lehrer und Schüler das tiefe Vertrauen und das intime Verständnis erwächst, das die neue Pädagogik fordert.

Dieser letzte Aspekt der engen persönlichen Beziehungen zwischen Lehrern und Schülern vervollständigt die Beschreibung des kameradschaftlichen Verhältnisses, um das sich einige Schulen in Deutschland bemüht haben. Diese neue Einstellung der Lehrer zu ihren Schülern unterscheidet sich grundlegend, radikal von dem Verhältnis, das wir im allgemeinen zwischen Lehrern und Schülern antreffen, und es wird daher interessant sein, seine Ergebnisse zu prüfen. Die pädagogische Gesinnung, die sich in dieser Haltung ausdrückt, hat Anlaß zu viel, teilweise außerordentlich scharfer Kritik gegeben. In der Tat ist die hier beschriebene Einstellung so weit von der traditionellen pädagogischen Beziehung entfernt, und sie widerspricht so vielen Grundsätzen, die die meisten Pädagogen, auch entschieden fortschrittliche, anerkennen, daß sie zunächst Kritik oder sogar Ablehnung auslöst. Ich will bekennen, daß auch ich mich zu den kritischen und reservierten Betrachtern zähle. Aber kommen die ablehnenden und kritischen Urteile, die da vorgebracht werden, nicht aus der traditionellen, wenn nicht konservativen Sicht in der Pädagogik? Ich meine damit Folgendes: Wir sehen in der Erziehung ein Verfahren, das aktiv in das Leben des Kindes eingreift und seine Entwicklung lenken und es zu Zielen hinführen will, die unserer Meinung nach jede Pädagogik haben muß, die sich ihrer Verantwortung bewußt ist. Aus einer solchen Sicht muß man natürlich eine Pädagogik ablehnen, die ganz offensichtlich diese Ziele per definitionem nicht erreichen kann. Aber wenn man diese Argumente anführt, läuft man Gefahr, sich an Dinge heranzumachen, die nie vorgebracht worden sind. Denn der Standpunkt der Lehrer, deren pädagogische Praxis ich hier behandelt habe, war von dem Standpunkt, dessen Grundüberzeugung ich soeben zitiert habe, völlig verschieden. Die traditionelle Auffassung der Erziehung war bei den neuen Pädagogen außer Kurs gesetzt. Sie behaupteten daher nicht einmal, daß sie die angeführten alten pädagogischen Ziele verwirklichen wollten. Ihre Haltung entspricht einer völlig neuen Auffassung der Erziehung selbst, und sie ist deren Ausdruck – wie auch die autoritäre Erziehung Ausdruck eines theoretischen Programms war.

Das neue Verhältnis von Lehrer und Schüler kann also nicht verstanden und interpretiert werden, wenn man sich nicht mit den Prinzipien auseinandersetzt, deren praktischer und konkreter Ausdruck es ist.

Unter welchen theoretischen Zielsetzungen ist die kameradschaftliche Erziehung gefordert und verwirklicht worden? Mit der Beantwortung dieser Frage will ich meine rein deskriptive Darstellung ergänzen.

2. Das pädagogische Glaubensbekenntnis der Lehrer-Kameraden

Das Verhältnis des Erziehers zum Kind ist nicht pädagogischer Selbstzweck, sondern *Mittel* zur Verwirklichung von Prinzipien und theoretischen Postulaten. Ob es sich nun um das autoritäre und distanzierte, um das väterliche oder um das kameradschaftliche Verhältnis handelt, sie alle sind durch bestimmte Prinzipien bestimmt. Diese Prinzipien liegen den pädagogischen Programmen zugrunde, die die Ziele der Erziehung vorschreiben und die angeben, was man von der Erziehung erwartet.

Aber die pädagogische Haltung selbst ist bis zu einem gewissen Grad ebenso wie das Erziehungsziel durch einen anderen Faktor von höchster Wichtigkeit bestimmt. Es handelt sich um den Begriff, den man sich von dem Objekt der pädagogischen Bemühungen macht, also vom Kind. Besonders wird das Urteil, das der Erzieher über den Zustand hat, in dem das Kind sich befindet, von vornherein die Maßnahmen bestimmen, die er für notwendig hält. Der *Kindheitsbegriff* kann also mit der Diagnose verglichen werden, die der Arzt zu Beginn seiner Behandlung stellt. Mit Édouard Claparède[1] können wir sagen, daß «der ganze Sinn, den man der Erziehung gibt, von der Bedeutung abhängt, die man der Kindheit einräumt». Daraus ergibt sich: Die Einstellung, die man dem Kind gegenüber einnimmt, ist zugleich das Ergebnis einer Erziehungstheorie und der Auffassung, die man von der Bedeutung der Kindheit hat. Wenn beispielsweise die traditionelle Pädagogik vom Kind Gehorsam fordert, dann verlangt sie damit zugleich vom Lehrer, daß er auf seiner Autorität besteht, was sie damit begründet, daß er das Kind erziehen soll. Denn nach der überkommenen Ansicht bedeutet «erziehen», das Kind «von einem Zustand zu einem anderen führen» oder sinngemäß anders ausgedrückt: «es aus einem unvollkommenen Zustand zu einem vollkommeneren hinführen.» Das legt eine logische Konsequenz nahe: Fast immer sieht die traditionelle Pädagogik in der Kindheit einen Zustand des Unfertigen, Unvollständigen. Nach der gängigen Auffassung hat diese Altersstufe die Funktion eines Durchgangsstadiums zu Vorbereitung auf «das eigentliche Leben». Aufgabe des Erziehers ist es, im Kinde die Eigenschaften und Fertigkeiten zu entwickeln, die ihm für seine spätere Rolle als Erwachsener unentbehrlich sind, damit er dann ein Leben als nützliches und würdiges Mitglied der menschlichen Gesellschaft führen kann.

Die Hamburger Lehrer haben gegen diese Auffassung der Kindheit Stellung bezogen. Für sie ist die Kindheit nicht ein vergängliches, nur vorbereitendes Stadium, sondern ein Lebensalter, das seinen Sinn in sich selbst hat, seinen eigenen Gesetzen unterliegt und seinen eigenen Bedürfnissen folgt, die ihr Ziel in sich selbst haben. Sie haben also der Kindheit, der Periode vor dem Erwachsensein, gegenüber dem Lebensalter der Erwachsenen eine bestimmte Autonomie eingeräumt. Für sie hat die Kindheit keinen geringeren Wert als das Erwachsenenalter. Der folgende Ausspruch zeigt, wie sehr diese Pädagogen von dem Eigenwert und von der Eigengesetzlichkeit der Jugend überzeugt waren. Ein Lehrer der Wendeschule fragt geradezu, ob man die Jugend nicht sogar als die Epoche zu betrachten habe, die dem Alter überlegen sei:

«Was hindert uns heute, die Jugend als den Höhepunkt des Daseins zu feiern und das Alter als einen Abstieg anzusehen, ein Decrescendo des

1 Edouard Claparède, ‹*L'Education fonctionelle*›, S. 100.

Lebens. Und vielleicht gehen wir einem Zeitalter entgegen, in dem eine solche Umkehrung in der Wertschätzung der Lebensalter sich vollzieht, so daß, während all unser Wesen und öffentliches Leben bisher von der Alterskultur bestimmt war, es in Zukunft das Gepräge jugendlichen Geistes trägt. Vielleicht. Hoffentlich.»[2]

Die Erziehung, so sagen diese Lehrer, braucht sich daher nicht auf die Zukunft auszurichten, sondern auf die Gegenwart; sie muß dafür sorgen, daß die Kindheit ihren besonderen Bedürfnissen gemäß erlebt werden kann. Sie darf diese Jahre, die ihre eigene Schönheit haben, nicht durch die Anforderungen eines Erwachsenenlebens stören, von dem die Kinder noch weit entfernt sind; vielmehr ist es eine ihrer wichtigsten Aufgaben, über diese Schönheit zu wachen, die das Leben nur ein einziges Mal gibt.

Diese Ansicht, die zu der herkömmlichen Auffassung vom Sinn der Jugendzeit in einem so scharfen Gegensatz steht, zeichnet sich am deutlichsten in der Vorstellung ab, die diese Pädagogen sich von der Schule und ihrer Aufgabe machen. Um dies zu erläutern, will ich von der überkommenen Auffassung ausgehen, deren Logik bekannt ist: Ist die Kindheit in erster Linie eine Zeit der Vorbereitung, dann ist die Schule per definitionem das Institut, das sich dieser Vorbereitung annimmt. Das Kind geht der allgemeinen Auffassung gemäß zur Schule, um dort zu lernen und um dort möglichst viel von dem zu erfahren, was das Erwachsenenleben von ihm verlangen wird. «Non scholae, sed vitae discimus», sagt ein altes Sprichwort, «Nicht für die Schule, sondern für das Leben lernen wir», und das «Leben», von dem hier die Rede ist, ist bestimmt das Erwachsenenleben. Die offizielle Schule hat sich dieser Auffassung ganz angepaßt. Sie hat ihr Programm, das die Aneignung aller Kenntnisse umfaßt, die für notwendig gehalten werden und die im voraus von der Tradition, von der Gesellschaft und vom Staat festgelegt worden sind. Der Lehrer ist gehalten, in jedem Jahr mit den vorgeschriebenen Teilen dieses Programms fertig zu werden. Es steht unumstößlich fest, daß die Schule nur für die Vorbereitung ihrer Schüler eingerichtet ist. Nie hat man daran gedacht, diese Orientierung der Schule anzuzweifeln. Dies ist nun einmal ihre Funktion im Leben des Volks.

Es ist nun höchst charakteristisch, daß die revolutionären Hamburger Pädagogen diesen traditionellen Standpunkt aufgegeben haben. In voller Konsequenz ihres Kindheitsbegriffs haben sie die Idee von der Schule als Instrument der Vorbereitung abgelehnt. Ich führe noch einmal den oben zitierten Aufsatz von Zeidler an:

«Es ist eine ungeheure Anmaßung der Erwachsenen, die Schule als eine Präparationsanstalt für das anzusehen, was sie unter dem Leben verstehen, und sie ihren Altersinteressen dienstbar zu machen. . . . Wie aber die

2 Kurt Zeidler, ‹*Der Ernst des Lebens*›, in: ‹*Pädagogik deines Wesens*› (Hg. Fritz Jöde), S. 166 f.

Jugend als Ganzes nicht dem Alter untertan sein darf, so auch nicht die Schule. Sie ist für niemanden sonst da, als für die jungen Menschen selber und hat keine andere Aufgabe, als ihren Bedürfnissen gerecht zu werden, aber auch wirklich ihren, nämlich den gegenwärtigen Bedürfnissen, nicht denen, die sie in zehn oder zwanzig Jahren vielleicht einmal haben werden. Die Schule ist nicht ein Mittel, sondern ein Selbstzweck, nicht eine leidige Durchgangsstation, sondern eine Erfüllung.»[3]

Die Berlinertorschule hat ihre Ablehnung der traditionellen Auffassung ebenso begründet, und zwar in einem Flugblatt ‹*An die Eltern, die ihr Kind in unsere Schule geben wollen*›:

«Du kennst aus Deiner eigenen Jugend die Schule als die Stätte, an der das Kind planmäßig auf den Beruf, auf ‹das Leben› vorbereitet wird. Wir aber lehnen es ab, uns irgendwie von den Anforderungen des Berufs, des Wirtschaftslebens, des Daseinskampfes in unserer Schularbeit leiten zu lassen. Darum haben wir keinen Lehrplan und kein Lehrziel . . . Aufgabe der Schule ist es, dem Kinde eine Stätte zu bieten, wo es ohne alle Rücksicht auf Zwecke, aber mit immer wachsender Verantwortung gegen die Menschen, unter denen es lebt, Kind sein, jung sein, froh und glücklich sein kann.»[4]

Diese Schulen haben sich, wie ich schon berichtete, am Tage ihrer Eröffnung bei ihrer Behörde von den Vorschriften entbinden lassen, die die Schulgesetzgebung festgelegt hatte. Sie waren daher nicht verpflichtet, ein bestimmtes Programm nach einer bestimmten Methode und nach einem festen Stundenplan zu erfüllen. Und einige dieser Schulen haben diese Freiheit, die das Kernstück ihres Versuchs war, verteidigt, als sie 1925 durch ein neues Schulgesetz gefährdet war. Nur so konnten diese Lehrer in voller Freiheit arbeiten und aus ihrer Schule das machen, was ihren Ideen entsprach: nicht eine Vorbereitungsanstalt, sondern eine Stätte der Jugend, in der sie nach den Gesetzen und Bedürfnissen ihrer Altersstufe leben konnte.

Wilhelm Paulsen sagt: «Die Schule ist nicht Unterrichts- und Erziehungsanstalt, sondern *Lebensstätte* der Jugend, eine Freistatt jugendlichen Schaffens und jugendlicher Lebensgestaltung.»[5]

Die Schule soll also nicht eine Vorbereitung auf das Leben sein, sondern das Leben selbst. Von diesem Standpunkt aus, hätte man damit rechnen können, daß sie aus ihrer Forderung die letzte Konsequenz ziehen und nicht nur geistige Autonomie, sondern auch materielle Unabhängigkeit für die Schule verkünden würden, um sie ganz von der Generation der Erwachsenen zu befreien. Dann hätte die Schule sich selbst erhalten müssen, und zwar durch produktive Arbeit der Lehrer und Schüler. In Rußland

3 In: ‹*Pädagogik deines Wesens*› (Hg. Fritz Jöde), S. 166f.
4 In: *Unsere Schule* I, Januar 1922.
5 ‹*Die Überwindung der Schule*›, S. 109.

sind derartige Versuche gemacht worden. Aber von einer «Produktionsschule» wollten die Hamburger Pädagogen nichts wissen. Es widerstrebte ihnen, aus der Arbeit der Kinder einen ökonomischen Faktor zu machen. Wohl sollte die Schule das wirkliche Leben sein, aber das Leben der Kinder, das von der ganzen Vorbelastung der Wirtschaftsordnung noch frei ist, und nicht ein antizipiertes Erwachsenenleben. Durch diese Ablehnung zeichnet die Idee vom Wert und von der eigenen Bedeutung der Kindheit sich in ihrer ganzen Tragweite ab.

In ihrer Überwindung tradierter Ansichten sind die Lehrer der Gemeinschaftsschulen noch weitergegangen. Ihre Ablehnung jeder Zweckbestimmung für die Schule beschränkte sich nicht auf die Probleme des Unterrichts, sondern sie betraf jeden teleologischen Aspekt in der Pädagogik. Das zeigt ihre Einstellung zum Kardinalproblem alles pädagogischen Denkens – zur Frage des Erziehungsziels. Da wird besonders deutlich, wie radikal sie sich von jeder Tradition gelöst haben.

Das Ziel, auf das die Erziehung sich richten soll, hat sich in der theoretischen Diskussion immer wieder gewandelt. Auf welches Ziel soll sich die Erziehung richten? Die Lehrsätze des Mittelalters – und einige Theorien unserer Zeit – beantworten diese Frage mit einem transzendenten Begriff, je nach den Glaubensgrundsätzen, auf denen die Theorien beruhen, und nach den höchsten Werten, die für sie gelten. Aber auch die modernen Theorien, deren Zielsetzungen sich mehr auf konkrete Realitäten richten, bieten uns sehr unterschiedliche Standpunkte. Wofür soll die Schule sich einsetzen? Ist ihr Idealbild der gehorsame Untertan, der verantwortungsvolle Staatsbürger, der Patriot, oder ist es der humanitäre Mensch, der soziale Mensch oder der Aristokrat? Alle diese Zielsetzungen und noch manche andere sind in der Geschichte des pädagogischen Denkens aufzufinden. Sie alle sind Erzeugnisse der gesellschaftlichen und politischen Gegebenheiten der Epochen, in denen sie entstanden sind, und der sozialen und politischen Gruppen, die sie propagiert haben. Aber diese verschiedenen Theorien haben etwas miteinander gemein, nämlich die *Idee eines Ziels*, auf das die Erziehung sich richten soll. Und wirklich scheint es so zu sein, daß die Erziehung, wenn sie ein aktives und bewußtes Verfahren sein und eine Richtung verfolgen will, sich auf ein Ziel orientieren muß. Oder anders ausgedrückt: Wenn sie das Kind führen will, muß sie wissen wohin.

Aber die neue Pädagogik, von der hier die Rede ist, hatte den Begriff des Ziels aus ihrem Wortschatz gestrichen. Die gleichen Grundsätze, nach denen diese Lehrer die didaktischen Ziele nicht mehr anerkennen wollten, ließen sie auch jede Zielsetzung in der eigentlichen Erziehung ablehnen. Diese Lehrer betrachteten das Bemühen der Erwachsenen, der jungen Generation die alten Werte zu übermitteln, die sie selbst anerkannten, als Anmaßung und als moralisches Unrecht. Die Erziehung darf es ihrer Meinung nach nicht dulden, daß man ihr Werte vorschreibt, die als Ziele gelten, nach denen man streben soll, und daß man dadurch die Weiche von vornherein in einer bestimmten Richtung stellt. Ich zitiere wiederum einen Lehrer der Wendeschule. C. H. Müller schreibt in seinem Beitrag zu der programmatischen Schrift seiner Schule:

«Da sitzt die junge Welt vor dir: Was willst du aus ihr machen? Staatsbürger? Christen? Künstler? Sozialisten? Deutsche? Weltbürger? Untertanen? Nein. . . . Denn alle Zielsetzung, die von außen her, von der jeweiligen Gesellschaftsidee, in die Erziehung hineingetragen wird, ist abzulehnen, weil mit ihr ganz naturgemäß immer ein Nebenzweck verbunden ist, der, die Jugend für die eigene Kulturauffassung zu gewinnen, das Leben der kommenden Generation in das der gegenwärtigen zu fesseln.»[6]

Man sieht, diese Pädagogen haben sich nicht damit begnügt, alle bisherigen Zielsetzungen abzulehnen; sie gingen so weit, die Berechtigung eines Ziels überhaupt abzustreiten. Aber wer, so müssen wir uns fragen, hat denn eigentlich der Erziehung Ziele vorgeschrieben? Es waren die beiden Stützen der Gesellschaft, die Kirche und der Staat, die den größten Einfluß auf die Erziehung und besonders auf die Schule hatten, einen Einfluß, um den sie sich übrigens dauernd miteinander gestritten haben. Es war die erste Sorge der Hamburger Lehrer, diese Einflüsse von ihren Schulen fernzuhalten. Karl Hoffmann, der Leiter der Berlinertorschule, schreibt in einem Aufsatz über die Grundsätze der neuen Schule:

«Die Schule . . . muß jede Beeinflussung durch kirchliche Gemeinschaften (auch durch die Landeskirche) ablehnen.»[7]

Die unmittelbare Konsequenz hiervon war, daß diese Lehrer jeden Religionsunterricht ablehnten; in diesen Schulen wurde tatsächlich auch kein Religionsunterricht erteilt. Nach allem, was aus den Dokumenten der Schulen hervorgeht, kann aber nicht von einer feindseligen oder gleichgültigen Haltung der Religion gegenüber die Rede sein. Wenn sich im Laufe des Unterrichts eine Frage religiösen Charakters ergab, wurde sie mit Takt und Würde, aber ganz offenbar in einer neutralen und liberalen Gesinnung behandelt.

Die zweite Konsequenz war die noch entschiedenere Ablehnung der Autorität des Staates in Sachen der Erziehung und seines Einflusses auf die Schule. Johannes Gläser schreibt: «Der Staat hat an das Kind erzieherisch keine Rechte, sondern vor allem Pflichten. Er soll zweierlei tun: die Schule in Ruhe lassen und sie nähren und schützen. Wenn er ihr Wege bahnen will, daß sie marschieren könne, soll er diese Wege von ihr selbst bestimmen lassen als ihr Beauftragter.»[8]

Die Befreiung von Behördenvorschriften, die den Schulen grundsätzlich gewährt worden war, mußte immer wieder in Diskussionen mit den

6 ‹*Pädagogik deines Wesens*› (Hg. Fritz Jöde), S. 115.
7 In: *Das werdende Zeitalter*, April 1927, S. 151.
8 In: *Unsere Schule* VII, September 1927.

Schulaufsichtsbeamten verteidigt werden.

Die Lehrer gingen in ihrer Entschlossenheit sehr weit. Das beweisen einige besondere Vorkommnisse. Zum Beispiel haben zwei Lehrer der Wendeschule sich 1920 geweigert, den Eid auf die neue deutsche Verfassung zu leisten, der von ihnen als Beamten verlangt wurde. Sie betrachteten es als mit ihren Grundsätzen unvereinbar, sich in ihrem Tun von irgend etwas anderem leiten zu lassen als von ihrem pädagogischen Gewissen.[9]

Endlich bemühen sich auch die politischen Parteien, einen gewissen Einfluß auf die Schule zu gewinnen. Die Hamburger Gemeinschaftsschulen mußten sich oft gegen die Parteien verteidigen; einerseits mußten sie auf Angriffe der Parteien reagieren, und anderseits mußten sie sich ihrem «Wohlwollen» entziehen. Die Lehrer der neuen Schulen haben von Anfang an erklärt, daß sie sich entschieden weigerten, ihre Arbeit von irgendwelchen politischen Rücksichten beeinflussen zu lassen. Nach einer politischen Debatte mit den Eltern der Schüler erklärte der «Schulausschuß» der Berlinertorschule:

«Wo immer die erwachsene Generation versucht, für ihre Zwecke das Kind vorzubereiten, da widerstreben wir, möge das sein Alldeutschtum, Antisemitismus, Revanchepolitik, Pazifismus oder Klassenkampf. Freilich auch hier wollen wir nicht verschweigen, wie wir als entschiedene Menschen zu solchen Zwecken stehen, aber nie und nimmer dürfen wir versuchen, Kinder als Anhänger für unsere Ansichten und Zwecke zu gewinnen. Wir sind keine parteipolitische Schule, wie Gegner und auch Freunde annehmen. Mit keiner Partei haben wir etwas zu schaffen. Uns ist ganz gleich, welcher Partei dereinst unsere Kinder angehören werden. Eins freilich erhoffen wir: daß sie uneigennützlich handeln, daß sie ihre Partei nach Überzeugung und Gewissen und nicht nach persönlichem Vorteil wählen werden.»[10]

Diese dreifache Kampfansage, die sich gegen die Kirche, den Staat und die politischen Parteien richtete, die alle der Schule Zielsetzungen auferlegen wollten, zeigt, welchen Wert diese Pädagogen auf Eigenständigkeit der Erziehung legten und wieviel ihnen daran gelegen war, alle Zwecksetzungen von ihr fernzuhalten – getreu ihrer Grundforderung, die durch diese Weigerung bewiesen wird. Aber hatte ihre pädagogische Auffassung überhaupt noch irgendeine Bindung? Verkündigte sie nicht eine Erziehung, die sich auf nichts stützte, eine Erziehung ohne jeden festumrissenen Begriff? Bestand bei dieser Auffassung nicht die Gefahr, daß die Erziehung zu einem planlosen Treibenlassen werden könnte, zu einem Schiff ohne Steuer, dessen Kentern vorherzusagen war?

9 Einer von ihnen war Max Tepp. Er rechtfertigt seine Weigerung in seiner Zeitschrift *Der Leib* I (1920), S. 117.

10 In: *Unsere Schule* IV, Oktober 1924.

Die Hamburger Lehrer hatten keine Angst vor der Gefahr, jede Richtung zu verlieren, denn sie selbst waren fest davon überzeugt, daß sie nach einem Plan, nach einem Programm arbeiteten. Und dies Programm, so sagten sie, sei das genaueste, weil es das konkreteste und das lebendigste sei. Ihr «Programm», sagten sie, sei das Kind selbst:

«Das Kind mit seinen Neigungen und Begabungen, seinen Kräften und Schwächen ist der Plan, nach dem wir unsere Arbeit einrichten.»[11]

Ähnlich haben die Hamburger Lehrer sich dann immer wieder ausgedrückt.

Pädagogik, wie sie sie auffassen, braucht weder einen anderen Ausgangspunkt noch ein anderes Ziel anzuerkennen als das Wesen des Kindes. Sie braucht sich keiner Regel oder Vorschrift zu unterwerfen außer den Gesetzen der Spontaneität des Kindes. ‹*Vom Kinde aus*›, das ist das Leitwort dieser Pädagogik. Johannes Gläser hatte es schon 1908 geprägt; jetzt gab er diesem Wort vor allem eine methodische Wichtigkeit und Tragweite und stellte es der Didaktik des traditionellen Unterrichts gegenüber.[12] Der alte Unterricht wird von zwei Polen bestimmt, die der Spontaneität des Kindes fremd sind, nämlich einerseits von den Anforderungen des praktischen und beruflichen Lebens und anderseits von den überkommenen didaktischen Gesetzen. Das beweisen die willkürliche Auswahl der Schulfächer und die unterschiedliche Wichtigkeit, die man ihnen beimißt (z. B. die zweitrangige Bedeutung des Singens und des Zeichnens, der Fächer, die für das «Leben» weniger «wichtig» sind), und die Aufteilung des Lehrstoffs in einzelne Fächer, von denen jedes auf seine eigene Ordnung Wert legt (z. B. auf die chronologische Folge in der Geschichte, auf die Reihenfolge von Formenlehre und Syntax in den Fremdsprachen).

Die Schulreform, wie die Hamburger sie unter der Führung von Männern wie William Lottig, Johannes Gläser, Carl Götze und vielen anderen verwirklicht haben, setzte ihr ganzes Bemühen dafür ein, diese Wertskala umzukehren. An die Stelle der Bedürfnisse des «Lebens» und des systematischen Aufbaus der Wissenschaften setzten sie die Reihenfolge, die der freien Entwicklung der eigenen Interessen der Kinder entspricht. William Lottig hatte die neue Idee der Schule schon 1909 auf eine Formel gebracht, die dann ständig wiederholt worden ist:

«Alle Kräfte des Kindes werden gelöst, gepflegt und entwickelt. Die freie Betätigung des Kindes ist überall der Kreis für die Entwicklung.»[13]

Das Prinzip «Vom Kinde aus», das sich anfangs vor allem auf den Unterricht bezogen hatte, gewann dann später die Bedeutung eines allgemeinpädagogischen Grundsatzes. Auch die Erziehung sollte nach diesem

11 In: *Unsere Schule* I, Januar 1922.

12 Johannes Gläser, ‹*Vom Kinde aus*›.

13 Zitiert in: Theo Gläß, ‹*Die Entstehung der Hamburger Gemeinschaftsschulen und die pädagogische Aufgabe der Gegenwart*›, S. 21.

Prinzip erfolgen; sie sollte sich von den Impulsen und von der Entwicklung der kindlichen Natur leiten lassen. Man räumte dem Erzieher nur das Recht ein, dieser Entwicklung die geeigneten Wege zu bahnen. Die Lehrer sind gehalten, «nichts zu tun, wozu nicht der Trieb vom Kinde aus kommt», schreibt einer dieser Lehrer[14], und er faßt damit lapidarisch alles zusammen, was ihnen das Postulat «Vom Kinde aus» in seiner ganzen Tragweite bedeutete. Damit ist das Kind, so kann man es ausdrücken, für die Erziehung zum Maß aller Dinge geworden. Nach der Beseitigung aller entscheidenden Faktoren, die für die klassische Pädagogik maßgebend gewesen waren, gab es jetzt als einzigen festen Bezugspunkt nur noch das Kind.

Ein neuer Anfang und ein neues Ziel! Diese Pädagogen haben in der Tat mit der bisherigen Auffassung von Erziehung gebrochen. Immer hatte man diese als durch zwei Pole bestimmt angesehen, als einen dynamischen Prozeß, der sich zwischen diesen Polen abspielt – zwischen dem Kinde, wie es jetzt ist, und dem Zustand, in den es gelangen soll. In der traditionellen Auffassung kommt das darin zum Ausdruck, daß sie das Kind «führen» will. Es ist naheliegend, und es ergibt sich aus den zitierten Postulaten, daß dieser dynamische Charakter für die Pädagogik «Vom Kinde aus» nun nicht mehr aus einer Bewegung bestehen konnte, die von außen her an das Kind herangetragen wird. Für sie konnte die pädagogische Arbeit sich ausschließlich auf die eigene, von niemandem gelenkte Bewegung der Kinderseele stützen. Diese Bewegung, die mit der natürlichen und freien Entwicklung aller Fähigkeiten und Eigenschaften der kindlichen Persönlichkeit identisch ist, sollte nach Ansicht dieser Pädagogen das einzige dynamische Prinzip in der Erziehung sein. «Wachsenlassen» ist das eigentliche Aktionsprogramm dieser Pädagogik. Nach dieser Auffassung besteht die Aufgabe des Erziehers in erster Linie darin, dafür zu sorgen, daß die Entwicklung des Kindes sich in natürlicher Weise vollziehen kann, ohne durch Hindernisse gehemmt oder gar geschädigt zu werden. Der Erzieher darf diese Entwicklung nicht beeinflussen wollen oder gar ihr die Wege vorschreiben, die sie einschlagen soll.

Es ist wohl schon deutlich geworden, daß dieser Forderung ein unbedingter Glaube an das Gute in der Natur des Menschen zugrunde liegt. Denn wenn allein die Entwicklung genügen soll, das Kind zu führen, muß man nicht nur voraussetzen können, daß seine Natur alles das enthält, dessen Entwicklung das Leben fordern wird, und daß sie mit allen nötigen Antriebskräften ausgestattet ist, um sich die unentbehrlichen Kenntnisse zu erwerben, sondern man muß außerdem auch noch voraussetzen, daß die menschliche Natur im wesentlichen gut ist, zum mindesten, daß die guten Kräfte in ihr überwiegen.

Die Hamburger Pädagogen hatten diesen Glauben und diesen Optimis-

14 Gustav Schlüter in: *Die Wende* I (1920), S. 8.

mus. Einer von ihnen schreibt: «Die neue Pädagogik ... weiß: Die aufwärts wollenden Kräfte ... werden wachsen, werden den ganzen Menschen füllen und alles andere in ihm überwuchern und niederzwingen.»[15] Und ein anderer versichert: «Trotz Betrug, Lüge, Hintergehung, Neid, Egoismus immer wieder zu glauben: Der Mensch ist gut! Das ist die neue Aufgabe!»[16]

Nach diesem Einblick in die theoretischen Voraussetzungen und in die Prinzipien der revolutionären Pädagogik wird man ihre nonkonformistische Praxis, die ich im ersten Kapitel beschrieben habe, besser verstehen. Die hier herangezogenen theoretischen Grundlagen haben noch deutlicher gezeigt, daß die völlige Freiheit, die den Kindern gewährt wurde, und die bewußte Zurückhaltung der Lehrer nicht durch Zufall, aus Schwäche oder aus revolutionärer Laune zustande gekommen sind, sondern daß man vielmehr in ihnen die konsequente Anwendung eines Prinzips erblicken muß, das auf der festen Überzeugung beruht, daß Erziehung nichts anderes zum Ziel haben darf als die freie, autonome Entfaltung der kindlichen Persönlichkeit. Die große Bedeutung, die der Gemeinschaft beigemessen wird – wir sahen, daß der Lehrer ihr eine gewisse pädagogische Funktion überträgt –, hat sich noch deutlicher gezeigt. Sie beruht auf der Überzeugung, daß es im Erziehungsprozeß ausschließlich auf das Gegenwärtige ankommt. Darum proklamieren diese Pädagogen ja immer wieder den eigenen Wert der Kindheit. Die Schule soll nicht eine Vorbereitungsanstalt sein, sondern die natürliche Umgebung für das Leben der Kinder. Diese neue Aufgabe kann sie aber nur erfüllen, wenn sie dem einzelnen Kind eine Reihe von praktischen und konkreten Zielen bietet, wie dies in einem Zusammenleben geschieht, das das Kind interessiert und fesselt. Im Rahmen dieser Auffassung ist kein Platz für einen Erzieher, der eine objektive Welt von Zwecken und Zielen vertritt. Der Erzieher hat nur die Aufgabe, die freie, nicht gelenkte Entwicklung des Kindes zu ermöglichen. Höchstens kann er die Rolle eines Anführers bekleiden, der bei der Entwicklung gewissermaßen vorangeht und ihr ihren Weg bahnt. Aber dabei muß er sich immer dessen bewußt sein, daß er nur der treue Interpret dieser Entwicklung sein darf und sich von Anfang an davor hüten muß, auch nur im geringsten auf die Kinder einzuwirken. Dazu ist er jedoch nur auf Grund seiner Vertrautheit, ja seiner Identifizierung mit der Kinderseele fähig, auf Grund der gemeinsamen Zugehörigkeit zu einer Gemeinschaft, die ihn mit dem Kind verbindet und die sich in einer gewissen äußeren Gleichheit konkret manifestiert. Diese Begrenzung seiner Funktion nimmt dem Lehrer jede Möglichkeit, sich dem Kind in irgendeiner Weise aufzudrängen, denn es kommt vor allem darauf an, daß das Kind ihm freundlich gesonnen bleibt. Das ist nur bei einer inneren Übereinstim-

15 Kurt Zeidler, in: *Hamburger Lehrerzeitung* 1922, S. 163.
16 Max Tepp, ‹*Die neue Schule*›, S. 24.

mung möglich, einer echten Zuneigung, durch die eine wechselseitige Bindung zwischen Lehrer und Schüler entsteht.

Die Gesinnung, aus der heraus man versuchte, die autoritäre Erziehung zu überwinden und Lehrer und Schüler einander anzunähern, ist ein typisches Merkmal aller pädagogischen Reformbewegungen der letzten Jahrzehnte. Ob die Gemeinschaftsschulen die höchste Stufe dieser Entwicklung darstellen oder aber sie ad absurdum geführt haben, soll hier nicht entschieden werden. Als Höhepunkt einer Entwicklung gewinnt der Hamburger Versuch in jedem Falle eine Bedeutung, die viel wesentlicher ist als der praktische Wert, den man ihm beimißt oder abspricht. Und wenn ich nun den Ursprüngen der pädagogischen Ideen nachgehe, von denen dieser Versuch Ausdruck ist, soll nicht nur er selbst historisch verständlich gemacht werden. Vielmehr sollen die entscheidenden Etappen der Entwicklung aufgezeigt werden, in der sich die Auffassung vom Erzieher-Zögling-Verhältnis verändert hat.

Die Entwicklung ist nicht so gradlinig verlaufen, wie man im allgemeinen annimmt.

Auch der Umgang mit Geld . . .

II. Die Ursprünge

A Schulreform

1. Die allgemeinen Einflüsse der Epoche

Bevor ich über den geschichtlichen Weg der hier beschriebenen neuen Pädagogik berichte, muß ich kurz auf die besonderen Merkmale der Epoche hinweisen, in der sie zuerst in Erscheinung getreten ist.

Der Versuch der Hamburger Gemeinschaftsschulen begann in einer geschichtlichen Situation, die alles andere als normal war. Gründung geht auf das Ende des Jahres 1918 zurück. Die ersten drei dieser Schulen wurden im Frühjahr 1919 eröffnet, also unmittelbar nach der Revolution in Deutschland. Man darf annehmen, daß die Pädagogik, die hier angewandt wurde, stark vom Geist der Zeit beeinflußt worden ist. Es kann deshalb nicht verwundern, daß man in ihr oft einfach den Ausdruck einer bestimmten politischen Haltung sehen wollte. Danach wäre der Lehrer-Kamerad der Sozialist oder der Kommunist als Pädagoge. – Gewiß hat jede pädagogische Theorie politische und soziologische Hintergründe. Die sozialen und politischen Bewegungen einer Epoche spiegeln sich sui generis in den Erziehungstheorien wider; sie bestimmen sie sogar in hohem Maße. Man wird also leicht verstehen, daß der plötzliche Aufschwung, den die demokratische und die sozialistische Idee im Deutschland von 1918 nahmen, sich stark auf die pädagogischen Auffassungen der Epoche auswirkte. Die Niederlage, die die militärische Autorität beim Zusammenbruch der Fronten erfahren hatte und die durch die Revolution noch deutlicher hervorgetreten war, hatte eine gewisse Feindseligkeit gegen jede Autorität erzeugt. Man proklamierte die Autonomie der bisherigen Untertanen und die Gleichheit aller Bürger. Man glaubte, am Vorabend des Zeitalters der klassenlosen Gesellschaft zu sein, eines Staates, in dem es keinen Unterschied zwischen Regierenden und Regierten gibt. Das Gelände war also für Versuche einer Freiheitspädagogik außerordentlich günstig. Ganz zweifellos entsprach das pädagogische Ideal des kameradschaftlichen Lehrers dem Geist dieser Epoche. Das beweist auch die Sympathie, die die Anhänger des neuen politischen Systems den Hamburger Schulgemeinschaften entgegenbrachten, und ebenso die feindselige Ablehnung, die ihnen immer aus den konservativen Kreisen zuteil geworden ist.

Wenn es nun einerseits falsch wäre, diese Zusammenhänge zu leugnen, wäre es anderseits aber doch allzu voreilig, anzunehmen, daß diese Schulen ausschließlich oder auch nur vorwiegend unter politischem Einfluß gestanden hätten. Dafür ist schon die Stellung bezeichnend, die ihre Lehrer dem Problem der Politik gegenüber einnahmen. Die Zusammenhänge sind anders; historisch gesehen, ist die Pädagogik des kameradschaftlichen Lehrers in erster Linie eine Entwicklung von pädagogischen Ideen gewesen.

Wenn man für diese antiautoritäre Pädagogik dennoch außerpädagogische Ursachen mitberücksichtigt, darf man sich nicht darauf zu beschränken, die damals herrschende politische Strömung als Erklärung anzuführen. Denn tatsächlich ist die Erschütterung des Autoritätsprinzips nicht erst auf die Nachkriegsjahre zu datieren, und sie bezieht sich auch nicht ausschließlich auf die politische Macht. Es handelt sich um eine langfristige Evolution, die, in der Renaissance und in der Reformation entstanden, durch die Französische Revolution gefördert und weiter ausgebreitet worden ist und sich dann vor allem im 19. Jahrhundert entfaltet hat. Wir brauchen nur an die allgemeine Bewegung der sozialen Emanzipation zu denken, die für das vorige Jahrhundert charakteristisch ist und die ihre Wellen bis an die Schwelle unseres Jahrhunderts geworfen hat. Drei ihrer typischen Erscheinungsformen müssen besonders herausgehoben werden.

An erster Stelle ist die *Emanzipation des Proletariats* zu nennen, die vielleicht auch für die beiden anderen geistigen Veränderungen eine Bresche geschlagen hat. Die moderne Arbeiterbewegung, die Befreiung des vierten Standes, griff eine mächtige Autorität an, die des Eigentums, die bis dahin als heilig und unantastbar gegolten hatte.

Eine zweite Befreiungsbewegung, die *Emanzipation der Frau*, war, obwohl weniger gewaltsam und aufsehenerregend als die erste, dennoch ebenso wichtig für das gesellschaftliche Leben der Epoche. Gegen Ende des vorigen Jahrhunderts wurde die Frau nach erbitterten Kämpfen zur Universität und zu anderen beruflichen Bildungswegen zugelassen; seit Beginn unseres Jahrhunderts nahm sie mehr und mehr am politischen Leben teil; bald erlangte sie in einigen Ländern, so auch in Deutschland, das Wahlrecht. Das alles waren Etappen auf dem Wege zur Gleichberechtigung. Und wie alt war doch die Autorität des Mannes gewesen, wie tief war sie in unserer Kultur verwurzelt und scheinbar sogar biologisch legitimiert gewesen!

Und als dritte Bewegung muß noch die *Emanzipation der Jugend* angeführt werden, die sich bis dahin immer nur der Autorität der Erwachsenen untergeordnet hatte. In der Familie war der Wille der Eltern, besonders der des Vaters, für alles maßgebend gewesen; er hatte bestimmt, welchen Beruf der Sohn ergreifen sollte und wen die Tochter heiraten sollte. In der Familie war weitgehend das patriarchalische Stammeswesen bewahrt geblieben, und es beherrschte auch die Schule und das öffentliche Leben. Überall wurde die Jugend in materieller und geistiger Abhängigkeit von den Erwachsenen gehalten. Erst in den letzten Jahrzehnten war eine allmähliche Veränderung dieser Zustände zu beobachten, und mehr und mehr kam es zur Auflehnung junger Menschen gegen die Autorität der Eltern. Unter diesem Geist der Auflehnung haben wohl solche Familien am wenigsten gelitten, in denen die Eltern sich anpassen konnten, wo sie verstanden, zugunsten einer gewissen Autonomie der Jungen auf einen großen Teil ihrer Autorität zu verzichten, und sie in ihren Beziehungen zu den Kindern gegenseitige Achtung walten ließen.

Die Emanzipation der Jugend ging aber noch viel weiter. Über die individuelle Auflehnung hinaus entstand zu Beginn unseres Jahrhunderts eine mächtige organisierte Bewegung der Jugend gegen den autoritären Druck der Erwachsenen in der Familie, in der Schule und im Staat. Diese Bewegung, die besonders in Deutschland eine breite Ausdehnung gewann, ist für das Thema dieses Buches so ausschlaggebend, daß ich es für erforderlich halte, sie aus pädagogischer Sicht zu untersuchen und ihr ein eigenes Kapitel zu widmen.

Die allgemeine Tendenz, den Gehorsam abzulehnen, um zur Freiheit zu gelangen, von der ich hier nur auf die markantesten Erscheinungen hingewiesen habe, steht nur scheinbar im Gegensatz zu einer anderen Tendenz, die gleichfalls für die geistige Haltung der Epoche charakteristisch ist. Für den Aufschwung, den soziales Denken und Fühlen genommen haben – besonders in diesen letzten Jahren, aber auch schon vorher –, war diese Auflehnung, die große Bewegung von der Unterdrückung zur Autonomie, eine notwendige Voraussetzung. Denn der Geist der Verständigung, der Zusammenarbeit und der gegenseitigen Hilfe kann sich voll nur unter Menschen entfalten, die frei nach ihrem Willen handeln können. Oder sollte es ein Zufall sein, daß die Idee des Völkerbundes am tiefsten in den demokratischen Völkern verwurzelt war? Keine andere Epoche hat wohl so intensiv wie die unsere die Gefahren des persönlichen und des kollektiven Individualismus gesehen. In richtiger Erkenntnis dieser Gefahren und trotz vieler gegensätzlicher Strömungen hat diese Epoche eine große und weite Bewegung für Verständigung und Solidarität entfaltet, sowohl im politischen Bereich (Völkerbund und andere internationale Institutionen) als im ökonomischen Bereich (antikapitalistische Strömungen) und im eigentlichen sozialen Bereich (Hilfsorganisationen und Wohlfahrtseinrichtungen). Die *soziale* Einstellung auf allen Gebieten – auch sie ist zweifellos ein charakteristisches Merkmal dieser Epoche.

Weil sich also die politischen und sozialen Gegebenheiten einer Epoche in ihren pädagogischen Ansichten niederschlagen, darf unterstellt werden, daß die doppelte Evolution, die ich beschrieben habe, auch auf die moderne Pädagogik eine starke Rückwirkung hatte. Die Pädagogik unserer Zeit spiegelt im ganzen deutlich den Geist der Epoche wider. Für sie ist es charakteristisch, daß sie einerseits auf allen Gebieten den Kindern immer mehr Freiheit gibt und anderseits ihrer sozialen Erziehung eine große Bedeutung beimißt. Auch die Pädagogik der Hamburger Gemeinschaftsschulen einer späten und besonders radikalen Form der neuen

Erziehung, spiegelt also zweifellos gleichfalls die Einflüsse der Zeit wider. Aber ihr eigener Charakter läßt sich aus diesen Einflüssen doch nicht vollständig erklären. Bevor ich genauer angebe, welchen Platz der Hamburger Versuch im Rahmen der «Neuen Erziehung» einnimmt, sei noch angemerkt, daß sein Kurs nicht nur von Faktoren aus dem politischen und sozialen Leben der Zeit bestimmt worden ist, sondern auch durch Einflüsse, die von einer anderen Seite kamen, aber in der gleichen Richtung wirkten.

Vor allem hat natürlich die Psychologie zur Veränderung der pädagogischen Einstellung der modernen Erzieher beigetragen. Dabei denke ich nicht in erster Linie an die allgemeine Kinder- und Entwicklungspsychologie. Nach den grundlegenden Arbeiten von Stanley Hall, die in Europa von Binet, Claparède, Preyer, Groos und vielen anderen fortgesetzt worden sind, hat die Kinderpsychologie zweifellos einen großen Einfluß auf die Pädagogik ausgeübt. Weil sie sich jedoch lange Zeit hindurch ausschließlich mit der Untersuchung von Einzelfunktionen, z. B. mit der Intelligenz befaßte, hat sie erst ziemlich spät damit begonnen, sich auch für Probleme der emotionellen Entwicklung zu interessieren, die zum Beispiel auf das Problem der Autorität in der Erziehung führt. Die neuesten Forschungen auf diesem Gebiet haben zu Ergebnissen geführt, die für das Thema dieses Buches sehr aufschlußreich sind: Die «funktionalistische Auffassung» (*conception fonctionelle*) von Edouard Claparède[1] und die Unterscheidung zwischen einseitigem und gegenseitigem Respekt bei Jean Piaget[2] beziehen sich unmittelbar auf das Thema dieses Buches, und ich werde auf sie noch zurückkommen. Aber für diesen Abschnitt in der Geschichte der Psychologie, der für die Herausbildung der hier beschriebenen Kameradschaftspädagogik von entscheidender Bedeutung gewesen ist, muß ich vor allem auf den Einfluß der neuen psychologischen Auffassungen hinweisen, die ursprünglich aus der psychotherapeutischen Praxis stammen und später dann auf alle Gebieten des geistigen Lebens, also auch auf dem der Erziehung, angewandt worden sind. An erster Stelle muß also Sigmund Freud genannt werden. Obwohl er selbst sich kaum mit pädagogischen Problemen beschäftigt hat, enthält bereits seine allgemeine Theorie Gedanken, die später die pädagogischen Folgerungen seiner Schüler befruchtet haben. Die Psychoanalyse, die im Geschlechtstrieb den ersten Antrieb für das psychische Leben sieht, hat gleichzeitig auch nachgewiesen, daß der moralische Druck auf das Gewissen des Menschen unheilvoll sein kann. Freud hat gezeigt, daß die «moralische Zensur» und das «Über-Ich» die Elemente sind, die das Gewissen des Individuums bilden, daß sie

1 Vgl. Edouard Claparède, ‹*Psychologie de l'enfant*› und ‹*L'Education fonctionelle*›.

2 Jean Piaget, ‹*Le Jugement moral chez l'enfant*› (Übersetzung von Lucien Goldmann: ‹*Das moralische Urteil beim Kinde*›).

vorwiegend aus dem sozialen Druck herrühren und daß sie den Mechanismus der Verdrängung auslösen. Dieser Automatismus, der die peinlichen Erinnerungen aus dem Bewußtsein ins Unbewußte abschiebt, schafft eine gefährliche Heteronomie der Gewissensakte; er verhindert, daß die Triebe ihre normale Äußerungsform finden, und er wird in vielen Fällen zur Ursache nervöser und geistiger Störungen.

Von den Schülern Sigmund Freuds, die diese Betrachtungsweise auf die Pädagogik angewandt haben, nenne ich Oskar Pfister[3] und Anna Freud[4]. Diese beiden Autoren kommen u. a. zu folgenden Schlüssen: Die Erziehung muß vermeiden, durch eine zu autoritäre Haltung die gefährliche Tendenz zur Verdrängung zu verstärken; sie soll vielmehr durch eine verständnisvolle und behutsame Haltung die einzig gesunde Entwicklung fördern: die natürliche «Sublimierung» der Triebe.

Es gibt noch eine andere Richtung der Psychologie, deren Einfluß auf die hier behandelte Pädagogik vielleicht noch größer gewesen ist, nämlich die *Individualpsychologie* von Alfred Adler. Adler hat sich von vornherein darum bemüht, das Ergebnis seiner Arbeiten für die Pädagogik nutzbar zu machen.[5] Schon sehr früh hat er – wenigstens in Deutschland – Verbindung mit Pädagogen gesucht und gefunden, und man kann sagen, daß er auf die modernsten von ihnen einen großen Einfluß gehabt hat. Wilhelm Paulsen, der Theoretiker der Gemeinschaftsschulen, den ich schon mehrfach zitiert habe, sagt zum Beispiel: «Im Anschluß an die Psychoanalyse Freuds hat uns die vergleichende Individualpsychologie Adlers weitere Aufschlüsse über das Wesen und die Entwicklung des kindlichen Seelenlebens gegeben. Wir sind imstande, aus ihnen die Forderung einer völligen Umstellung unserer praktischen Erziehungsmaßnahmen *unmittelbar* abzuleiten.»[6]

Im Mittelpunkt der Theorie Adlers steht der Begriff des «Minderwertigkeitsgefühls», dem der Mensch, besonders das Kind, ausgesetzt ist. Beim normalen Kind entsteht es aus seiner geistigen und körperlichen Unterlegenheit. Es kann zur Ursache von Hemmungen und anderen Störungen werden, die der Entwicklung der Persönlichkeit entgegenwirken. Adler sagt, mit einer falschen Behandlung ihres Jungen legen die Eltern oft «den Keim zu den stürmischen Reaktionen des ‹männlichen Protestes›, durch die der Geiz, der Ehrgeiz, der Neid, der Geltungsdrang, Trotz, Rachsucht, Grausamkeit, sexuelle Frühreife und verbrecherische Gelüste maßlos aufgeputscht werden können»[7].

3 Oskar Pfister, ‹*Die Psychanalyse im Dienste der Erziehung*›.

4 Anna Freud, ‹*Psychoanalyse für Pädagogen*›.

5 Alfred Adler, in: A. Adler und C. Furtmüller, ‹*Heilen und Bilden*›, vgl. auch Madeleine Ganz, ‹*La Psychologie d'Alfred Adler et le développement de l'enfant*›.

6 A. a. O., S. 75

7 ‹*Heilen und Bilden*›, S. 119.

Eine Erziehung, die diese Gefahren vermeiden soll, darf nicht durch eine einschüchternde autoritäre Haltung dieser falschen Entwicklung nur noch mehr Raum geben, sondern sie «muß dem Kinde die Möglichkeit nehmen – sei es wegen seiner Schwäche, Kleinheit oder Unkenntnis –, ein Gefühl der Minderwertigkeit aufkommen zu lassen»[8].

Um dies zu erreichen, fordert Adler, daß Erziehung auf Zwangsmaßnahmen zu verzichten habe, daß sie sich in einem freundlichen Klima vollziehen müsse, in dem an die Stelle der Strenge die Zuneigung zum Kinde und die Achtung vor dessen Persönlichkeit treten.

Schließlich begann man auch in pädagogischen Kreisen, sich über die Unzulänglichkeiten und Mißerfolge in der Erziehung Rechenschaft abzulegen. Sie mußte zugeben, daß die Schule nicht imstande gewesen war, die Aufgabe zu erfüllen, die das Zeitalter ihr stellte. Die ständig zunehmende Kompliziertheit und Härte des Lebens in der modernen Industriegesellschaft, die den Vater und oft auch die Mutter vom häuslichen Herd entfernte, hatte die Desintegration der Familie begünstigt. Der Anteil an der Erziehung, den die Gesellschaft von der Schule verlangt, war größer geworden. Fortschrittliche Pädagogen fühlten das Gewicht dieser erweiterten Verantwortung und stellten fest, daß die Schule, die «sich bemüht habe, das Kind zum passiven Gehorsam zu dressieren, nichts dafür getan hat, den kritischen Geist zu entwickeln, und niemals versucht hat, die Zusammenarbeit zu fördern»[9], nicht imstande sei, den autonomen sozialen Menschen zu erziehen, den unsere Epoche vielleicht nötiger braucht als alle vorangegangenen. Außer der eigentlich pädagogischen Literatur[10] erschienen Sammlungen von Schulerinnerungen[11], und in manchen Romanen[12] wurde das Versagen der autoritären und individualistischen Erziehung dramatisch dargestellt. Die Anklage, die diese Dokumente dadurch bedeuteten, daß sie so viele Kindertragödien preisgaben, wurde durch die wachsende Anzahl von Schülerselbstmorden unterstützt, an denen in vielen Fällen die übertriebenen Anforderungen der Schule und ihr fehlendes menschliches Verständnis schuld waren. So hatte die Pädagogik in ihrem eigenen Bereich erfahren, daß sie ihre Ziele, ihre Verfahren und ihre Methoden neu durchdenken mußte.

Von drei Seiten ist also eine neue Orientierung der Erziehung gefordert worden. Die Antwort darauf war eine breite Reformbewegung, deren

8 A. a. O., S. 91.

9 Adolphe Ferrière, ‹*L'Autonomie des écoliers*›, S. 5.

10 Ich zitiere nur eine neuere Veröffentlichung, in der die ernst zu nehmenden Vorwürfe gegen die traditionelle Erziehung zusammengefaßt werden: Willi Schohaus, ‹*Schatten über der Schule*›.

11 Alfred Graf (Hg.), ‹*Schülerjahre, Erlebnisse und Urteile namhafter Zeitgenossen*›.

12 Vgl. Adolf von Grolman, ‹*Kind und junger Mensch in der Dichtung der Gegenwart*›.

wesentlichste Aspekte in den nächsten Abschnitten beschrieben werden sollen. Diese Reformbewegung ist von der Hamburger Bewegung, von der die ersten Kapitel dieses Buches berichten, zu unterscheiden, wenn auch aus allen ihrer Bereiche Impulse auf die Lehrer der Gemeinschaftsschulen ausgegangen sind. Auch in der Reformbewegung wird nach einem neuen Lehrer-Schüler-Verhältnis gesucht; die Ähnlichkeiten mit den Gemeinschaftsschulen, auf die wir da stoßen werden, sollen uns helfen, die Eigenart der spezifisch kameradschaftlichen Haltung noch deutlicher zu erfassen.

2. Die Arbeitsschule

Um die Jahrhundertwende entstand in Amerika und in Europa eine große Reformbewegung, die die herkömmlichen Unterrichtsverfahren gründlich zu verändern suchte. Im Jahre 1896 richtete John Dewey in Chicago eine Versuchsschule[1] ein; 1899 veröffentlichte er sein Buch ‹*The School und Society*›. 1904 schuf Maria Montessori in Rom ihre erste «Casa dei Bambini», ein Kinderheim für drei- bis sechsjährige Arbeiterkinder, wo sie ihr System der Selbsterziehung anwandte. Die theoretischen Grundlagen entwickelte sie in ‹*Die Entdeckung des Kindes*›. In Holland experimentierte Jan Ligthart[2], in Belgien seit 1907 Ovide Decroly[3] an der Schule der Ermitage in Brüssel. In München führte der Stadtschulrat Georg Kerschensteiner in einer städtischen Schule die Methoden seiner «Arbeitsschule» ein, deren grundlegende Ideen er 1912 veröffentlichte.[4]

Die Bestrebungen für eine Erneuerung der Unterrichtsmethoden, von denen hier nur die bekanntesten erwähnt wurden, sind sich im Wesen sehr ähnlich. Sie bilden zusammen eine einheitliche Bewegung, für die sich im französischen Sprachgebrauch der Name «école active»[5], im Deutschen «Tatschule» oder «Arbeitsschule» eingebürgert hat. Im französischsprachigen Raum hat sich besonders Adolphe Ferrière dafür eingesetzt.[6]

Wenn man die Ziele der Arbeitsschulbewegung untersucht, erhält man zunächst den Eindruck, daß es sich um eine bloße Unterrichtsreform hand-

1 Vgl. J. Dewey, ‹*L'Ecole et l'enfant*› (mit Vorwort von E. Claparède).

2 Vgl. Jan Ligthart, ‹*Pädagogik des vollen Lebens*›, Übers. und hg. von Wilhelm Henß; Adolf Mayer, ‹*Die Methode des holländischen Elementarlehrers Jan Ligthart*›; J. W. L. Gunning, ‹*Jan Ligthart, sa vie et son œuvre*› und Peter Petersen, a. a. O., S. 85 ff.

3 Vgl. Amélie Hamaïde, ‹*Die Methode Decroly*›.

4 ‹*Begriff der Arbeitsschule*›.

5 Nach Ferrière hat Pierre Bovet diesen Titel geprägt; er benutzte ihn zuerst in einem Artikel in der Zeitschrift *L'Intermédiaire des éducateurs* 1917, 48.

6 Siehe ‹*L'Ecole active*› (Übers. von Emmi Hirschberg: ‹*Schule der Selbstbetätigung oder Tatschule*›) und ‹*La Pratique de l'école active*›.

le. Die «Project Method» von Dewey und Kilpatrick[7], die «Material-Didaktik» Maria Montessoris, Decrolys «Methode der Interessenzentren», Kerschensteiners «Arbeitsschule» weisen in diese Richtung. Man könnte darin nichts weiteres sehen als das Bestreben, die Schulen besser auf die neuen Anforderungen des praktischen Lebens auszurichten. Wenn es in dieser Bewegung allein um das ginge, könnten wir aus ihr für unser Thema nicht sehr viel erfahren. Aber es geht nicht allein, und nicht einmal vor allem darum. «Wenn wir die *Schule der Selbstbetätigung* als das sehen, was sie sein soll, verkündet sie nicht eine neue ‹Methode› zur Ablösung anderer Methoden, sondern sie schafft eine Orientierung ...» sagt Ferrière.[8] Die neuen Methoden haben ihren Wert nicht in sich selbst und auch nicht in den Kenntnissen, die sie vermitteln, sondern in der Art und Weise, wie sie in Übereinstimmung mit der natürlichen Entwicklung der kindlichen Neigungen und Anlagen das Leben des Kindes gestalten, und in dem erzieherischen Einfluß, der von ihnen ausgeht. Am deutlichsten drückte sich wohl Kerschensteiner aus. Für ihn ist die «Arbeitsschule»* jene «Organisation der Schule, der die Charakterbildung über alles geht»[9]. Und es ist keine Übertreibung, wenn man sagt, daß es sich bei dieser Reformbewegung im Grunde eher um eine Reform der Erziehung als des Unterrichts handelt.

Das drückt sich, unter anderem, in einer Veränderung des Lehrer-Schüler-Verhältnisses aus. Denn die «Orientierung», von der Ferrière spricht, ist die Orientierung des Lehrers auf das Kind hin, auf seine Bedürfnisse und seine Fähigkeiten. Nicht die Notwendigkeiten des praktischen Lebens haben diese Bewegung ausgelöst, sondern die Rücksicht auf das Kind in seiner Eigenart.

Die Anfänge der Schulreform in Deutschland sind in diesem Zusammenhang sehr aufschlußreich. Die didaktische Besinnung war durch eine Bewegung in Gang gekommen, deren Ziele von keinerlei Forderungen des praktischen Lebens bestimmt zu sein scheinen. Es war die Neu- und Aufwertung der ästhetischen Erziehung, die von Ferdinand Avenarius, Heinrich Wolgast, Otto Ernst, Carl Götze, Alfred Lichtwark in den Mittelpunkt der pädagogischen Diskussion gestellt worden war und fast ein Jahrzehnt lang im Vordergrund stand. Man kann mit vollem Recht sagen, daß die Kunsterziehungsbewegung dadurch, daß sie für das Kind das Recht auf Individualität und Spontaneität verkündigte, der Arbeitsschule den Weg

7 Vgl. Pierre Bovets Aufsatz in ‹*La liberté de l'enfant à l'école active*› (Hg. A. Ferrière).

8 ‹*La Pratique de l'école active*›, S. 24.

9 ‹*Begriff der Arbeitsschule*›, S. 65.

* Im weiteren Verlauf übersetze ich auch Ferrières Begriff «école active» mit dem Ausdruck «Arbeitsschule»; er bezieht sich also nicht nur auf Kerschensteiners Schriften. (Anm. d. Übers.)

bereitet hat.[10]

Georg Kerschensteiner (1854–1932), der Vorkämpfer der «Arbeitsschule» in Deutschland, war zuerst Volksschul-, dann Gymnasiallehrer in Schweinfurt und München, von 1895 bis 1920 Schulrat in München und von 1918 bis zu seinem Tode Honorarprofessor für Pädagogik an der Münchener Universität. Sein Begriff der «Arbeitsschule» ist zu bekannt, als daß es nötig wäre, ihn in diesem geschichtlichen Kapitel zu erläutern. Hier kommt es mir weniger auf die Einzelheiten der Methode Kerschensteiners an als auf die Hauptzüge, die seine Auffassung mit den anderen Reformbewegungen, auf die ich hinwies, gemeinsam hat. Ich verzichte auch darauf, die einzelnen Etappen der ständig wachsenden Beachtung zu zeigen, die Kerschensteiners Ideen in Deutschland erfahren haben. Nachdem sie zunächst nur hier und da zu vereinzelten Versuchen geführt hatten, nahmen sie eine Entwicklung,[11] die in der «Reichsschulkonferenz» von 1920 endete, auf der, in etwas abgeänderter Form, die Grundpostulate der Arbeitsschule als für das ganze Schulwesen verbindlich erklärt wurden.[12] Ich will nur noch erwähnen, daß die Hamburger Lehrer, die einen sehr aktiven Anteil an der Kunsterziehungsbewegung genommen hatten, auch zu den ersten gehörten, die sich für die Idee der «Arbeitsschule» interessierten. Dies Problem der Schulreform wurde in vielen Sitzungen des Hamburger Lehrervereins, der «Gesellschaft», studiert und diskutiert. Hier wurde auch schon 1905 von William Lottig, Johannes Gläser, Heinrich Wolgast und vielen anderen der Plan einer Versuchsschule entwickelt, in der die neuen Methoden angewandt und erprobt werden sollten. Nach Theo Gläß, dem Chronisten der Gemeinschaftsschulen, müssen sie als das Ergebnis der seit 1905 unaufhörlich fortgesetzten Bemühungen der Hamburger Schulreformer angesehen werden.[13]

Diese wenigen Angaben mögen genügen, um darauf hinzuweisen, daß zwischen der Arbeitsschule und der Freiheitspädagogik von 1919 ein Zusammenhang besteht. Dieser inneren Beziehungen wegen soll nun die Arbeitsschule in ihren wesentlichen Merkmalen beschrieben werden.

Als charakteristischer Zug der neuen Methoden ist in erster Linie die Forderung der Aktivität des Schülers zu nennen. Pierre Bovet bezeichnet sie in einem wichtigen Artikel[14] als das gemeinsame Prinzip aller neueren Schulreformen. Er schreibt: «Diese Idee ist in dem Sinne ebenso alt wie alle großen Ideen, daß geniale Menschen sie zu allen Zeiten vorausgeahnt haben.» Kerschensteiner schreibt in der «Vorbemerkung» zur ersten Auf-

10 Vgl. z. B. Karl Rössger, ‹*Der Weg der Arbeitsschule*›.

11 Siehe Karl Rössger, a. a. O.

12 Siehe August Messer, ‹*Pädagogik der Gegenwart*›, S. 176.

13 Siehe Theo Gläß, a. a. O.; Kapitel I: Die Schulreform, Kapitel II: Der Versuchsschulgedanke.

14 ‹*L'Unité de la pédagogie contemporaine*›, in *Schweizer pädagogische Zeitschrift* 1926, S. 98.

lage seines Buches über die Arbeitsschule: «Die Idee der Arbeitsschule ist so alt wie die Erziehungslehre», und er verweist dazu auf einen Text bei Plato».[15] Aber dennoch gibt es hier Neues, nämlich die verschiedenartigen Realisierungen der Idee, z. B. die Vorbereitung und Ausführung eines Arbeitsplans oder eines Entwurfs im «Daltonplan» oder in der «Project Method», das didaktische Material Maria Montessoris, die drei Phasen (Beobachtung, Assoziation, Ausdruck) in der «Decroly-Methode», die freie Arbeit und die Gruppenarbeit bei Kerschensteiner. Die Veränderung, die in der pädagogischen Praxis dadurch vollzogen wird, daß das Prinzip der aktiven Arbeit des Kindes eingeführt wird, ist beträchtlich. Das Ideal des stillen und aufmerksamen Schülers weicht dem Ideal des Schülers voller Bewegung und Initiative. Das Merkmal des Schülers von gestern – seine Fähigkeit, gewissenhaft zu reproduzieren, was Lehrer und Schulbuch ihm geboten haben – hat an Wert verloren. Man bevorzugt eine andere Eigenschaft: die produktive und kreative Selbständigkeit des Schülers von heute und morgen. Und das entspringt nicht etwa einem methodischen Kunstgriff, den die neue Schule eingeführt hätte, sondern einer neuen Auffassung. Wichtig ist nicht, dem Schüler ein umfangreiches, verwirrendes und oft unfruchtbares Wissen einzuprägen, sondern *ihn denken und urteilen zu lehren*, kurz, die neue Schule will *Fähigkeiten* an die Stelle von *Kenntnissen* setzen. Dabei geht die Arbeitsschule ganz von den natürlichen Anlagen des Kindes aus. Ausgangspunkt ist die Überzeugung, daß für den Unterricht und auch für die Erziehung nicht die Bewegung von außen nach innen das Wesentliche ist, sondern die Bewegung von innen nach außen. Die neue Schule, so kann man es ausdrücken, sieht im Unterrichten und Erziehen in erster Linie zentrifugale und nicht zentripetale Verfahren. Dies Grundprinzip beweist eine neue Einschätzung des Kindes. Aus dieser ergibt sich eine veränderte Haltung des Lehrers dem Schüler gegenüber. Die Arbeitsschule hat dadurch, daß sie die Überschätzung des intellektuellen Wissens gebrandmarkt hat, wirklich den Weg für eine richtige Einschätzung der kindlichen Persönlichkeit freigemacht. Denn dadurch, daß sie das aktiv tätige Kind wollte, hat sie seine Spontaneität und sein Gefühl in Bewegung gebracht. Das Kind, das allein nach seinem intellektuellen Wissen und seinen Kenntnissen beurteilt worden war, hatte natürlich als unfertiges, unvollkommenes, fast geistig beschränktes Wesen angesehen werden müssen. In dem Maße, in dem seine Spontaneität anerkannt wurde, ist das Kind in den Augen des Erziehers gewissermaßen größer geworden, die Kindheit selbst hat einen Eigenwert bekommen, und sie kann als «funktionale Einheit» beurteilt werden.

Darum legt die neue Schule soviel Wert auf die *Bedürfnisse* und das *Interesse* des Kindes, die sie an die Stelle des *Fleißes*, des beherrschenden

15 Platon, ‹*Nomoi*› 819 a–e.

Prinzips im rezeptiv-reproduktiven Unterricht, gesetzt hat. Hier werden wir mit einem zweiten Hauptprinzip der Arbeitsschule konfrontiert, das in den neuen Methoden eine so große Rolle spielt, daß sie dadurch charakterisiert werden kann. Genau das tut Albert Malche, Professor an der Universität Genf:

«Über die Definition der Arbeitsschule (école active) können wir uns leicht einigen. Die freie Initiative des Schülers, seine eigene Untersuchung oder Beobachtung, seine Erfindung, seine kritische Beurteilung werden hier aufs höchste gesteigert. Das ist das Merkmal dieser Schule. Von Tatschule können wir sprechen, wenn das Gefühl und das Denken des Schülers von seiner Arbeit vollständig ausgefüllt sind. Dann gibt er sich mit seiner ganzen Person dem Problem hin, auf das er sich geworfen hat – wie ein Spürhund auf eine Fährte.»[16]

Wenn aber die Untersuchung des Schülers vor allem von seinem eigenen Interesse gelenkt wird, genießt er in seiner Arbeit zweifellos eine größere *Freiheit*. Und ein anderer Wesenszug der Schulreform ist denn auch die große Freiheit, die den Schülern auf allen Gebieten des Schullebens gewährt wird. Man kann sich die Arbeitsschule nicht ohne ein Regime der Freiheit vorstellen, äußere Bewegungsfreiheit und innere Denkfreiheit. Hinsichtlich der sittlichen Freiheit, die für die Arbeitsschule ebenso wesentlich ist, zitiere ich noch einmal Pierre Bovet. Für ihn besteht eine sittliche Erziehung, die dem Prinzip der Aktivität entspricht, in der Kunst, «für das Kind Gelegenheiten zu moralischen Beurteilungen und Entscheidungen zu schaffen, es dazu zu bringen, seinen eigenen Willen zu brauchen, also Initiativen zu ergreifen. (...) In der sittlichen Erziehung kommt es also genauso wie in der Bildung des Intellekts darauf an, dem Kind möglichst viel Freiheit zu gewähren»[17]. Dieses Regime der Freiheit gehört zur Auffassung von Schuldisziplin jeder Reform im Geiste der Arbeitsschule. In allen neuen Schulen dieser Art, von denen man weiß, wird für die Disziplin systematisch an den Verantwortungssinn der Schüler appelliert, steht also die Idee der sittlichen Autonomie im Vordergrund. Die eigene pädagogische Institution, die dieser Forderung entspricht, das *self-government*, hat aber eine Geschichte für sich. Sie ist für das Thema dieses Buches so wichtig, daß ihr noch ein besonderes Kapitel gewidmet wird.

Als weiteres Grundprinzip jeder Schulreform im Sinne der Arbeitsschule ist noch hervorzuheben, daß Zusammenarbeit und gegenseitige Hilfe der Lernenden an die Stelle des egoistischen Wettstreits gesetzt werden. Auch dafür brauchte die «Neue Erziehung» nur eine alte Tradition aufzugreifen und weiterzuentwickeln, die im Mittelalter als das «System der Hilfen» begründet worden und im 19. Jahrhundert von Jean Baptiste

16 Albert Malche, ‹*Ecole active et centres d'intérêt*›, in: *L'Educateur* 1923, S. 148.

17 Pierre Bovet, a. a. O., S. 101.

Girard (1765–1850), einem Franziskanerpater aus Freiburg in der Schweiz, systematisch zu einer sehr brauchbaren Theorie des gegenseitigen Lehrens ausgebaut worden ist.[18] Die Arbeitsschule hat den Gedanken der gegenseitigen Hilfe neu belebt und ihm eine neue Grundlage gegeben. Sie ist nicht bei einem gegenseitigen Helfen nach dem Muster des Unterrichts geblieben, den der Lehrer gibt, sondern hat diesen soweit wie möglich durch die Zusammenarbeit der Schüler abgelöst, die hier eine lebendige, organisch gewachsene Arbeitsgemeinschaft bilden. Alle modernen Methoden berücksichtigen weitgehend dies soziale Element, das zum Prinzip der aktiven Arbeit in der Schule gehört. Roger Cousinet hat diesen Aspekt der Schulreform vielleicht am systematischsten weiterentwickelt, indem er eine geistreiche Theorie der Gruppenarbeit in der Schule entworfen hat.[19] Und für Kerschensteiner war der soziale Faktor zweifellos Ausgangs- und Mittelpunkt der Reform, die er wollte. Die «Arbeitsschule» ist für ihn nur dort verwirklicht, wo die Klasse zu einer «Arbeitsgemeinschaft» geworden ist.[20]

Ich habe versucht, die «aktive Schule» mit Hilfe ihrer Grundprinzipien zu beschreiben. Jetzt soll untersucht werden, welche Auswirkungen diese neuen Prinzipien auf das Lehrer-Schüler-Verhältnis haben konnten.

Die tiefergreifenden Veränderungen zeigen sich zunächst schon rein äußerlich. Der Lehrer thront nicht mehr auf einem Podest; er steht nicht mehr vor seiner Klasse wie ein Offizier vor seiner Kompanie. Der neue Lehrer ist von seinem Podest heruntergestiegen. Meistens hält er sich irgendwo in der Klasse auf und arbeitet dort mitten zwischen seinen Schülern. Dem einen hilft er, einem anderen verbessert er seine Arbeit, einer ganzen Gruppe erklärt er eine besondere Schwierigkeit. Eine «aktive» Schulstunde ist Arbeit auf Tuchfühlung. Der ständige Kontakt, der sich bei dieser Arbeitsweise einstellt, läßt vor allem eine gewisse Intimität aufkommen, wie sie früher ausgeschlossen gewesen war und deren Unmöglichkeit oder zum mindesten Unangebrachtheit schon in dem räumlichen Abstand zum Ausdruck kam, der den Lehrer und den Schüler trennte. Die traditionelle Arbeit der Schule zeigte diese Trennung auch in ihrem inneren Aufbau. Die Arbeit zerfiel in zwei zeitlich voneinander getrennte Bestandteile, den Lehrervortrag und die Wiedergabe durch die Schüler. Außer durch diese Unterteilung war die Schulstunde durch eine Beziehung der einseitigen Abhängigkeit gekennzeichnet. Alles ging vom Lehrer aus, der Schüler brauchte nur zu wiederholen und zu reproduzieren. Der aktive Unterricht hat die früher getrennten Tätigkeiten des Lehrers und des Schülers zu

18 P. G. (Pater Gregor) Girard, ‹*Der moralische Werth des wohleingerichteten wechselseitigen Unterrichtes*›; vgl. P. Léon Veuthey, ‹*Un grand éducateur: Le Père Girard*›.

19 Roger Cousinet, ‹*La Méthode de travail libre par groupes pour les enfants de neuf à douze ans*›.

20 A. a. O., S. 29.

einem einzigen Akt der Kooperation zusammengeschweißt, einem Akt, der meistens, aber nicht immer unter der Leitung eines Lehrers steht. Um zu kennzeichnen, wie man sich die Tätigkeit des Lehrers in der neuen Schule vorstellen muß, hat man den Lehrer mit einem Professor verglichen, der Chef eines Laboratoriums ist, oder mit einem Meister, der Leiter einer Werkstatt ist, womit man die Doppelfunktion des Lehrers als Chef und als Mitarbeiter und die gemeinsame Anstrengung von ihm und seinen Schülern sehr gut charakterisiert hat. In diesen Vergleichen kommt auch das andere wesentliche Element zum Ausdruck, auf das schon hingewiesen wurde: Der Lehrer beansprucht nicht mehr das Monopol der Initiative für sich. Er ist vielmehr darauf bedacht, den Schülern seine Pläne und seine Ideen nicht aufzudrängen. Er verspricht sich mehr von Anregungen als von Anordnungen.

Die geistige Abhängigkeit des Schülers, die aus der unilateralen Wissensübermittlung des Lehrers herrührte, ist also sehr viel kleiner geworden. Der Abstand zwischen dem Lehrer und seinen Schülern hat sich verringert. Die Überbewertung des Wissens hatte zwischen dem Lehrer und dem Kind einen tiefen Graben ausgehoben. Aus der natürlichen Überlegenheit des Lehrers über den Schüler durch sein Alter, seine Erfahrung und sein Wissen war unter dem intellektualistischen Regime eine wahre «Allwissenheit» des Lehrers geworden, gegen die die elementaren und fragmentarischen Kenntnisse der Schüler nichts als Unwissenheit zu sein schienen. Dies alles und der Respekt, auf den der Lehrer offiziell Anspruch hatte, hüllte ihn in eine unpersönliche Atmosphäre ein, in den Augen der Kinder in eine fast übermenschliche. Die folgende Kindheitserinnerung, die Willi Schohaus in seiner mit Recht berühmt gewordenen Leserumfrage zitiert, ist kein Einzelfall: Eine Frau erzählt, sie habe als kleines Mädchen nie glauben können, daß ihr Lehrer wie ein anderer Sterblicher esse, trinke und schlafe, und sie fährt dann fort: «Als der Weltuntergang eines Tages angekündigt wurde, hatte ich eine unsinnige Freude, daß auch er dann vernichtet würde und es dann keine Schule mehr gebe, obschon ich nicht ganz davon überzeugt war, daß diese Katastrophe auch ihn hätte betreffen können. Es hätte mich gar nicht besonders erstaunt, wenn er sie überlebt hätte.»[21] Ich erinnere mich aus meinen ersten Schuljahren selbst ähnlicher Vorstellungen, und ich finde, daß solche Erinnerungen den großen Abstand und den unüberbrückbaren Abgrund zwischen dem Lehrer und dem Kind, den alle Schüler der alten Schule spüren mußten, besonders gut veranschaulichen.

Der Lehrer der Arbeitsschule ist menschlicher und persönlicher gewor-

21 Willi Schohaus, ‹*Worunter haben Sie in der Schule am meisten gelitten?*› (Leserumfrage im *Schweizer Spiegel*, Zürich, Oktober 1927 bis Januar 1928). Die Ergebnisse hat Schohaus auch in seinem Buch ‹*Schatten über der Schule*›, Zürich 1930 und 1933, zitiert. (Die angeführte Kindheitserinnerung: dort S. 152.)

den. Er hat den Nimbus, alles zu wissen und alles zu können, aufgegeben. Er verschanzt sich nicht mehr hinter einem lückenlosen und unerschöpflichen Wissen. Er beobachtet und forscht zusammen mit den Kindern. Er hat keine Angst davor, angesichts der erregenden und unvorhersehbaren Fülle von Problemen, die sich in seinem Unterricht ergeben können, manchmal zuzugeben, daß er etwas nicht weiß, oder auch sich in seiner Beurteilung der Dinge durch die gute Beobachtung eines seiner kleinen Mitarbeiter korrigieren zu lassen. Kurz, der neue Lehrer ist wieder ganz zum gewöhnlichen Menschen unter Menschen geworden, und das hat ihn den Kindern sehr viel näher gebracht. Wenn er sich von dem lebendigen Interesse des Schülers leiten läßt, beweist der Lehrer damit eine neue Einstellung auf die Persönlichkeit des Kindes. Daß er dem Interesse des Kindes eine so große Wichtigkeit beimißt, muß dazu führen, daß er sich selbst bei weitem nicht mehr so wichtig nimmt. Damit gewinnt die Betonung des Schülerinteresses als leitendes Prinzip des Unterrichts ihre eigentliche Bedeutung. Die Freiheit in der Arbeit ist nur ein anderer Ausdruck für das Prinzip des Interesses; sie ist nur dessen praktische Anwendung. Von seinen unverkennbaren Auswirkungen auf die Beziehungen zwischen Lehrer und Schüler erwähne ich nur diejenige, die damit am unmittelbarsten zusammenhängt. Es ist die Verantwortlichkeit des Schülers in bezug auf seine Arbeit, eine natürliche Folge der geistigen Freiheit, die er hat. Dieser Aspekt der Selbstkontrolle, der zum Beispiel für Kerschensteiners «Arbeitsschule» und Kilpatricks «Project Method» außerordentlich wichtig ist, trägt nicht nur dazu bei, den Schüler noch mehr vom Gängelband des Lehrers zu lösen, sondern sie fördert darüber hinaus auch die Entwicklung des kritischen Geistes, der sich manchmal sogar mit der Arbeit und den Handlungen des Lehrers beschäftigen kann, eines kritischen Geistes also, der für die alte Schule etwas Entsetzliches war.

Ich komme noch einmal auf die sozialpädagogische Seite der Arbeitsschulbewegung zurück. Auch in der alten Schule hatte es eine Erziehung gegeben, die die gegenseitige Hilfe und die Solidarität der Schüler zum Ziel hatte; aber diese Erziehung kam meistens gegen den Willen der Lehrer zustande. Es gab in der Tat eine Zusammenarbeit der Schüler, aber die war heimlich. Sie blühte in Gestalt des Vorsagens und Abschreibens und war unter dem verächtlichen Namen «Mogeln» bekannt. Aber diese offizielle Wertung stärkte sogar den Klassengeist, die Solidarität unter den «Gerissenen», die einen eigenen Verhaltenskodex einhielten. Aber – und das muß in diesem Zusammenhang betont werden – die Lehrer waren selbstverständlich von dieser Solidarität ausgeschlossen. Man kann sogar noch einen Schritt weitergehen und sagen, daß eine Solidarität der Schüler im allgemeinen nur *gegen* die Lehrer gerichtet war. Diese Gemeinschaft, ebenso die Clubs und Schülerverbindungen (hauptsächlich in Höheren Schulen) hatten in vielen Fällen nur das eine Ziel, ein Gegengewicht gegen den autoritären Druck der Schule zu bilden. Was die einzelnen Schüler miteinander verband, war oft allein die Tatsache, daß sie den Geist der Schule ablehnten. Daher wurde im allgemeinen der Solidarität der Schüler von seiten der Lehrer kaum Wohlwollen zuteil. Das *divide et impera* war eines der wichtigsten Mittel, eine straffe Disziplin herzustellen.

Die Arbeitsschule hat die Überwindung dieses Zwiespalts als eine ihrer ersten Aufgaben angesehen. Nicht nur haben ihre Lehrer es abgelehnt, eine Disziplin der Unterwerfung aufrechtzuerhalten, den egoistischen Konkurrenzkampf zu fördern, die beide der Solidarität der Schüler untereinander abträglich waren, vielmehr hat die neue Schule auch positive Anstrengungen gemacht, für eine starke Bindung durch Zusammenarbeit und gegenseitige Hilfe der Schüler zu sorgen. Die Haltung des Lehrers der Gemeinschaft der Schüler gegenüber hat sich dadurch stark verändert. In der neuen Schule ist es dem Lehrer selbstverständlich, sich mit dieser Gemeinschaft solidarisch zu fühlen und sich bis zu einem gewissen Grade als ihr zugehörig zu betrachten. Das zeigt sich in seiner Art des Arbeitens. Er ist mehr Mitarbeiter, Helfer und Berater als Lehrer; er ist mehr «Chef» als Herrscher. Ebenso ist es im Bereich der eigentlichen Erziehung. Dies wird im nächsten Kapitel noch klarer werden, wo von der Stellung des Lehrers in jener Schulgemeinschaft die Rede sein wird, der die «Selbstregierung» oder doch «Selbstverwaltung» der Schüler ihren Charakter gibt.

Am Anfang dieses Kapitels habe ich auf die historischen Zusammenhänge hingewiesen, die zwischen den Gemeinschaftschulen und der Arbeitsschulbewegung bestehen. Anderseits habe ich in diesem Abschnitt die dazu parallellaufenden inneren Einflüsse gezeigt, das heißt die Veränderungen, die diese Bewegung im Lehrer-Schüler-Verhältnis bewirkt hat. Obwohl die typische Haltung des Lehrers der alten Schule hier nicht erschöpfend gekennzeichnet worden ist,[22] wird in diesem letzten Abschnitt doch deutlich geworden sein, daß das Auftreten des Lehrers in der Arbeitsschule völlig anders ist. Die Unterschiede zwischen beiden weisen deutlich darauf hin, daß hier eine Entwicklung im Sinne des Lehrer-Kameraden vorliegt. Wie weit die beobachteten Übereinstimmungen gehen, soll an späterer Stelle untersucht werden. Vorher will ich noch kurz über zwei weitere pädagogische Einrichtungen berichten, zu denen die Schul- und Erziehungsreform unseres Jahrhunderts geführt hat.

3. Die Schülerselbstverwaltung

«Wer von dem Grundsatz ausgehen will, daß die persönliche und wirklich aktive Arbeit das Wesentliche sei, der muß sich auch zur Schülerautonomie entschließen. Das eine ohne das andere geht nicht», schreibt Adolphe

22 Ich muß meine Darstellung des Lehrers der alten Schule heute (1972) übrigens stellenweise als polemisch übertrieben betrachten.

Ferrière.[1] Ich habe in diesem Buch auch schon darauf hingewiesen, daß die Zielsetzungen der beiden Bewegungen miteinander identisch sind. Man kann wirklich sagen, daß auf dem Gebiet der Erziehung die «Selbstregierung» der Schüler dem entspricht, was die Arbeitsschule im Bereich der Schularbeit will. Praktisch lassen die Selbstbetätigung und die Selbstverwaltung der Schüler sich kaum voneinander trennen. Aber historisch hat die Schülerselbstverwaltung einen eigenen Ursprung, und sie hat ihre eigene Entwicklung durchlaufen, so daß es berechtigt ist, hier von einer zweiten Strömung zu sprechen, die zur «Neuen Erziehung» gehört.

Die Geschichte dieser Bewegung soll hier nicht eingehend dargestellt werden. Darüber liegen von kompetenter Seite Arbeiten vor, auf die ich mich immer wieder stützen muß.[2] Trotzdem ist dieser Abschnitt mit einem knappen geschichtlichen Abriß zu beginnen. Man nimmt heute nämlich allzu leicht an, das «self-government» sei eine ausgesprochen moderne pädagogische Erscheinung, was oft zu voreiligen Rückschlüssen geführt hat. Für die Schlußfolgerungen, die ich selbst zu ziehen habe, muß daher dieser Irrtum berichtigt werden.

Schon im 16. Jahrhundert kennt man eine gewisse Teilnahme der Schüler an den Funktionen des Lehrers. So sieht zum Beispiel schon das Schulreglement des Jesuitenordens, die ‹*Ratio atque institutio studiorum S. J.*› vom Jahre 1599, die Mitwirkung der begabten Schüler bei den Repetitionsstunden und bei Aufgaben der Aufsicht und der Disziplin vor. In den meisten Fällen wurde dies System aber nur angewandt, weil nicht genügend Lehrer vorhanden waren.

Der erste systematische Versuch, Schüler an der Aufrechterhaltung der Ordnung in einer Schule teilnehmen zu lassen, war der des Gymnasialrektors Johannes Sturm (1503–1589), des berühmten Humanisten. In seiner Schulordnung von 1538 wird die Schule mit einer «civitas» verglichen. Ein großer Teil der Funktionen für Ordnung, Disziplin und Aufsicht wird von den Schülern ausgeübt.[3]

Tiefergreifend und gleichzeitig breiter angelegt ist der Versuch, der den Namen Valentin Trotzendorfs, von 1531 bis 1556 Gymnasialrektor in Goldberg in Schlesien, berühmt gemacht hat. Trotzendorf hatte in seiner Schule, der «res publica scholastica», wie er sie nannte, Schüler als Aufsichtspersonen und Präfekten eingesetzt, und er genoß schon zu seinen Lebzeiten einen großen Ruhm als der «auctor fori scholastici». In der Tat hat er das erste Schülergericht geschaffen, das in die Geschichte der Päd-

1 In: ‹*Schule der Selbstbetätigung oder Tatschule*›, S. 194, (*Ecole active*›, S. 103).

2 Es handelt sich vor allem um G. Gaggell, ‹*Die Selbstregierung der Schüler*› und Eduard Metzenthin, ‹*Die Selbstbetätigung der Schüler auf dem Gebiet der Schulerziehung in früherer Zeit*›.

3 Für die meisten der angeführten historischen Beispiele finden sich ausführlichere Zitate bei Metzenthin, a. a. O.

agogik eingegangen ist.

Ähnliche Versuche sind in den «Philanthropinen» gemacht worden, den neuen Internatsschulen des 18. Jahrhunderts, deren erste 1774 von Johannes Bernhard Basedow (1724–1790) in Dessau gegründet worden ist.[4] Sein Mitarbeiter Christian Gotthilf Salzmann gründete später in Schnepfenthal bei Gotha ein «Philanthropinum», das noch heute (1936) besteht. Salzmann, der mit seinen Schülern wie ein Vater mit seiner großen Familie zusammenlebte, hat sich selbst kaum jemals mit Fragen der Ordnung und Disziplin abgegeben. Er gab fast jedem seiner Schüler eine kleine Funktion im Rahmen der Schulorganisation und beschränkte sich selbst darauf, das richtige Funktionieren dieser Organisation unauffällig zu überwachen. Von dieser Ordnung versprach er sich einen doppelten Erfolg: Die Schüler mußten sich in der pünktlichen und gewissenhaften Erfüllung übernommener Pflichten üben, und der Lehrer konnte unter diesen Bedingungen das Kind besser beobachten, als wenn es einem passiven Gehorsam unterworfen gewesen wäre.

Die gleichen Gründe haben einen anderen Pädagogen dieser Epoche dazu veranlaßt, in seinem Philanthropinum ein System der Schülerselbstregierung einzuführen: Martin Planta, der 1761 in Haldenstein im Kanton Graubünden, später in Marschlins Internatsschulen gegründet hat.[5] In seiner «Schulrepublik» gab es «consules», «praetores», «censores», «aediles plebeii», «tribuni plebis» usw. Die Funktionäre wurden von den Schülern ausgesucht und gewählt; die Lehrer hatten sich nur das Recht vorbehalten, ihre Zustimmung zu verweigern, wenn sie einen Kandidaten für die vorgesehene Funktion als unfähig oder unwürdig betrachteten.

Hier wäre übrigens auch noch einmal an Pater Girard zu erinnern, von dessen Versuchen eines «wechselseitigen Unterrichts» schon die Rede war. Er hat in seiner Schule in Fribourg auch ein Schülergericht eingeführt.[6]

Von besonderem Interesse ist in diesem Zusammenhang auch das Wirken des Schweizers Johann Jakob Wehrli (1790–1855), eines der treuesten Schüler und Anhänger Pestalozzis, der von ihm sagen konnte, er habe seine Idee der «Armenschule» am besten verwirklicht.[7] Bevor Wehrli 1833 zum Direktor des neuen Lehrerseminars des Kantons Thurgau in Kreuzlingen ernannt wurde, war er einziger Lehrer an der Armenschule gewesen, die Emanuel v. Fellenberg seinem «Erziehungsinstitut für die Söhne höherer Stände» in Hofwyl angegliedert hatte. Hier genoß er das volle Vertrauen Fellenbergs, der ihm mehr und mehr die Leitung dieses

4 Vgl. A. Pinloche, ‹*Geschichte des Philanthropismus*›.

5 S. Christoffel, ‹*Martin Planta*›.

6 Vgl. P. Léon Veuthey, a. a. O., S. 123.

7 Dr. E. Weinmann, ‹*Das Seminar Kreuzlingen 1833–1933*›, S. 50; vgl. auch J. A. Pupikofer, ‹*Leben und Wirken von Johann Jakob Wehrli*›.

Zweiges seiner pädagogischen Unternehmungen überließ. Im Jahre 1821 kam es zu einer Meuterei unter den Zöglingen. Die Rädelsführer wurden aus der Anstalt entfernt, während die positiver eingestellten Zöglinge, von Wehrli dazu aufgerufen, versprachen, daß solche Vorkommnisse sich nicht wiederholen sollten. Sechs der älteren Schüler erboten sich freiwillig, dafür zu bürgen, und die anderen erklärten sich bereit, ihnen zu folgen. Die Bürgen bildeten mit fünf anderen Schülern einen «Vereinsrat», der in regelmäßigen öffentlichen Sitzungen über vorkommende Verstöße zu urteilen hatte. Ein «Haushaltungsrat» mußte sich mit allem befassen, was die Wirtschaft und die äußere Ordnung im Hause betraf. Außerdem sah die Satzung – so wie es auch schon Basedow in Dessau bestimmt hatte – ein System von «Tutoren» vor: Jeder der jüngeren Schüler hatte seinen «Adoptivbruder», den er unter den älteren Schülern gewählt hatte; dieser übernahm die Aufgabe, über das physische und geistige Wohl des Jüngeren zu wachen. Diese Selbstverwaltung funktionierte während der ganzen Zeit, die Wehrli in Hofwyl war, und der Leiter der Anstalt hatte ein so großes Vertrauen zu dem «Vereinsrat», daß er seine Entscheidungen sogar dann respektierte, wenn es sich um die Verweisung eines Zöglings aus der Anstalt handelte.

Die neuzeitliche «Self-Government»-Bewegung scheint von ihren Vorläufern so gut wie unabhängig zu sein. Sie unterscheidet sich stark von ihnen. Während diese immer mit der Persönlichkeit eines Erziehers verbunden waren, dessen ungewöhnliches Talent seiner Epoche weit voraus war, sind die neuen Einrichtungen dieser Art viel eher aus allmählich allgemein anerkannten pädagogischen Grundsätzen hervorgegangen. Im Vordergrund steht die Einsicht, daß der Führungsanspruch des Erziehers zugunsten der Eigenständigkeit der kindlichen und jugendlichen Persönlichkeit möglichst zurücktreten soll.

Wenn man sich auf das Wesentliche beschränkt, kann man sagen, daß die moderne Bewegung der Selbstverwaltung drei Quellen hat, die offenbar gleichfalls voneinander mehr oder weniger unabhängig sind.

In England[8] besteht in den «Public Schools» (Eton, Harrow, Shrewsbury, Rugby u. a.) seit langem die aktive Mitwirkung der Schüler an Ordnung und Disziplin der Schule. In allen diesen Schulen gab es schon im 19. Jahrhundert «prefects» und «captains», die mit dem Ordnungsdienst beauftragt waren und denen man ein bestimmtes Strafrecht über ihre Mitschüler gegeben hatte. Besonders Thomas Arnold, von 1828 bis 1848 Direktor von Rugby,[9] hat aus dem Präfektensystem ein hervorragendes Instrument seiner Erziehung gemacht. Er übertrug stets den aufsässigsten Schülern die verantwortlichsten Aufgaben. Durch den Appell an das Verantwortungsgefühl seiner Schüler scheint er großen Einfluß gehabt zu

8 Vgl. W. Capitaine, ‹*Das Schulwesen Großbritanniens*›.
9 Siehe A. P. Stanley, ‹*The life and correspondence of Thomas Arnold*›.

haben.[10] Aber das Präfektensystem ist erst durch das Aufsehen besonders bekannt geworden, das die Versuche der «New Schools» erregt haben, von denen hier in erster Linie der Versuch von Dr. Reddie in Abbotsholme angeführt werden muß, der den Vorkämpfern der Landerziehungsheim-Bewegung auf dem Kontinent als Vorbild gedient hat: Hermann Lietz in Deutschland und Edmond Demolins, dem Gründer der «École des Roches» in Frankreich.

Auf das Werk von Hermann Lietz und seinen Einfluß in Deutschland und in der Schweiz komme ich im nächsten Kapitel zurück. Für eine genaue Untersuchung des Präfektensystems, wie es in Abbotsholme und in Les Roches praktiziert worden ist, verweise ich auf die Bücher von Grunder und Ferrière.[11]

Die zweite Quelle der Schülerselbstverwaltung ist in Amerika zu suchen. Der demokratische Geist tritt da deutlicher in Erscheinung. Diese Bewegung ist in Europa vor allem durch Friedrich Wilhelm Foerster[12] bekannt gemacht worden. Er hat zuerst über die wichtigsten Erfahrungen berichtet, die man in den USA mit dem Präfektensystem gemacht hat, und empfohlen, es auch in Europa einzuführen. Vor allem muß hier die Kolonie für verwahrloste und verlassene Kinder angeführt werden, die William R. George 1885 in Freeville (N. Y.) gegründet hat. Diesem ungewöhnlich begabten Erzieher ist es gelungen, eine Kinderrepublik mit wahren «kleinen Wilden» zu gründen, die der Schrecken von Lehrern und Behörden in New York gewesen waren.[13] Außerdem erwähne ich die Arbeit von Wilson L. Gill, der sich seit 1897 um eine Demokratisierung der öffentlichen Schulen in den USA mit Hilfe des Systems der «school cities» bemüht hat, das in vielen Schulen eingeführt worden ist.[14] Eine «Verfassung» nach dem Muster der Verfassung der USA, ein «Staatsrat», der die Präfekten und die übrigen Funktionäre aussucht und wählt, ein «Schultribunal»: Das sind die charakteristischen Merkmale der «school-city», des ersten Versuchs einer Schülerselbstverwaltung in einer Tagesschule.

Damit komme ich zur dritten Quelle dieser Bewegung. Johannes Langermann, der 1902 seine Arbeit in Berlin-Zehlendorf begann, wußte noch nichts von den Erfahrungen, die man in Amerika gemacht hatte. Er ging in seinen Versuchen, Hilfsschülern eine gewisse Selbstverwaltung anzu-

10 Eine packende Erzählung über das Leben in Rugby hat Thomas Hughes geschrieben: ‹*Tom Brown's school days*›.

11 F. Grunder, ‹*Le mouvement des écoles nouvelles en Angleterre et en France*›; Adolphe Ferrière, ‹*L'Autonomie des écoliers*›.

12 Friedrich Wilhelm Foerster, ‹*Schule und Charakter*›.

13 Adolphe Ferrière (a. a. O., S. 105) hat der George Junior Republic einige Seiten mit reichhaltigen bibliographischen Hinweisen gewidmet. Er berichtet auch über die ähnlichen Versuche von Homer Lane in England, Šackij in Rußland und Francia in Italien.

14 Siehe Wilson L. Gill, ‹*The boys and girls republic*›.

vertrauen, von den Ideen Johann Gottlieb Fichtes[15] aus, die der preußische Minister Freiherr vom Stein auf die nationale Erziehung angewandt hatte. Langermann fing damit an, daß er die Schüler ihren Garten selbst verwalten ließ, und er gelangte in vielen Schritten dahin, ihnen die Gestaltung der Schuldisziplin ganz zu überlassen.[16] Ebenso behutsam ging Carl Burkhardt in seinen Versuchen vor, mit denen er 1907 in Basel begann. Er lehrte seine Schüler, sich selbst zu verwalten. Ohne irgend etwas anzuordnen, übertrug er ihnen mit bemerkenswertem pädagogischem Takt immer mehr administrative, parlamentarische und gerichtliche Funktionen, durch die seine Schulklasse zu einem kleinen demokratischen «Staat» wurde.[17] Als dritten europäischen Vorkämpfer der Schülerselbstverwaltung nenne ich noch den Österreicher Karl Prodinger. Als er 1908 in seiner Schule in Pola der ständigen Auseinandersetzungen und Kämpfe zwischen slawischen, deutschen und italienischen Schülern überdrüssig geworden war, begann er ihre Konflikte vor die «Schulgemeinde» zu bringen, weil er hoffte, sie würden dadurch in einen geistigeren Bereich überführt. Diese «Schulgemeinde» wurde jetzt zu einer parlamentarischen Einrichtung. Prodinger hatte damit einen so großen Erfolg, daß der österreichisch-ungarische Kultusminister sein System allen Schulen empfahl.[18] Im kaiserlichen Deutschland gab es außer den Erfahrungen, die man in den Landerziehungsheimen und in den Gemeinschaftsschulen machte, auch noch andere, aber weniger bemerkenswerte Versuche auf diesem Gebiet. Friedrich Wilhelm Foerster führt einige von ihnen an.[19] Im übrigen hat auch die Revolution von 1918 hier neue Impulse gegeben.[20]

Wollte man diesen historischen Bericht über das Jahr 1919 hinaus, in dem die Hamburger Gemeinschaftsschulen eröffnet wurden, weiter fortsetzen, dann wäre noch von zahlreichen Versuchen zu sprechen. Aber ich beschränke mich darauf, später nur noch von einem einzigen zu berichten, der besonders interessant ist.

Was ist nun für diese verschiedenen Versuche charakteristisch? Das neue disziplinarische Ordnungssystem unterscheidet sich von dem alten

15 In seinen ‹*Reden an die deutsche Nation*›, 1808.

16 Siehe Johannes Langermann, ‹*Der Erziehungsstaat nach Stein-Fichteschen Grundsätzen in einer Hilfsschule durchgeführt*›.

17 Siehe Carl Burkhardt: ‹*Klassengemeinschaftsleben, Tagebuchblätter aus der Knabensekundarschule Basel*›.

18 Siehe Karl Prodinger, ‹*Was ich mit meiner Schulgemeinde will*›.

19 A. a. O.

20 Im November 1919 verordnete der preußische Unterrichtsminister, dessen Beispiel dann die meisten anderen deutschen Länder folgten, durch den berühmten «Schulgemeinde-Erlaß», den Gustav Wyneken redigiert hatte, die Einführung der Schülerselbstverwaltung in allen Höheren Schulen, was eine ungeheure Protestbewegung auslöste. Siehe August Messer, ‹*Pädagogik der Gegenwart*›, S. 195.

dadurch, daß der Lehrer den Schülern bestimmte Funktionen überträgt, die er früher selbst ausgeübt hat. Am Anfang ist es der Ordnungsdienst in der Klasse, den die Schüler übernehmen. Langermann und Burkhardt beschreiben diese Anfänge sehr ausführlich, aber auch in den Berichten über die anderen Versuche wird diese erste Stufe stets erwähnt. Dann folgt die Materialverwaltung der Schule (Handwerkszeug, Sportgeräte, Schülerbibliothek usw.); einige gewählte Verantwortliche sorgen dafür, daß die Sachen, die ihnen anvertraut worden sind, in gutem Zustand bleiben. In den Internaten sind diese Funktionen am weitesten spezialisiert. (In Bedales gab es beispielsweise 50 verschiedene Ämter.[21])

In den Kinderrepubliken ist das System der Selbstverwaltung so weit entwickelt, daß eine richtige wirtschaftliche Autonomie verwirklicht ist (das «self-supporting system» in der George Junior Republic und bei Homer Lane). Jedenfalls wird eine wirkliche Selbstverwaltung nur in den Fällen erreicht, in denen sich mit diesen administrativen Funktionen auch eine klar umschriebene moralische Verantwortung verbindet. Dann hat die Disziplin eine andere Grundlage als den passiven Gehorsam; sie ist durch gegenseitige Vereinbarungen und Verpflichtungen zwischen Lehrern und Schülern gesichert, Absprachen, die die Kompetenzen und Pflichten der Partner regeln und festlegen. Für die äußere Form dieser Absprachen ist es sehr bezeichnend, daß die Beziehungen zwischen Lehrern und Schülern in allen Fällen, die ich untersucht habe, in Satzungen festgelegt sind oder sogar in Geschäftsordnungen, die oft in ihrem ganzen Aufbau an die Verfassung des Staates erinnern, in dem die betreffende Schule liegt. Das Regime der Schule nimmt dann bestimmte parlamentarische und demokratische Formen an. In den meisten Fällen heben sich die drei öffentlichen Gewalten deutlich voneinander ab. In den Versuchen, die am weitesten systematisiert sind, sind sie sogar streng voneinander getrennt. Die Legislative ist am häufigsten in der Vollversammlung der «Bürger» verkörpert (z. B. im «town-meeting» bei George, in der «Schulgemeinde» bei Prodinger). Das parlamentarisch-repräsentative System kommt nur ausnahmsweise vor (Gill). Die erste Arbeit der legislativen Körperschaft besteht immer darin, die Verfassung auszuarbeiten, falls sie nicht von der Schulautorität fix und fertig oktroyiert worden ist. In der Verfassung wird auch die Exekutive bestimmt, und ihre Kompetenzen werden festgelegt. Sie wird durch einen Gouverneur oder zum mindesten durch einen Ausschuß von Verantwortlichen repräsentiert, dem «Präsidenten» bei George, dem «Staatsrat» bei Gill, den «prefects» in Abbotsholme, den «capitaines» in Les Roches. Die rechtsprechende Gewalt steht im allgemeinen im Mittelpunkt des Regimes. Hier gibt es in einigen Fällen ein Register von Strafen, die im voraus in der Verfassung selbst festgelegt sind (so z. B. bei Burkhardt). Ein Strafrecht kann auch mit bestimmten

21 Vgl. Ferrière, a. a. O., S. 137.

Verwaltungsämtern verbunden sein (z. B. bei den «prefects»), aber am häufigsten gibt es eine besondere rechtsprechende Gewalt, nämlich das Schultribunal, das aus Schülern besteht, regelmäßige Sitzungen abhält und eine bestimmte Strafgewalt hat. Sein Prototyp ist das Gericht der George Junior Republic.

Eine genaue Definition der Stellung des Lehrers in dieser «autonomen Schülergesellschaft» bedürfte einer besonderen Untersuchung. Ich muß mich hier darauf beschränken, nur bestimmte Aspekte dieser Stellung zu beschreiben. Der Bericht Karl Wilkers, den ich etwas später zitieren will, bietet Genaueres.

Am auffallendsten und zugleich auch am wichtigsten ist bei dieser Institution die Einschränkung der Autorität des Lehrers auf allen Gebieten. Der Lehrer verzichtet auf wichtige Funktionen und Rechte. An die Stelle des passiven Gehorsams und des disziplinaren Zwanges ist die Zusammenarbeit des Lehrers und seiner Schüler getreten. Dieser freiwillige Verzicht auf eine erzwungene Autorität und ihr Ersatz durch eine gegenseitige Verständigung zeigen eine neue Einstellung des Lehrers dem Kinde gegenüber, die Einstellung der Achtung, wie Burkhardt sagt:

«Die Grundbedingung des Gedeihens der Mittelschulklasse besteht im Respekt, den der Lehrer den Schülern entgegenbringt, und zwar allen ohne Ausnahme. Dann ergibt sich der Respekt vor dem Lehrer als ein natürliches Produkt ganz von selber. Respektiere ich aber die einzelnen, und sehe ich tatsächlich alle ein Kollektivwesen bilden, so anerkenne ich auch die Gemeinschaft und ehre ihre Willensäußerung.»[22]

Außerdem hat die objektive Anerkennung der kindlichen Persönlichkeit ihre subjektiven Folgen. Das Individuum, das als fähig betrachtet wird, über seine Handlungen nachzudenken, sich zu beherrschen und sich selbst Gesetze zu geben, wird dadurch unwillkürlich als würdiger für persönliche und herzliche Beziehungen zum Erwachsenen angesehen, und diese engeren und freundschaftlicheren Beziehungen sind die natürliche Folge des neuen Verhältnisses. Dazu sagt Burkhardt:

«Das Verhältnis zwischen mir und den Schülern erfährt eine scharfe Änderung. Denn jetzt bin ich nicht mehr der Wesensandere, der alle Rechte in sich vereinigte und den Schülern nur Pflichten ließ, der trotz aller Liebe sie eben als Kinder und Kindsköpfe behandelte, ich, der Neunmalweise, der sich nur um sich selbst drehte und keine Stimme neben sich duldete! Nun bin ich vom Piedestal heruntergestiegen und wese ein größerer unter kleineren Menschen, ein erfahrener und überlegener Freund unter jungen Freunden, ein Wesensgleicher! Diese Selbstbeschränkung aber löst auf Seite der Bereicherten das Gefühl der Dankbarkeit aus und vergrößert die Zuneigung derselben.»[23]

22 Carl Burkhardt, ‹*Klassengemeinschaftsleben*›, S. 4.
23 A. a. O., S. 5.

Es scheint wirklich, angesichts mancher Berichte über die Resultate solcher Einrichtungen, daß der Konflikt zwischen dem Lehrer, der nur befiehlt und verbietet, und dem Schüler, der sich in seinen Persönlichkeitsrechten verletzt und dadurch in die Opposition gedrängt fühlt, überwunden werden kann. Dies geht besonders überzeugend aus dem Bericht eines Pädagogen hervor, der selbst ein neues Verhältnis der gegenseitigen Achtung, des Vertrauens und Verständnisses zu Zöglingen geschaffen hat, bei denen dies besonders schwer war. Es ist dies Dr. Karl Wilker, von dem die Lehrer der Hamburger Gemeinschaftsschulen, die sonst ähnlichen Experimenten sehr kritisch gegenüber stehen, immer wieder mit Verehrung sprechen. Als Leiter eines Berliner Erziehungsheims hat Wilker mit seinen Zöglingen einen Versuch der Selbstverwaltung durchgeführt, der zu den kühnsten derartigen Versuchen aus der Zeit vor 1918 gehört. Im Jahre 1917 wurde Karl Wilker die Leitung des «Lindenhofs» übertragen, eines der verrufensten Berliner «Fürsorgeheime».[24] Von der ersten Stunde an bekämpfte er das Disziplinarsystem, das an ein Gefängnis erinnerte, um es durch eine Pädagogik des Vertrauens und der Freiheit zu ersetzen. Aber die Anfänge seiner Selbstverwaltung waren noch sehr gemäßigt. Aus dem Kreise der Zöglinge wurde ein Ausschuß gebildet, der Unterhaltungsabende und -nachmittage vorbereiten sollte. Als dieser Ausschuß dann auch damit beauftragt wurde, Anträge und Beschwerden der Jungen zu übermitteln, wurde er bald zu einem «Jungenrat», der eine ständige Vertretung der Zöglinge beim Direktor und gleichzeitig ein Aufsichtsausschuß war. Bald ging man noch weiter. Wilker berichtet in seinem Buch:

«Ich hatte – bei einem unserer ersten Elternnachmittage 1917 – mal erzählt von Kinderrepubliken in Amerika und England, von Kindergerichtshöfen bei uns, etwa wie in Berthold Ottos Hauslehrerschule. Und gesagt: Vielleicht kommen wir auch noch mal so weit.»[25]

Und sie kamen so weit! In diesem Heim, in dem die Autorität der Lehrer und Erzieher und die strengste Disziplin das A und O der «Erziehung» gewesen waren, konnte ein «Jungengericht» mit der Aufgabe betraut werden, für Ordnung und Disziplin zu sorgen. Das Gericht bestand aus drei Mitgliedern des Jungenrats und fünf Delegierten der «Familien». Der

24 Die Institute, die diesen menschenfreundlichen Namen trugen, waren in Wirklichkeit eine Art von Besserungsanstalten für vorwiegend proletarische Jugendliche, die hier auf Antrag der Eltern (was selten vorkam), der Schule oder des Jugendamts oder auch einfach nach polizeilicher Verhaftung eingewiesen worden waren. In diesen Anstalten herrschte ein äußerst strenges Regime. Peter Martin Lampels Bücher ‹*Jungen in Not*› und ‹*Revolte im Erziehungshaus*› vermitteln davon eine anschauliche Vorstellung, ebenso einige Prozeßberichte aus den letzten Jahren, von denen der von Scheuen das größte Aufsehen erregt hat. – Vgl. Curt Bondy, ‹*Scheuen, Pädagogische Bemerkungen zum Lüneburger Fürsorgeerziehungsprozeß*›.

25 ‹*Der Lindenhof*›, S. 53.

Direktor und die Erzieher, die an den Sitzungen teilnahmen, hatten nur beratende Stimmen. Das Gericht verhängte Strafen bis zur Besuchs- und Urlaubssperre auf die Dauer von einem Vierteljahr. Diese Einrichtung bewährte sich während der ganzen Zeit, die Wilker im Lindenhof tätig war, bis er dort 1920 nach einem Zerwürfnis mit den Behörden ausschied.

Er hatte den Geist des Hauses vollständig verändert. Von den Fenstern hatte er die Gitter entfernt, und die große Eisentür hatte er durch ein einfaches Holztor ersetzt, dessen Flügel den ganzen Tag offenstanden. Die persönlichen Beziehungen zwischen Erziehern und Jungen waren ganz von dem neuen Geist erfüllt.

Hier folgt nun Karl Wilkers Bericht über diese Beziehungen, die dem System der Schülerselbstverwaltung entsprechen.

«Als ich meinen Dienst im Lindenhof antrat, fand ich dort die üblichen Verhältnisse vor: ein autoritäres System, das einen blinden Gehorsam verlangte. Es war nicht erlaubt, eine eigene Meinung zu haben oder gar, sie auszusprechen. Die Vorschriften enthielten zwar ein Beschwerderecht, aber jedermann wußte, daß er sich unweigerlich den größten Unannehmlichkeiten ausetzte, wenn er davon Gebrauch machte. Denn wer sich beschwerte, löste ja immer den Zorn irgendeiner Person aus. Damit ist es zu erklären, daß sich hier unglaubliche Strafmethoden jahrzehntelang halten konnten. Nur ein ‹gutes Betragen› bewahrte den Zögling vor diesen grausamen Strafen. Aber was verstand man denn unter einem ‹guten Betragen›? Nichts anderes als allein einen blinden Gehorsam, der notwendig die schlimmste Heuchelei und eine widerliche Neigung zur Denunziation mit sich brachte.

Um diesen Geist durch einen anderen zu ersetzen, der eine wirkliche Erziehung möglich machen sollte, setzte ich mir zwei Ziele. Zunächst einmal mußte ich das Milieu reformieren, indem ich ihm den Charakter eines Gefängnisses nahm, und zweitens mußte ich erreichen, daß alle am Leben der Gemeinschaft teilnahmen, indem ich jedem Jungen eine bestimmte Verantwortung übertrug.

Aber ich würde von dem einzelnen Jungen geistig zuviel verlangt haben, wenn ich von ihm nur theoretisch eine Teilnahme an der Verantwortung gefordert hätte. Er will der Gemeinschaft nur dann dienen, wenn er sich als ihr aktives Mitglied betrachten kann.

Die Teilnahme an der Verantwortung ist sicher ein sehr wichtiges Problem. Ich habe versucht, es dadurch zu lösen, daß ich die Selbstverwaltung einführte, die ich in meinem Buche beschrieben habe.[26] Diese Selbstverwaltung stellte mein Erziehungssystem auf eine neue Grundlage, nämlich auf das große Vertrauen, das jungen Burschen entgegengebracht wurde, die gewohnt waren, daß man ihnen kein Vertrauen schenkte. Die Obstruk-

26 ‹*Der Lindenhof*›, S. 52–59.

tion, die vorher geherrscht hatte, war im Grunde eine Folge des Fehlens von Vertrauen und Liebe zwischen Erziehern und Zöglingen. Ich erinnere mich eines sehr schwierigen 17jährigen Jungen (der jetzt eine Vertrauensstellung in den USA bekleidet). Er wurde mir von seiner Mutter gebracht und fing damit an, daß er mich sehr skeptisch von oben bis unten mit den Augen maß. Er wunderte sich sehr darüber, daß ich ihm keine Fragen über seine früheren Verfehlungen stellte und daß ich ihn gut behandelte, das heißt, daß ich ihm die Hand gab und mit ihm freundlich wie mit meinesgleichen plauderte. Später hat er mir oft wiederholt, daß er damals zum erstenmal erlebte, daß ihm jemand traute. Das war für ihn ein ganz neues Gefühl, nach all den Erfahrungen, die er gemacht hatte. Denn schon in der Schule traute ja kein Lehrer seinen Schülern.

Dies Vertrauen, das ich allen Zöglingen von Anfang an entgegenbrachte, wurde zum wichtigsten Grundsatz meines Erziehungssystems. Es ermöglichte mir die Entwicklung von ganz andersartigen Beziehungen zwischen Erwachsenen und Jugendlichen, was u. a. auch darin zum Ausdruck kam, daß Erzieher und Zöglinge sich häufig duzten. Das bedeutete aber keineswegs, daß ich eine plumpe Vertraulichkeit eingeführt hätte, sondern vielmehr, daß aus meinem Erziehungssystem ein Gefühl der Verpflichtung entstand, für manchen vielleicht sogar so etwas wie ein letzter moralischer Halt, der es ihm unmöglich machte, sich gegen einen Menschen, mit dem er in Freundschaft verbunden war, schlecht zu benehmen. Das erklärt zum Beispiel, daß ein Junge, der mir lange Zeit sehr zugetan gewesen war, viele Jahre später von sich aus darauf verzichtete, mich zu duzen, nachdem er eine Straftat begangen hatte – die er übrigens damit begründete, daß er nun nicht mehr im Bereich meines Einflusses gestanden habe.

Im übrigen löschte das Duzen keineswegs die natürliche Distanz aus, die zwischen Personen verschiedenen Lebensalters besteht, nur daß eben diese Distanz, obwohl sie innerlich empfunden wurde, äußerlich nicht betont wurde. Mit anderen Worten: Der Verzicht auf die Betonung einer äußeren Autorität bedeutete nicht den Verzicht auf eine verborgene moralische Autorität. Man hat mir einreden wollen, zwischen Autorität und Autorität gäbe es keinen Unterschied. Aber es gibt ihn doch, und er macht sich täglich bemerkbar. In kleinen wie in großen Dingen sehen wir immer wieder, wie die Übertreibung der Autorität zur Tyrannei führt (im Bereich der Politik wie im Bereich der Erziehung), während die mangelnde Autorität zum Chaos führt. Es ist übrigens ein fundamentales Prinzip der Religion, daß es dort, wo wahre Autorität besteht, vor allem auch Vertrauen und Glauben gibt. Es ist klar, daß derartige erzieherische Grundsätze dort zu Katastrophen führen müssen, wo ungeeignete Personen glauben, erziehen zu können, indem sie einfach nachahmen, was andere tun. Erziehung ist aber im Grunde immer ein kreativer Akt und nicht ein Nachahmen.

Will man das Für und Wider einer solchen Methode gegeneinander abwägen, so muß man die Beziehungen zwischen dem Lehrer und seinen Schülern untersuchen, die das Ergebnis dieses gemeinsamen Lebens und Arbeitens sind. Der Glaube, das Vertrauen und die Liebe sind in unserem Falle aus sich selbst heraus entstanden.

Der neue Geist, der zwischen den Jungen und mir herrschte, zeigte sich am deutlichsten in den Wochen, in denen wir um das Weiterbestehen des Lindenhofs rangen, in dem Kampf, der damit endete, daß wir «Jungen» unsere Arbeit niederlegten, weil wir einen Kompromiß ablehnten, der sie für die Zukunft unmöglich gemacht hätte. Da stellten sich alle Jungen begeistert, treu und zu allem entschlossen auf unsere Seite, was sie aber nicht daran hinderte, eine tadellose Disziplin zu wahren. Man fürchtete eine Revolte, man alarmierte die Polizei – und wunderte sich, daß diese jungen Menschen solche Kampfmittel in einem Streit dieser Art als unwürdig betrachteten.»

Dieser Bericht, der in seinen Einzelheiten keines Kommentars bedarf, vermittelt eine lebendige Vorstellung von den tiefgreifenden Veränderungen in den Wechselbeziehungen zwischen Erziehern und Jungen, die die Grundlage der Schülerselbstverwaltung sind.

Ich habe zwar nur einen einzigen Zeugen angeführt, aber es ließen sich leicht andere Dokumente zitieren, die genauso anschaulich zeigen würden, daß dies neue System der Selbstverwaltung in mancher Beziehung große Ähnlichkeit mit der Pädagogik des Lehrer-Kameraden hat. Es gibt allerdings auch Unterschiede zwischen beiden. Von ihnen wird noch die Rede sein. Zunächst will ich aber den historischen Überblick noch mit einer kurzen Schilderung der Landerziehungsheim-Bewegung abschließen, die zweifellos auch auf die Pädagogik der Kameradschaft in den Hamburger Gemeinschaftsschulen einen Einfluß ausgeübt hat.

4. Die Landerziehungsheime

Es ist leicht nachzuweisen, daß die Landerziehungsheimbewegung mit der Arbeitsschulbewegung und mit der Bewegung für Schülerselbstverwaltung nicht nur zeitlich zusammenfällt, sondern sich auch geistig mit ihnen berührt, und zwar besonders in bezug auf das Lehrer-Schüler-Verhältnis. Die Landerziehungsheime nehmen in der Geschichte der deutschen Pädagogik der letzten Jahrzehnte einen wichtigen Platz ein; ihr Einfluß auf die Schul- und Erziehungsreform in Deutschland ist in mancher Hinsicht bedeutend und entscheidend gewesen. Schon darum ist es sinnvoll, daß ich mich auf der Suche nach den Ursprüngen der Pädagogik des Lehrer-Kameraden auch mit den Landerziehungsheimen beschäftige. Aber dafür gibt es auch noch einen anderen Grund. Was die Landerziehungsheime für das Thema dieses Buches besonders interessant macht, ist die Tatsache, daß es sich hier nicht um «Schulen» im üblichen Sinne des Wortes handelt, sondern um echte Heimstätten der Jugend, die hier in enger Gemeinschaft und in ständigem Kontakt mit ihren Lehrern lebte. Natürlich erzeugt das Zusammenleben von morgens bis abends von selbst eine engere Verbindung zwischen Lehrern und Schülern, als es in einer Schule möglich ist, die ihre Schüler jeden Tag nur für ein paar Stunden bei sich hat. Dazu kommt die ländliche Abgeschiedenheit dieser Heimschulen. Sie gewährleistet eine gewisse Geschlossenheit der pädagogischen Atmosphäre und gibt die Möglichkeit, neue Erziehungsformen auszuprobieren. Das sind, wie schon Elisabeth Huguenin[1] betont hat, günstige Voraussetzungen dafür, daß sich zwischen Lehrern und Schülern andere Beziehungen bilden, als sie an einer Tagesschule üblich sind.

Ich will mich darauf beschränken, nur die Landerziehungsheimbewegung in Deutschland zu beschreiben. Ich beschäftige mich daher besonders mit Hermann Lietz, der mit vollem Recht nicht nur für Deutschland, sondern für ganz Europa als der Pionier der Bewegung betrachtet wird.

Hermann Lietz wurde 1868 als Sohn eines Bauern auf Rügen geboren. Nach seinen Schuljahren in Stralsund, die er selbst als Jahre der inneren Not und des Leidens beschrieben hat,[2] betrieb er in Halle und Jena theologische Studien, die er mit einer philosophischen Promotion abschloß. In seinen letzten Studienjahren entschloß er sich, sich der Erziehung zu widmen. Dann folgten einige Jahre der praktischen Ausbildung, zuerst in Jena (an der Universitätsübungsschule, die der berühmte Vertreter der Herbartschen Pädagogik Wilhelm Rein leitete), dann in England (Abbotsholme). In den Jahren 1898, 1901 und 1904 gründete Lietz seine Landerziehungsheime in Ilsenburg, Haubinda und Bieberstein. Kurz vor dem Krieg, 1913, konnte er noch einen Wunsch verwirklichen, den er seit langem gehegt hatte: Er gründete das «Landwaisenheim» in Veckenstedt. Er starb 1919 an den Folgen einer Krankheit, die er sich als Kriegsfreiwilliger zugezogen hatte.

Lietz wird als ein außerordentlich begabter Erzieher geschildert, und sein Werk ist ein beredtes Zeugnis für seine Begabung. Er war ein Mann von grenzenloser Hingabe und Selbstlosigkeit, und er hatte dazu noch einen einmaligen persönlichen Charme. Anderseits sprechen selbst seine besten Freunde von seinem aufbrausenden und manchmal heftigen Temperament und von seiner starken und sogar autokratischen Persönlichkeit[3] – Charakterzüge, von denen er selbst am besten wußte. Sein Werk war stark von seiner Persönlichkeit geprägt, und damit lassen sich auch die Konflikte und Sezessionen erklären, die sich in seinen Schulen vollzogen haben. Mit einer dieser Abspaltungen, der Trennung von Gustav Wyne-

1 Elisabeth Huguenin, ‹*Paul Geheeb et la libre communauté scolaire de l'Odenwald*›, S. 101 ff. und ‹*Die Odenwaldschule*›, S. 49 f.

2 Hermann Lietz, ‹*Lebenserinnerungen*›, S. 25 ff.

3 Erich Meißner, ‹*Hermann Lietz*›, S. 29.

ken und Paul Geheeb, die besonders wichtig geworden ist, werde ich mich noch beschäftigen. Andere ehemalige Mitarbeiter haben in gutem Einvernehmen mit Lietz vor allem in Deutschland und in der Schweiz weitere Landerziehungsheime gegründet.

Hermann Lietz' Werk ist nur teilweise neu. Abgesehen von einigen seiner Vorläufer in früheren Jahrhunderten (u. a. Vittorino da Feltre und die Philanthropisten), wissen wir, daß Lietz ähnliche Internate kannte, als er seine Schulen gründete. Er hatte den Prototyp der neuen Landerziehungsheime kennengelernt, die Schule von Dr. Reddie in Abbotsholme, war dort selbst tätig gewesen und war von dieser Schule begeistert. Sein Buch ‹*Emlohstobba*› (Umkehrung des Namens Abbotsholme), das er in den ersten Monaten seines Englandsaufenthalts geschrieben hat, enthält das Projekt eines Internats, das deutlich nach dem Modell der Schule in Abbotsholme entworfen ist. Der Aufbau der Landerziehungsheime beweist dann, daß ihr Gründer bis in manche Details hinein den Anregungen gefolgt ist, die das Werk Reddies ihm gegeben hatte. Aber nach Lietz' eigenen Worten war Abbotsholme für ihn weniger ein Modell als eine Offenbarung dessen, was er eigentlich schon lange gewollt hatte. In seinen ‹*Lebenserinnerungen*› schreibt er: «Weder in England noch anderswo brauchte ich ein Modell zur Nachahmung zu suchen. Was ich späterhin geschaffen habe, entstand aus dem bitteren Leid, das mir die eigene Schule beschert, aus der Freude und Begeisterung, die mir Heimat, Ferien, Elternhaus, Studienzeit verschafft hatten, und vor allem aus der Teilnahme und Liebe zu Jugend und Volk, die seit frühen Jahren in mir lebten.»[4]

Damit gibt Lietz die tieferen Gründe an, die ihn zu seinem Werk veranlaßt haben. Er wollte einem dringenden Bedürfnis seiner Zeit entsprechen. In seiner Schule sah er den Typ einer Schule der Zukunft. Da er selbst in seiner Jugend unter der Schule gelitten hatte, wußte er, daß in Fällen, in denen das Kind nicht während der ganzen Jugendzeit in der Familie erzogen werden kann, die Schule – und besonders die Höhere Schule – diese Lücke nicht ausfüllen kann, weil sie sich darauf beschränkt, das Kind zu *unterrichten*, als ob dies das einzige sei, was das Kind braucht! Was Lietz mit seinen Schulen verwirklichen wollte, war die harmonische Verbindung von Erziehung und Unterricht, die eine umfassende Erziehung des Kindes bieten sollte, wie sie zwanzig Jahre vorher der bedeutende Pädagoge Paul Robin in Frankreich vorgeschlagen hatte.[5] Bei seiner Aufzählung dessen, was die Schule dem Kind bieten muß, legt Lietz auf die Beziehungen zwischen Lehrern und Schülern großen Wert. Worüber beklagt er sich am bittersten, wenn er von seiner Jugend spricht? Über das Fehlen von

4 A. .a. O., S. 110.

5 Siehe G. Giroud, ‹*Cempuis*›. In diesem Buch wird das Waisenhaus Prévost beschrieben, das die Pädagogik der Landerziehungsheime in vielem vorweggenommen hat.

Herzlichkeit, Güte und erzieherischem Interesse bei seinen Lehrern, für die, wie er einmal sagt, die Schüler außerhalb der Schulstunden nur verdächtige Subjekte waren.[6] Und in Abbotsholme hatten ihm die herzlichen Beziehungen zwischen den Lehrern und ihren Schülern den größten Eindruck gemacht. Daher hat er auch immer wieder betont, daß die Reform der Erziehung mit einer neuen Haltung dem Kinde gegenüber anfangen müsse.

Wie haben nun Lietz und seine Mitarbeiter diese Pläne verwirklicht? Welche neue erzieherische Haltung, welche neue Beziehung zwischen Lehrern und Schülern konnten die zahllosen Besucher der Lietzschen Schulen wahrnehmen, die bald aus Deutschland und dem Ausland herbeiströmten?

Ich wies schon darauf hin, wie günstig die äußeren Umstände, in denen sich die Landerziehungsheime befanden, für die Bildung eines Gemeinschaftsbewußtseins bei Lehrern und Schülern sein mußten. Aber das wurde in den Lietzschen Schulen auch noch bewußt gefördert. Um den Gemeinschaftssinn zu pflegen, organisierte man Veranstaltungen, an denen die ganze Schule teilnahm. Da gab es u. a. den «Freien Abend» und die «Kapelle». Der «Freie Abend» war eine Veranstaltung, die einmal in der Woche alle Lehrer und Schüler vereinigte. Man ließ noch einmal die Ereignisse der letzten Woche an sich vorüberziehen. Jeder konnte von dem sprechen, was ihn beschäftigte oder worüber er sich beschweren wollte. Hier wurden die kleinen Ämter und Funktionen verteilt, die es in der Schule gab, und hier wurden auch die Pläne für Feste und Ausflüge besprochen. Der Schulleiter und die Lehrer benutzten die Versammlungen dazu, um etwaige Veränderungen des Unterrichtsbetriebs oder der Heimordnung bekanntzumachen und um ihre Meinung zu besonderen Vorkommnissen des Schullebens auszusprechen. Anderseits konnten sie selbst aus den verschiedensten Gründen von den Schülern interpelliert werden. Dies war also ein Diskussions-«Forum», das man geschaffen hatte, um die Zusammenarbeit von Lehrern und Schülern auf allen Gebieten des Schullebens zu fördern.

Die andere regelmäßige Veranstaltung, die «Kapelle», sollte gleichfalls dazu dienen, Lehrer und Schüler fühlen zu lassen, daß sie durch ein gemeinsames Band miteinander vereint waren. Dies war eine Stunde der inneren Sammlung, die jeden Tag beschloß. Nach einer Ansprache des Schulleiters oder einer Lesung hörte man ein Musikstück, das einer der Lehrer vortrug. In Bieberstein, der Oberstufe der Lietz-Schulen, wurde statt der «Kapelle» manchmal ein politischer Diskussionsabend veranstaltet. Lietz berichtet, auf die Idee der «Kapelle» hätten ihn seine Jugenderinnerungen gebracht.[7] So sei auch seine Familie abends um das Feuer ver-

6 ‹*Das sechzehnte Jahr in Deutschen Landerziehungsheimen*›, S. 20.
7 ‹*Die drei ersten Landerziehungsheime*›, S. 59.

sammelt gewesen; der Vater habe etwas vorgelesen; die anderen hörten zu und beschäftigten sich dabei mit irgendeiner Arbeit; oft sang man auch miteinander oder man diskutierte. Auch wenn Lietz es nicht selbst so häufig ausgesprochen hätte, würde man seine Idee verstanden haben: Das Landerziehungsheim sollte für die Kinder die Familie ersetzen, und darum versuchte man, ihr möglichst nahezukommen, sowohl im Geist als auch in ihren Einrichtungen. Lehrer und Schüler sollten sich als Angehörige einer großen Familie fühlen. Lietz bemühte sich, diese Analogie noch genauer herauszuarbeiten. Er ging von der richtigen Überlegung aus, daß sich der Gemeinschaftssinn leichter in einem kleinen Kreise entwickelt, in dem das Kind sich wohl fühlt, und daß es erst später die größere Gemeinschaft erfassen kann, und darum führte er von Anfang an das System der «Familien» ein. Etwa zehn Kinder scharten sich um einen Lehrer, der die unmittelbare Verantwortung für das physische und geistige Wohl dieser ihm anvertrauten Kinder hatte. Die Familie wohnte zusammen, aß am gleichen Tisch, machte gemeinsame Ausflüge und verbrachte manchmal auch die Sonntage miteinander.

Die Gemeinschaftserziehung, die Lietz in seinen Internaten verwirklichte, hat viel Ähnlichkeit mit der Erziehung, um die sich auch die ‹Arbeitsschule› und die ‹Schülerselbstregierung› bemühen. Lietz hat erkannt, daß es eines der ersten Ziele der moralischen Erziehung ist, die Autonomie der Persönlichkeit zu entwickeln, und daß Kinder jeden Alters ein Recht darauf haben, daß ihre Erzieher diese Autonomie respektieren.

Der Schüler, so sagt er, ist dem Lehrer nicht unterstellt; er steht auf der gleichen moralischen Stufe neben ihm. Wenn er auf seiner Ebene das ist, was er sein kann, dann muß man ihm die gleichen Rechte einräumen, die man für sich selbst in Anspruch nimmt.[8]

Und weil der Erwachsene weder unfehlbar noch vollkommen ist, fordert Lietz auch, daß man dem Kind das Recht einräumt, gegen die Handlungen der Erwachsenen zu protestieren. Es handelt sich hier also schon um eine ziemlich weitgehende Auffassung von der Autonomie des Kindes. Sie hat die Arbeit in den Landerziehungsheimen stark beeinflußt.

Auf Grund dieser Einstellung probierte Lietz anfangs das Präfektensystem aus, das er in Abbotsholme kennengelernt hatte. Aber er war mit den Ergebnissen nicht zufrieden. Aus diesem zeitweiligen Versuch behielten die Lietz-Schulen nur einzelne Einrichtungen bei: einen Schülerausschuß aus Vertretern jeder Klasse und jeder «Familie» und einige Verwaltungsfunktionen wie Bibliothekare, «Postbeamte», Sportwarte, Gerätewarte u. dgl. In seinem theoretischen Hauptwerk[9] hat Lietz die Schülerselbstverwaltung empfohlen. Bei wohlüberlegter Anwendung dieses Systems sieht er in ihm die beste staatsbürgerliche Erziehung und das beste Mittel, um

8 ‹*Freseni*›, S. 21.
9 ‹*Die deutsche Nationalschule*›.

den Sinn für Verantwortung zu entwickeln.

Der neue Geist, der in diesen Einrichtungen zum Ausdruck kam, hat natürlich in den Lietz-Schulen neue Grundlagen für die Beziehungen zwischen Lehrern und Schülern geschaffen. Fügt man noch hinzu, daß die Lehrer den größten Teil ihrer Freizeit mit den Schülern zusammen verbrachten, daß sie sich am Sport und an den Spielen der Schüler beteiligten, mit ihnen Ausflüge und Reisen unternahmen (Lietz selbst ist oft mit Schülergruppen gereist, sogar bis Amerika und Ägypten), dann versteht man, daß es ernst zu nehmen ist, wenn Lietz so oft von den herzlichen und freundschaftlichen Beziehungen spricht, die zwischen den Lehrern und den Schülern seiner Landerziehungsheime bestanden.[10] Die engste und herzlichste Beziehung verband natürlich die Angehörigen einer «Familie» miteinander: Lehrer und Schüler einer «Familie» duzten sich. In welch hohem Maße Lietz selbst das Ideal verwirklicht hat, das er verkündigte, wie sehr er der treue und selbstlose Freund der Kinder sein konnte, wie weit er auf jede äußere Autorität verzichtete, das alles ist aus dem kleinen Buch ‹*Freseni*› zu erkennen, aus dem ich schon zitierte. Lietz erzählt hier ergreifend von der Freundschaft, die ihn mit einem jung verstorbenen Schüler verband.

Wer die wichtigsten Schul- und Erziehungsreformen seit 1918 kennt und wer insbesondere an die «Kameradschaftspädagogik» der Hamburger Gemeinschaftsschulen denkt, dem müssen die damals neuen Errungenschaften der Landerziehungsheime als sehr gemäßigt erscheinen. Wenn man jedoch bedenkt, daß die Landerziehungsheime in der Epoche der streng autoritären Erziehung gegründet worden sind, versteht man, welches Aufsehen sie damals erregt haben. Es war die Zeit, als man in Deutschland die Kadettenanstalten als das Vorbild für die männliche Erziehung ansah, als die unbedingte Überlegenheit des Lehrers und sein Abstand zu den Schülern die «conditio sine qua non» der Schulen waren und das «divide et impera» der Zwangsdisziplin das Leben der Jugend bestimmte. In dieser Epoche bedeutete das Erziehungssystem der Lietz-Schulen mit der wohldosierten Freiheit, die es den Schülern auf allen Gebieten gewährte, mit der Achtung, die es der Autonomie der Persönlichkeit zuteil werden ließ, und mit einer Haltung des Vertrauens, des Verständnisses und der Freundlichkeit etwas ganz Neues. Das Interesse, das man an den Heimen nahm, die ständig wachsende Beachtung, die sie fanden, beweisen es. Die Auswirkungen, die die Landerziehungsheime auf die Pädagogik dieser Epoche gehabt haben, sind nicht zu übersehen. Unmittelbar haben die Schulen von Hermann Lietz die Pädagogik dieser Jahre insofern beeinflußt, als sie der Ausgangspunkt für viele ähnliche Schulgründungen wurden. Adolphe Ferrière hat als einer der ersten die Tragweite dieser europäischen Bewegung richtig erkannt, und er hat das Ver-

10 Vgl. z. B. ‹*Die deutsche Nationalschule*›, S. 12.

dienst, sie dadurch besonders gefördert zu haben, daß er 1902 in Genf sein «Internationales Büro der Landerziehungsheime» (Bureau international des écoles nouvelles) gründete.

Die Landerziehungsheimbewegung wurde in diesem Kapitel nur so weit gewürdigt, als sie zur eigentlichen Kameradschaftspädagogik in Beziehung gesetzt werden kann. Dies werde ich in den folgenden abschließenden Betrachtungen zur Reformpädagogik noch ein wenig präzisieren. Da wird auch klarwerden, daß einem scheinbar ähnlichen Erziehungsexperiment, der «Freien Schulgemeinde Wickersdorf», ein anderer Platz zugewiesen werden muß, weil es innerlich der «Gemeinschaftsschule» nähersteht als dem Landerziehungsheim. Aber «Wickersdorf» wäre ohne das Vorbild der Lietz-Schulen nicht denkbar gewesen – was immer Gustav Wyneken, sein Gründer, dazu gesagt haben mag.[11]

5. Schulreform und Schulrevolution

In den letzten Kapiteln habe ich drei Aspekte der Erziehungsreform unseres Jahrhunderts behandelt, die ganz offensichtlich tiefgehende Veränderungen in den Beziehungen zwischen Lehrer und Schüler mit sich gebracht haben und die daher mit zur Herausbildung der Haltung des Lehrer-Kameraden beigetragen haben könnten. Es lassen sich ja Beziehungen historischer Abhängigkeit feststellen, und dann stimmt die Kameradschaftspädagogik der Gemeinschaftsschulen mit der Reformpädagogik in folgenden Punkten überein:

Die drei Reformbestrebungen, die ich besprochen habe, beruhen weitgehend auf der Anerkennung der Spontaneität des Kindes und der Gültigkeit vieler seiner Neigungen. Sie räumen ihm ein größeres Recht ein als die traditionelle Schule, sich seinen Anlagen gemäß zu verhalten.

Daher haben sie eine gewisse Befreiung des Kindes im Unterricht und in der Erziehung bewirkt. Die unilaterale Abhängigkeit des Schülers von seinem Lehrer ist von einer Beziehung der gegenseitigen Achtung und der Zusammenarbeit abgelöst worden.

Die persönliche Annäherung von Lehrer und Schüler, die für diese Reformen ebenfalls charakteristisch ist, ist eine unmittelbare Konsequenz der gegenseitigen Achtung und der Zusammenarbeit. Die neue Gestaltung

11 Auf die gleiche thematische Zielsetzung und Einschränkung ist es zurückzuführen, daß in diesem Buche der «Odenwaldschule» von Paul Geheeb kein besonderer Platz eingeräumt wird. In bezug auf die Lehrer-Schüler-Beziehung, der hier ja immer nachgegangen wird, ist die Odenwaldschule der Landerziehungsheimbewegung zuzuordnen, obwohl sie, im ganzen gesehen, einen durchaus eigenständigen, von den Lietz-Schulen deutlich zu unterscheidenden Charakter hat.

der Arbeit, der Disziplin und des Gemeinschaftslebens hat bewirkt, daß das Einvernehmen von Lehrer und Schüler und ihre gegenseitigen Bindungen an die Stelle der früheren Absonderung und Gegnerschaft getreten sind.

Wenn man die Dinge nur nach ihrer äußeren Form beurteilen würde, wären dies wohl schon die Faktoren, die einen neuen pädagogischen Stil angebahnt haben könnten, dessen extremste Verwirklichung die des Lehrer-Kameraden gewesen ist. Eine nähere Untersuchung muß aber erst noch zeigen, ob es sich hier wirklich um mehr handelt als um eine Ähnlichkeit, also um eine mehr oder weniger vollständige Übereinstimmung. Läge eine totale Übereinstimmung vor, dann müßte man fragen, ob es eigentlich nötig war, bei der Suche nach typischen Vertretern des Lehrer-Kameraden so weit zu gehen und für ihn so extreme Beispiele anzuführen wie die aus den Hamburger Gemeinschaftsschulen. Hätte es dann nicht genügt, eine beliebige Schule zu untersuchen, in der die Grundsätze der Arbeitsschule angewandt werden und wo eine Schülerselbstverwaltung besteht, oder auch ein Landerziehungsheim, das von Lietz' Ideen geprägt ist? Meine Untersuchungen, die zunächst von der Hypothese der Übereinstimmung ausgingen, haben zu dem Ergebnis geführt, daß diese Vermutung falsch war: In diesen Schulen und Instituten habe ich das typische kameradschaftliche Verhältnis zwischen Lehrern und Schülern kaum angetroffen. Ich glaube nicht, daß es sich dabei nur um einen zufälligen und graduellen Unterschied handelt, der aus der Individualität der betreffenden Lehrer zu erklären wäre.

Der Unterschied zwischen dem Lehrer-Schüler-Verhältnis der Reformpädagogen und der Kameradschaft in den Hamburger Versuchsschulen ist nicht oberflächlich, sondern wesentlich. Er beruht auf den *Grundsätzen*, von denen die Reformen ausgehen. Die drei pädagogischen Bestrebungen, die ich besprochen habe, haben für die Beziehungen zwischen Lehrern und Schülern gemeinsam einer breiten *Reform* den Weg bereitet. Der Lehrer-Kamerad dagegen ist nicht das Ergebnis einer *Evolution*, sondern einer wirklichen *Revolution*.

Um diese These in aller Kürze zu erläutern, komme ich noch einmal auf die besprochenen Reformbestrebungen zurück und vermerke in großen Zügen, worin sie sich von der Freiheitspädagogik unterscheiden, die im Lehrer-Kameraden gipfelt.

Ich habe betont, daß die «Arbeitsschule» immer bestrebt war, die Spontaneität des Kindes zu berücksichtigen. Aber bei keiner der «aktiven» Unterrichtsmethoden ist die Rede davon, den Kindern allein die Initiative in der Arbeit zu überlassen und ebensowenig die Wahl eines Stoffes oder der Methode, mit der er behandelt werden soll. Jede dieser Unterrichtsformen liefert dem Kind einen Rahmen – eben die «Methode» –, durch den seine Aktivität und seine Initiativen in bestimmte Richtungen gewiesen werden. Die Spontaneität des Kindes wird also von vornherein beeinflußt und gelenkt.

Trotz aller Freiheit, die die Kinder in der Arbeitsschule genießen, kann auch nicht die Rede davon sein, daß ihnen die Zügel völlig locker gelassen werden. Der Lehrer und Erzieher gewährt Freiheit im Rahmen des Möglichen, aber er ist sich immer dessen bewußt, daß die letzte Verantwortung bei ihm verbleibt. Er scheut sich daher nicht, die Rechte anzuwenden, die seine Verantwortung ihm auferlegt, nämlich Anordnungen und Verbote zu erlassen. Er darf nicht auf jeden Druck verzichten, um eine angefangene Arbeit zum guten Ende zu bringen, oder sich scheuen, vom Kind eine Anstrengung zu erbitten oder auch zu fordern, zu der es vielleicht im Augenblick keine Lust hat. Im übrigen hieße es zu weit gehen, wollte man behaupten, daß der Lehrer der Arbeitsschule sich mit dem Schüler auf gleicher Ebene befindet. Das Element, auf das es ankommt, die Überlegenheit oder auch die Autorität – wohlgemerkt, eine Autorität neuer Art, auf die ich noch zurückkomme –, bleibt erhalten. Man kann den Lehrer der Arbeitsschule mit einem Laborchef vergleichen – aber eben: einem *Chef* – oder mit einem Werkmeister – aber eben: einem *Meister*. Übrigens haben die radikalen Hamburger diese Unterschiede durchaus gespürt. Sie haben stets großen Wert darauf gelegt, die Demarkationslinie zwischen ihrem Versuch und der Arbeitsschulbewegung zu ziehen. So zum Beispiel Friedrich Schlünz,[1] der der bisherigen Schulreform die «wesentliche Haltung» abstreitet, und auch noch Wilhelm Paulsen, der feststellt: «Die Arbeitsschule bedeutete einen wohltuenden Methodenwechsel, aber sie leitete keinen Gesinnungswechsel ein.»[2]

Nur ungern habe ich dort, wo von «self-government», «Schülerselbstregierung» oder «-verwaltung» die Rede war, gelegentlich von «Autonomie» gesprochen. Denn in allen wichtigen Versuchen zur Schülerselbstverwaltung ist die Autonomie der Schüler in mehr als einer Hinsicht doch erheblich begrenzt, schon rein quantitativ. Die Kompetenzen der Schüler bleiben meistens auf ganz bestimmte Gebiete des Schullebens beschränkt, vor allem auf den Ordnungsdienst. Auf anderen Gebieten hat die Zuständigkeit der Schüler nur eine begrenzte Reichweite. Die Strafgewalt der «Regierung» und des «Tribunals» gilt im allgemeinen nur für unbedeutende Vergehen. Für schwerere Fälle bleiben natürlich weiter die Lehrer zuständig. Es gibt auch qualitative Einschränkungen, die vielleicht weniger auffallen, aber ebenso wichtig sind. Die Abstimmungen und Entscheidungen der Schüler spielen sich ja in einem Rahmen und nach Regeln ab, die der Lehrer selbst vorbereitet hat oder an deren Erarbeitung er zum mindesten einen starken Anteil gehabt hat, so daß man sagen kann, diese Entscheidungen sind bis zu einem gewissen Grade vorausbedacht. Zu diesem

1 Friedrich Schlünz, ‹*Von der wesentlichen Haltung – Wider die Schulreform*›.

2 Wilhelm Paulsen, ‹*Die Überwindung der Schule*›, S. 18.

Einfluß «ante rem» kommt noch ein individueller Einfluß «in rem» hinzu, den der Lehrer sich vorbehält und der erheblich ist: Er bleibt, wenn das Ordnungssystem erst einmal im Gange ist, in enger Fühlung mit den Vertrauensleuten und den Abgeordneten, und in bezug auf die Entscheidungen der «Gouverneure» und «Richter» ist er die letzte Berufungsinstanz. Und endlich bleibt das Vetorecht, das der Lehrer sich in allen bekanntgewordenen Selbstverwaltungssatzungen vorbehalten hat, ein letzter Einfluß «post rem», der manchmal entscheidend sein kann – und der aus dem neuen Regime eher eine konstitutionelle Monarchie als eine Republik macht. Valentin Trotzendorf (s. S. 68) nannte sich selbst «dictator perpetuus» seiner «res publica scholastica», und im Grunde unterscheidet er sich damit kaum von seinen Nachfolgern. Und Karl Wilker (s. S. 75), der in einzelnen Fällen so weit gegangen ist, sich mit seinen Zöglingen zu duzen, und der noch heute, 1936, mehrere seiner ehemaligen Schüler zu seinen Freunden zählt, hat bekannt, daß die enge persönliche Beziehung niemals dazu führte, jeden Unterschied zwischen ihm und seinen Schülern aufzuheben, daß es immer eine Distanz gab, die zu spüren war und die von beiden Seiten respektiert wurde. Warum sollte es dort, wo die Gleichberechtigung und die Vertraulichkeit nicht in dem Maße entwickelt waren wie bei Wilker, anders gewesen sein? Die Ansichten, die die Lehrer der Gemeinschaftsschulen selbst ausgesprochen haben, können nur bestätigen, daß zwischen dem Lehrer im System der Schülerselbstverwaltung und dem Lehrer-Kameraden ein Unterschied besteht. Ich habe betont, daß es die klassische Form der Schülerselbstverwaltung in den Gemeinschaftsschulen überhaupt nicht gegeben hat. Die Hamburger haben von dieser Einrichtung sogar oft mit einer gewissen Verachtung gesprochen. Als Beispiel dafür zitiere ich eine Äußerung von Adolf Röhl, einem Lehrer der Wendeschule: «Es ist ein Unsinn, eine Schulklasse als einen kleinen Staat anzusehen, der nach demokratischen Prinzipien sich aufbaut. Was sollen ‹Schüler-Gerichte›? Sie bauen zwischen den Kindern Wände, anstatt sie niederzureißen. (...) Wenn meine Jungen und Mädel durch Abstimmung eine Entscheidung treffen wollen, so weiß ich, daß da noch etwas faul ist.»[3]

Es ist leicht nachzuweisen, daß diese Vorbehalte auch auf die «Landerziehungsheime» anzuwenden sind. Vor allem ist festzustellen, daß das Gemeinschaftsleben, dem man mit Recht in den Landerziehungsheimen eine so große Bedeutung beimaß, nur in sehr geringem Maße an die Spontaneität der Kinder appelliert hat. Das zeigt schon die Trennung der Altersstufen in den Lietz-Schulen. Die Unterstufe war in Ilsenburg, die Mittelstufe in Haubinda und die Oberstufe in Bieberstein. Der pädagogische Wert dieser Aufteilung kann hier nicht erörtert werden;[4] für das Thema

3 In: *Hamburger Lehrerzeitung* 1922, S. 116.

4 Vgl. die gegensätzlichen Beurteilungen von F. Grunder, ‹*Landerziehungs-*

dieses Buchs ist nur interessant, zu welchem Zweck diese Aufteilung vorgenommen war. Hält man sich an das, was Lietz selbst darüber gesagt hat, war sie nicht etwa aus Rücksicht auf natürliche Gemeinschaftsbedürfnisse der Kinder erfolgt. Jedermann weiß, daß es Kindern nicht genügt, ausschließlich mit Gleichaltrigen zusammen zu sein; sie wünschen sich auch Umgang mit älteren und jüngeren Kindern. Man muß aber geradezu sagen, daß Lietz diesem Bedürfnis entgegenwirken wollte. Er beurteilt das Problem ausschließlich aus der Sicht der Erwachsenen. Wenn alle Schüler am selben Ort zusammenleben, so argumentiert er, so ergeben sich daraus Nachteile, genauso wie oft in Familien mit Kindern verschiedenen Alters. Die Kleinen versuchen, dem Beispiel der Größeren zu folgen, was ihnen aber nicht immer gut tut. Und die älteren Schüler glauben, sie müßten sich an der Erziehung ihrer jüngeren Mitschüler beteiligen, machen dabei aber natürlich Fehler, weil es ihnen an Erfahrung und Verständnis fehlt.[5]

In den gleichen Zusammenhang gehört es, daß sich der in ein Landerziehungsheim eintretende Schüler die «Familie», in die er aufgenommen werden sollte, nicht allein auswählen konnte. Er hatte nicht darüber zu entscheiden, mit welchen Mitschülern und mit welchem Erzieher er aufs engste zusammenleben würde. Noch deutlicher ist dies: An der «Kapelle», der täglichen Stunde der Erbauung, deren Hauptziel es war, die Heimschüler fühlen zu lassen, daß es zwischen ihnen ein geistiges Band gab und daß sie auch im geistigen Bereich eine Gemeinschaft waren, *mußte* jeder Schüler teilnehmen. Man kann aber wohl bezweifeln, ob eine Veranstaltung ein so hohes Ziel erreichen kann, wenn sie nicht ganz und gar auf freiwilliger Teilnahme beruht. Und schließlich haben wir gesehen, daß die in den Landerziehungsheimen zugelassene Selbstverwaltung den Schülern nur geringe Rechte einräumte. Deshalb müssen die Vorbehalte, die ich gegen eine zu starke Annäherung von «self-government» und Kameradschaftspädagogik anbrachte, für das Disziplinarsystem an den Lietz-Schulen besonders stark ins Gewicht fallen.

Lietz sagt selbst, daß die Erziehung in seinen Schulen trotz der Freiheit, die sie gewährt, und trotz der Herzlichkeit und Vertraulichkeit der erzieherischen Haltung keine demokratische Erziehung sein will. Sie ist an einem aristokratischen Ideal orientiert. In einer Pädagogik dieser Art herrscht der Lehrer nicht mit uneingeschränkter Autorität. Er zeigt das Verständnis, das Vertrauen, die Herzlichkeit und die Wärme eines Freundes; aber er will sich mit seinen Schülern doch nicht ganz auf die gleiche Stufe stellen, und nie wird er ihr Kamerad sein. Eher könnte man, wie dies übrigens auch geschehen ist, das Verhältnis, das Lehrer und Schüler in dieser aristokratischen Erziehung miteinander verbindet, ein patriarchalisches Ver-

heime und freie Schulgemeinden›, S. 64, und F. Karsen, ‹*Deutsche Versuchsschulen der Gegenwart und ihre Probleme*›, S. 66.

5 Hermann Lietz, ‹*Die ersten drei Deutschen Landerziehungsheime*›, S. 50.

hältnis nennen. Darum haben die Hamburger Lehrer, die sich für die Landerziehungsheimbewegung sehr interessiert haben und die auch von ihr beeinflußt worden sind, gemeint, im Bereiche der deutschen Internatsschulen sei das eigentlich pädagogisch Neue nicht von Hermann Lietz gewagt worden, sondern von Gustav Wyneken, einem ehemaligen Mitarbeiter von Hermann Lietz, dem Gründer der Freien Schulgemeinde Wikkersdorf, dem Manne, der Lietz oft vorgeworfen hat, er sei «alte Schule»[6].

Die Schulreformbewegung, aus der ich hier drei besonders charakteristische Strömungen untersucht habe, hat also ganz offensichtlich nicht zu der völligen Kameradschaft in der Erziehung geführt, wenn sie ihr auch nahe gekommen ist und es zwischen der «freiheitlichen» Pädagogik der Schulreform und der eigentlichen «Freiheitspädagogik» manche Berührungspunkte gibt. Die drei Strömungen, über die ich berichtete, haben trotz tiefgreifender Veränderungen im Prinzip das traditionelle Gefälle aufrechterhalten, das durch die Überlegenheit und die leitende Rolle des Lehrers und durch eine gewisse Distanz zwischen ihm und seinen Schülern bestimmt ist. Die Distanz wird hier nicht aufgehoben, aber doch verringert, oder sie wird vielmehr im Sinne einer Vergeistigung verändert. Hier wird nicht mehr von einer reinen Machtposition aus gesteuert. Aber an Autorität, die vom Schüler anerkannt wird, hält man fest, an einer Autorität, deren Erfolg, so widersinnig dies auch klingen mag, auf der Freiheit beruht, die sie gewährt.

Was ist eigentlich der tiefere Grund für den «Konservativismus» (so paradox möchte ich es formulieren) dieser Reformen? Es ist einfach die Tatsache, daß es sich um *Methoden* der Erziehung handelt. Wenn Kerschensteiner sagt: «Der Sinn der Arbeitsschule ist, mit einem Minimum von Wissensstoff ein Maximum von Fertigkeiten, Fähigkeiten und Arbeitsfreude im Dienste staatsbürgerlicher Gesinnung auszulösen»[7], oder wenn Ferrière seinem Buch über die «Selbstregierung» der Schüler den Untertitel gibt: «Die Kunst, Bürger für die Nation und für die Menschheit zu bilden», dann bezeichnen beide das Ziel dieser Reformen und den Geist, in dem sie entworfen sind. Diese Erziehungsmethoden haben ihr Ziel nicht in sich selbst, sondern sie sind *Mittel*, um den Schüler in einem bestimmten Sinne und in Richtung auf ein Ziel zu leiten, das der Erziehung ihren Weg weist. Hier ist der entscheidende Gegensatz zwischen dieser Pädagogik und der Freiheitspädagogik, der Pädagogik des Lehrer-Kameraden. Diese Reformbewegungen haben den Begriff «Erziehung» bewahrt, in dem Sinne, in dem dieser Ausdruck ein aktives Verfahren eines auf das Kind gerichteten Einflusses bezeichnet. Wie wir wissen, haben die

6 Vgl. Gustav Wyneken, ‹*Die deutschen Landerziehungsheime*›, in: *Die freie Schulgemeinde I*, Juli 1911, S. 97.
7 ‹*Begriff der Arbeitsschule*›, S. 65.

Hamburger Pädagogen bestritten, daß es berechtigt ist, den Ausdruck «Erziehung» so aufzufassen. Für sie war Erziehung nicht mehr eine *Methode*, sondern das *Leben* selbst, nicht mehr ein gezielter Einwirkungsprozeß, sondern Anerkennung des freien menschlichen Wachstums. Und wir wissen ja auch, daß sie den Begriff eines «Ziels» in der Pädagogik abgeschafft haben und daß sie statt dessen das Kind als die einzige Determinante angesehen haben. «Vom Kinde aus», diese Forderung, die nicht als methodischer Kunstgriff angewandt wird, sondern als eine Orientierung, die die eigentlichen Grundlagen der pädagogischen Haltung beeinflußt, ist es, die der Freiheitspädagogik ihren *revolutionären* und – im Vergleich mit den reformerischen Bestrebungen – einen radikal neuen Charakter verleiht. Es bedarf also keiner langen Erörterung, daß die Pädagogik der Kameradschaft, wie ich sie im ersten Kapitel dieses Buchs geschildert habe, nur im Rahmen dieser kopernikanischen Revolution möglich war, die sich in der Pädagogik vollzogen hatte.

Der Arbeitsunterricht, die Schülerselbstverwaltung und die Art der Erziehung in den Landerziehungsheimen sind *Methoden* geblieben, und sie haben an dieser Revolution nicht teilgenommen. Darum könnte der unleugbare Einfluß, den sie auf die Entwicklung der Beziehungen zwischen Lehrern und Schülern ausgeübt haben, nicht dafür ausreichen, die Entstehung eines solchen Lehrer-Schüler-Verhältnisses zu erklären, wie es an den Hamburger Gemeinschaftsschulen geherrscht hat. Die Ursprünge der revolutionären Pädagogik müssen daher an anderen Stellen gesucht werden. Ich will versuchen, ihre bewegte Geschichte aufzudekken.

B Schulrevolution

6. Die Grundpostulate der Freiheitspädagogik im Werke Rousseaus

Die pädagogische Revolution, die sich von allen Schul- und Erziehungsreformen unterscheidet, beruht zweifellos auf der Erziehungsdoktrin, mit der Jean-Jacques Rousseau die bis dahin allgemein anerkannten Ansichten seiner Zeit erschüttert hat. Im gleichen Sinne charakterisiert auch Édouard Claparède das Werk Rousseaus: «Das Erziehungssystem, das sich nur um das Kind dreht, und zwar nicht mehr um das Kind, das wohl oder übel auf das Prokrustesbett des Systems gelegt wird: das ist die große Idee, die Rousseau zum Kopernikus der Pädagogik macht!»[1]

1 Edouard Claparède, ‹*J.-J. Rousseau et la conception fonctionelle de l'enfan-*

Man hat die Freiheitspädagogik unseres Jahrhunderts als «Neu-Rousseauismus» bezeichnet – mit Recht, wie ich meine. Die Theorie und vor allem das Werk der Hamburger Pädagogen sind wirklich von den Lehrsätzen durchdrungen, die Rousseau vor mehr als hundertfünfzig Jahren formuliert hat.

Drei Ideenkreise sind es, durch die Rousseau diese Revolution ausgelöst hat und mit denen er zum geistigen Vater der «antiautoritären» Pädagogik geworden ist.

Allem voran steht Rousseaus Idee von der ursprünglichen Güte der menschlichen Natur, die die Grundvoraussetzung der ganzen Freiheitspädagogik ist. Diesen Gedanken, einen Sonderaspekt seines Glaubens an die Güte der Natur überhaupt, hat er vor allem in seinem philosophischen Werk entwickelt, besonders in seinem ‹*Discours*› von 1754. Aber er ist auch die Grundlage seiner Erziehungskonzeption. So wird der Satz, mit dem ‹*Émile*› beginnt, zum Motto des ganzen Buches:

«Alles, was aus den Händen des Schöpfers kommt, ist gut; alles entartet unter den Händen des Menschen.»[2]

Später sagt Rousseau in ‹*Émile*›:

«Setzen wir als unbestreitbare Maxime fest, daß die ersten Regungen der Natur immer richtig sind; es gibt keine ursprüngliche Verdorbenheit im menschlichen Herzen. Es gibt dort nicht ein einziges Laster, von dem man nicht sagen könnte, wie und woher es dort eingedrungen ist.»[3]

Wir haben es hier mit einem anthropologischen Grundaxiom zu tun, das im Gewicht an die «erste klare und deutliche Wahrheit» erinnert, auf der einst Descartes seine ganze Philosophie aufgebaut hatte. Dies Axiom durchzieht den ganzen ‹*Émile*›.

Das zweite Axiom, das Rousseau zum Urheber einer pädagogischen Revolution macht, geht aus seiner neuen Auffassung von Wesen und Bestimmung der Kindheit hervor – einer seiner verdienstlichsten Einsichten. Claparède sagt dazu: «Die Kindheit ist bis zum ‹*Émile*› als ein vorübergehendes, in sich selbst unwichtiges Stadium angesehen worden, mit der Flugbahn vergleichbar, die der Pfeil auf seinem Weg vom Bogen zur Zielscheibe durchmißt.»[4]

Erst Rousseau hat die Kindheit zur Würde eines autonomen Lebensalters erhoben, das sein eigenes Recht, seinen eigenen Wert und seine eigene Bedeutung hat:

«Die Menschheit hat ihren Platz in der Ordnung der Dinge; die Kindheit hat den ihren in der Ordnung des menschlichen Lebens. So muß der

ce›, Aufsatz aus: *Revue de métaphysique et de morale*, Mai 1921, neu abgedruckt in: ‹*L'Education fonctionelle*›, S. 130.

2 Rousseau, ‹*Emile*›, S. 107.

3 A. a. O., S. 211.

4 Claparède, a. a. O., S. 97.

Mensch im Menschen, das Kind im Kinde betrachtet werden. Jedem seinen Platz zuweisen und ihn dort binden . . ., das ist alles, was wir zu seinem Wohl tun können.»[5]

Dies Axiom hat Rousseau zur Grundlage seiner praktischen Pädagogik gemacht, zu seinem methodischen Prinzip schlechthin:

«Behandelt euren Zögling seinem Alter gemäß. Die Kindheit hat ihre eigene Weise, zu sehen, zu denken und zu empfinden. Nichts ist unsinniger, als ihr die unsrige unterschieben zu wollen. Es wäre genauso unsinnig, wollte man verlangen, ein Kind solle mit zehn Jahren Urteilsfähigkeit besitzen, als fünf Fuß groß sein.»[6]

Die dritte Idee, mit der Rousseau jede herkömmliche Erziehungsauffassung nachhaltig erschüttert hat, ist die der «negativen Erziehung», eine Konsequenz der ersten beiden Lehrsätze. So umschreibt er dies Prinzip, nicht ohne den «gewöhnlichen Leser» um Verzeihung für das Paradoxe daran zu bitten:

«Ob ich es wage, hier die größte, wichtigste und nützlichste Regel jeder Erziehung darzulegen? Sie heißt: Zeit verlieren und nicht gewinnen. . . . Die erste Erziehung muß also rein negativ sein. Sie besteht keineswegs darin, Tugend und Wahrheit zu lehren, sondern darin, das Herz vor dem Laster und den Geist vor dem Irrtum zu bewahren.»[7]

Abweichend von der Auffassung anderer Rousseau-Interpreten, hat Claparède mit Recht die Ansicht vertreten, daß das Prinzip der negativen Erziehung in Rousseaus Werk nur eine untergeordnete Bedeutung hat und daß ihm immer die zentrale Idee des Buches gegenübersteht, nämlich die Tatsache, daß Émile ständig und überall von seinem Erzieher begleitet wird.[8] Aber wenn das Prinzip der negativen Erziehung für Rousseau selbst auch nicht das Grundprinzip seiner ganzen Pädagogik gewesen ist, haben seine Verehrer und Nacheiferer es doch dazu gemacht, und wenn man vom Einfluß Rousseaus auf die späteren revolutionären Pädagogen spricht, muß man immer vor allem diese negative Erziehung berücksichtigen. Ich werde mit ein paar Hinweisen, für die ich keinen Anspruch auf Vollzähligkeit erhebe, zeigen, daß die negative Erziehung in ihren praktischen Konsequenzen mehreren Lehrsätzen den Weg bahnt, die die Pädagogik des Lehrer-Kameraden sich zu eigen gemacht hat. Ich glaube nicht, daß man Rousseaus Gedanken dadurch entstellt. Er bringt sogar schon genau das Prinzip «Vom Kinde aus» zum Ausdruck, also jene Pädagogik, die es als ihr Verdienst betrachtet, der natürlichen Entwicklung und dem harmonischen Wachsen der Fähigkeiten des Kindes kein Hindernis in den Weg zu stellen, die Pädagogik, die der Natur nicht zuvorkommen will und den jun-

5 ‹*Emile*›, S. 186.
6 ‹*Emile*›, S. 207 f.
7 ‹*Emile*›, S. 212 f.
8 Claparède, a. a. O., S. 135.

gen Menschen seinen Weg selbst finden lassen möchte.

«Denkt in erster Linie daran, daß es selten an euch ist, ihm vorzuschlagen, was er lernen muß; an ihm ist es, es zu wünschen, es zu suchen und zu finden, und an euch, es in seine Reichweite zu bringen, diesen Wunsch auf geschickte Weise entstehen zu lassen und ihm die Mittel zu seiner Erfüllung zu verschaffen.»[9]

Im ersten Teil des Buches sahen wir, daß das charakteristischste Merkmal des Prinzips «Vom Kinde aus» seine Feindseligkeit gegen jedes Ziel ist, das von außen herangezogen wird. Man will kein anderes Programm und kein anderes Ziel anerkennen als das Kind selbst, das lebendige Kind, das man vor sich hat. Auch da ist Rousseau vorangegangen. Man weiß ja, wie leidenschaftlich er sich gegen die utilitaristische Auffassung der Erziehung in seiner Zeit gewandt hat. Er wollte nichts davon wissen, daß die Kindheit als Vorbereitung für das Erwachsenenleben zu gelten habe:

«Die Voraussicht! Die Voraussicht, die uns unablässig über uns selbst hinausführt und uns oft dahin bringt, wohin wir nie gelangen werden, sie ist die wirkliche Quelle all unseres Elends.»[10]

Darum soll seinem Émile dies Elend erspart bleiben.

«Leben ist der Beruf, den ich ihn lehren will. Aus meinen Händen entlassen, wird er – und ich gebe es zu – weder Beamter noch Soldat, noch Priester, er wird in erster Linie Mensch sein.»[11]

Die Parallelen zur modernen Freiheitspädagogik sollen nicht gehäuft werden; es ist jedoch noch darauf hinzuweisen, daß die negative Erziehung auch den beiden wichtigsten praktischen Prinzipien der Pädagogik des «Vom Kinde aus» den Weg bahnt, nämlich der Befreiung des Kindes und dem Zurücktreten des Erziehers von seinem Führungsanspruch. Die Freiheit, das «einzige Mittel», das man «noch nicht ausprobiert» hat, seit man sich «mit der Erziehung befaßt», ist das einzige, «das Erfolg verspricht», sagt Rousseau, und das ist wirklich einer der wichtigsten Grundsätze seiner negativen Erziehung. Diese Freiheit soll allerdings eine «kluggeregelte Freiheit» sein,[12] die nur von der Notwendigkeit begrenzt wird.

«Er soll diese Notwendigkeit in den Dingen sehen, niemals in der Laune der Menschen. Der Zügel, der ihn im Zaum hält, sei die Stärke und nicht die Autorität.»[13]

Wie verhält sich nun der Erzieher, der sorgfältig darauf bedacht ist, «das Kind einzig in der Abhängigkeit von Dingen» zu halten,[14] und der seine natürliche Entwicklung nicht stören darf? Diese Frage ist leicht zu

9 ‹*Emile*›, S. 380.
10 ‹*Emile*›, S. 192.
11 ‹*Emile*›, S. 116.
12 ‹*Emile*›, S. 210.
13 ‹*Emile*›, S. 208.
14 ‹*Emile*›, S. 197.

beantworten, wenn man sich der – oft allzu einfallsreich demonstrierten – Zurückhaltung erinnert, die Émiles Erzieher bei seiner Tätigkeit beweist. Es ist genau das erzieherische Zurücktreten, das wir vom modernen Lehrer-Kameraden kennen, ein Verhalten, das freilich bei den Hamburger Pädagogen noch über das Ziel hinausging, das Rousseau sich gesetzt hat, als er, genau wissend, wie delikat ihre Aufgabe ist, zu den Erziehern sagt:

«Ich predige euch eine schwere Kunst, ihr jungen Lehrer, nämlich beherrschen, ohne Vorschriften zu geben, und durch Nichtstun alles zu tun.»[15]

Aber trotz dieser frappanten Ähnlichkeiten, von denen leicht noch weitere angeführt werden könnten, müssen wir zugeben, daß Rousseau in seinem erdachten Erziehungsexperiment aus seinen eigenen Maximen selbst nicht die letzten Konsequenzen gezogen hat: Émiles Erzieher bleibt immer noch sein «Gouverneur», obgleich Rousseau von ihm an Stellen wie den folgenden Eigenschaften fordert und ihm ein Auftreten empfiehlt, das ihn kaum von dem Lehrer-Kameraden unterscheidet:

«Ganz gegen die allgemeinen Ansichten habe ich nur zu bemerken, daß der Erzieher eines Kindes jung sein muß, so jung, wie ein vernünftiger Mann nur sein kann. Am liebsten wäre es mir, er wäre selbst noch ein Kind, soweit dies möglich wäre, so daß er der Gefährte seines Zöglings werden und sein Vertrauen dadurch gewinnen könnte, daß er sein Vergnügen teilt.»[16]

Der Vergleich von Rousseaus Erziehungslehre mit der modernen Kameradschaftspädagogik braucht nicht weitergetrieben zu werden. Mir war nur daran gelegen, die drei fundamentalen Prinzipien nachzuweisen, mit denen Jean-Jacques Rousseau für die Freiheitspädagogik und für die Kameradschaft in der Erziehung die Basis geliefert hat.

7. Der Neu-Rousseauismus

Über hundert Jahre nach dem ‹*Émile*› sind Rousseaus Ideen wiederaufgenommen, neu formuliert und akzentuiert worden: von der schwedischen Pädagogin Ellen Key (1849–1926), einer genialen Frau mit ungestümem, kämpferischem Temperament, die das neue Jahrhundert nach so vielen Jahrhunderten voller pädagogischer Irrtümer endlich zu einem «Jahrhundert des Kindes» machen wollte. Ihr Buch[1], dessen Titel eines der am häufigsten benutzten Schlagworte geworden ist, wurde in alle wichtigen euro-

15 ‹*Emile*›, S. 264.
16 ‹*Emile*›, S. 135.
1 ‹*Das Jahrhundert des Kindes*›, schwedisch 1900, deutsche Übersetzung 1902.

päischen Sprachen übersetzt, und es hat in der pädagogischen Welt große Zustimmung gefunden. Es wurde besonders in Deutschland bekannt, wo Ellen Key in Ludwig Gurlitt einen begeisterten Anhänger gefunden hat.

Nach Ellen Key ist es das Ziel der Erziehung, starke Individualitäten zu formen – oder besser: sich entwickeln zu lassen –, die sich ihrer Eigenart und Autonomie bewußt sind, Persönlichkeiten, die sich nicht den überkommenen Ansichten und Traditionen unterordnen und nicht den Herdeninstinkten folgen, die das eigene Empfinden und das eigene Urteil schwächen und behindern.

Ellen Key sagt: «Die Zeit ruft nach ‹Persönlichkeiten›, aber sie wird vergebens rufen, bis wir die Kinder als Persönlichkeiten leben und lernen lassen; ihnen gestatten, einen eigenen Willen zu haben, ihre eigenen Gedanken zu denken, sich eigene Kenntnisse zu erarbeiten, sich eigene Urteile zu bilden; bis wir mit einem Worte aufhören, in den Schulen die Rohstoffe der Persönlichkeiten zu ersticken, denen wir dann vergebens im Leben zu begegnen hoffen.»[2]

Die Persönlichkeit sich zu ihren höchsten Möglichkeiten entfalten lassen, das ist nach Ellen Keys Ansicht der wichtigste, ja der einzige Dienst, den die Erziehung für die Menschheit zu leisten hat. Dieser Forderung, auf deren individualistischen Charakter ich noch zurückkomme, liegt, wie leicht zu erkennen ist, der Glaube an die schöpferische Kraft der Persönlichkeit zugrunde. Und dieser Glaube daran, daß die Individualität durch Entwicklung allein alles erreichen könne, was bisher die Erziehung ihr beibringen zu müssen glaubte, beruht seinerseits wieder auf dem Glauben an das ursprüngliche Gutsein der menschlichen Natur. Diese Rousseau-Jüngerin hat in der Tat ein grenzenloses Vertrauen zu den guten Anlagen des Menschen. Sie sieht wohl, daß es das Böse auch gibt – als Potenz, die aber nur dann gefährlich wird, wenn sie zur schrankenlosen Vorherrschaft gelangt, einer Vorherrschaft für die Ellen Keys Meinung nach oft die Irrtümer verantwortlich sind, die die Erziehung begangen hat.

Der Weg, den eine neue Erziehung einschlagen muß, ist ihr also ganz und gar vorgezeichnet. Er wird ihr von der «Natur» bestimmt, und der Pädagoge braucht nur auf sie zu hören und ihr zu folgen. Das freie Wachsenlassen ist also das einzige Gesetz der Erziehung. Daher sagt sie:

«Ruhig und langsam die Natur sich selbst helfen lassen und nur sehen, daß die umgebenden Verhältnisse die Arbeit der Natur unterstützen, das ist Erziehung.»[3]

Die Haltung, die der Erzieher einnehmen soll, läßt sich ebenso eindeutig beschreiben. Es ist vor allem eine Haltung der Achtung vor der Persönlichkeit des einzelnen Kindes und vor der Kindheit selbst, die im Keime alles das enthält, was man später als gut und schön bezeichnen wird. Mit leiden-

2 A. a. O., S. 249.
3 A. a. O., S. 110.

schaftlichem Eifer fordert Ellen Key diesen Respekt, wenn sie von der Einstellung der Eltern spricht, aber zugleich auch den Lehrer meint.

«Bevor nicht Vater und Mutter ihre Stirne vor der Hoheit des Kindes in den Staub beugen; bevor sie nicht einsehen, daß das Wort Kind nur ein anderer Ausdruck für den Begriff Majestät ist; bevor sie nicht fühlen, daß es die Zukunft ist, die in Gestalt des Kindes in ihren Armen schlummert, die Geschichte, die zu ihren Füßen spielt – werden sie auch nicht begreifen, daß sie ebensowenig die Macht oder das Recht haben, diesem neuen Wesen Gesetze vorzuschreiben, wie sie die Macht oder das Recht besitzen, sie den Bahnen der Sterne aufzuerlegen.»[4]

Was muß nun der Erzieher vor allem tun? Wie soll er sich dem Kinde nähern? Worauf hat er besonders zu achten? Die Antwort ist überraschend, aber sie ist ernst gemeint: Vor allem soll er das Kind in Ruhe lassen! «Das Kind nicht in Frieden zu lassen, das ist das größte Verbrechen der gegenwärtigen Erziehung gegen das Kind.»[5]

Die praktische Konsequenz aus dieser vernichtenden Kritik an der bisherigen Erziehung kann nur die sein, dem Kind die größtmögliche Freiheit zu gewähren. Man muß dem Kind Freiheit im Lernen lassen, sagt Ellen Key, und man soll diese Freiheit auch nicht einschränken, wenn man sich um seine Erziehung bemüht. Die einzige Grenze, die das Kind zu wahren hat, ist also das Recht und die Freiheit der anderen. Es ist leicht zu erkennen, daß diese «natürliche Erziehung» einer Aktivität des Erziehers im eigentlichen Sinne des Wortes nur wenig Raum bietet; im Gegenteil, sie verlangt den beinahe vollständigen Verzicht auf jeden direkten Einfluß des Erziehers. Was sie vom Lehrer verlangt, ist vielmehr, daß er seine Anstrengungen auf sein eigenes Verhalten konzentriert, damit er durch sein persönliches Beispiel erzieherisch wirksam werden kann. Das ist sozusagen die einzige Möglichkeit, die er hat, auf das Kind Einfluß auszuüben.

«Neunmal von zehn vor den Fehlern der Kinder ein Auge zuzudrücken, sich vor unmittelbaren Eingriffen, die meistens Fehlgriffe sind, zu hüten, aber anstatt dessen seine ganze Wachsamkeit auf die Bildung der Umgebung richten, in der das Kind heranwächst, und auf die Erziehung, die man sich selbst angedeihen läßt – das ist die Kunst der natürlichen Erziehung.»[6]

Rousseaus Revolution genügt Ellen Key also nicht; sie geht immer wieder über seine Forderungen hinaus. Einige Stellen ihres Buchs, an denen sie von der Schule spricht und wo sie versucht, das Bild des neuen Lehrers zu entwerfen, zeigen, daß sie sich ihn in einer Haltung vorstellt, die viel Ähnlichkeit mit der des späteren Lehrer-Kameraden hat. Aber was Ellen Key schreibt, bleibt Theorie. Sie hat nicht beschreiben können, wie in der

4 A. a. O., S. 181.
5 A. a. O., S. 113.
6 A. a. O., S. 116.

Praxis die Haltung sein würde, die auf den von ihr formulierten Postulaten beruhte. Ich zitiere einen Abschnitt, der gut zeigt, wie sehr diese freiheitliche Pädagogik den Prinzipien und der Praxis der Hamburger Lehrer-Kameraden ähnelt. So sieht Ellen Key den neuen Lehrer:

«Selbst wie das Kind zu werden, ist die erste Voraussetzung, um Kinder zu erziehen. Aber das schließt keine gespielte Kindlichkeit, kein herablassendes Plappern in sich, das das Kind sogleich durchschaut und tief verabscheut. Das bedeutet, sich von dem Kinde ebenso ganz und einfältig ergreifen zu lassen, wie dieses selbst vom Dasein ergriffen wird; das Kind wirklich wie seinesgleichen zu behandeln, d. h. dieselbe Zurückhaltung, dasselbe Feingefühl und Vertrauen zu zeigen, das man einem Erwachsenen zeigt. Das bedeutet, das Kind nicht dadurch zu beeinflussen, daß man fordert, was man selbst möchte, daß das Kind es sei, sondern es durch den Eindruck dessen zu beeinflussen, was man selbst ist. Das bedeutet, dem Kinde nicht mit List oder Gewalt zu begegnen, sondern mit seinem eigenen Ernst und seiner eigenen Ehrlichkeit.»[7]

In Deutschland wurde Ludwig Gurlitt (1855–1931) zum wichtigsten Wortführer der «natürlichen Erziehung» und des Rousseauismus.[8] Seine Kritik an der bisher gültigen Erziehungsauffassung, insbesondere der Schulpädagogik, ist noch ätzender als die von Ellen Key, und die Voraussetzungen, sich Gehör zu verschaffen, waren für ihn gegeben. Er war selbst Gymnasiallehrer, und zwar in Steglitz, dem Berliner Vorort, in dem der Student Karl Fischer 1896 den «Wandervogel» gründete, die erste Gruppe der großen Jugendbewegung,[9] die später die Hauptforderungen der neuen Pädagogik auf ihre Fahnen schrieb und der alten Schule schärfsten Kampf ansagte. Gurlitt wurde denn auch eines der ersten Mitglieder des «Eltern- und Freundesrats», der sich gebildet hatte, um den jungen «Wandervogel» zu unterstützen. Gurlitts pädagogische Polemik hat nach der Jahrhundertwende in der Öffentlichkeit einen solchen Widerhall gefunden, daß ich mich hier kurz mit diesem Pädagogen beschäftigen muß, auch wenn ich mich wegen der Beziehungen dieser Pädagogik zu dem bereits Berichteten hier und da wiederholen muß.

Gurlitt sagt: «Die ganze herrschende Schulpraxis ist ... hinfällig wie die Botanik, die aufgebaut war auf dem Linnéschen System.»[10]

Gleich am Anfang seiner ‹*Erziehungslehre*› verwirft er die alten Methoden, die noch immer von der Didaktik Herbarts ausgehen; er macht sich über sie lustig und vergleicht sie mit «riesigen Pumpanlagen, mit denen

7 A. a. O., S. 112.

8 Seine wichtigsten Arbeiten sind: ‹*Erziehung zur Mannhaftigkeit*›, 1906; ‹*Erziehungslehre*›, 1909.

9 Siehe 10. Kapitel.

10 Ludwig Gurlitt, ‹*Erziehungslehre*›, S. 38.

man das Wasser aus der Tiefe emporheben will, während es doch viel bequemer wäre, die von selbst fließenden Bächlein und Rinnsale wachsen und zum Strom anschwellen zu lassen»[11]. Er schürft noch tiefer und macht dem «Aberglauben» den Prozeß, von dem seiner Ansicht nach die Erziehung ausgeht, nämlich der Auffassung, daß die Jugend als eine Zeit der Vorbereitung auf das Erwachsenen-Leben angesehen werden muß. Er sagt mit aller Schärfe: «Es ist nicht wahr, daß die Jugend eine Vorbereitung auf das Mannes- und Frauenalter sei. Das Leben ist stets auf der Höhe.»[12]

Aber das eigentliche Übel der herkömmlichen Erziehung, auf das Gurlitt seine Angriffe richtet, ist ihre Unfähigkeit, sich der freien Entfaltung der Kräfte anzupassen, die im Individuum schlummern und die, so versichert er, dafür genügen, die Persönlichkeit aufzubauen. Es ist vor allem die Schule, die sich mit dem abscheulichen Zwang, den sie ausübt, und mit dem autoritären Druck, der das Individuum an der freien Entwicklung seiner natürlichen Anlagen hindert, in allen Bereichen des kindlichen Lebens versündigt. In den autoritären Ansprüchen der Schule sieht Gurlitt das Grundübel, das die Beziehungen zwischen den Lehrern und ihren Schülern vergiftet hat und das zwischen den beiden die einzige Beziehung unmöglich gemacht hat, die fruchtbar sein könnte, nämlich die Beziehung, die auf Vertrauen und Freundschaft beruht.

Daher überschüttet Gurlitt die Lehrer mit Tadel, ja mit Verachtung und Feindschaft. Er schreibt: «Die große Entdeckung unserer Tage ist die Entdeckung des Kindes. Das Kind vor den Schulmeistern zu retten, ist jetzt die dringlichste und verdienstlichste Tat.»[13]

Die Schule, so sagt er weiter, hat von jeher die elementarsten Rechte des Kindes verletzt. Jetzt wird es Zeit, daß sie ihm das Recht gibt, sich frei zu äußern, sich aufzulehnen und sich gegen die Ungerechtigkeiten zu wehren, denen es immer wieder ausgesetzt ist. Sie muß ihm seine Freiheit zurückgeben, die volle unbedingte Freiheit auf allen Gebieten. – Freiheit, das ist auch für Gurlitt wieder *die* Parole einer neuen Erziehung. Der Natur des Kindes ist freie Bahn zu lassen. Gurlitt ist davon überzeugt, daß das alles ist, was die Natur braucht; ihre Entwicklung bedarf keiner didaktischen und erzieherischen Kunstgriffe. Wie die Natur im ganzen, so enthält auch die Natur des Kindes alles, was zum Dasein nötig ist. Warum, so fragt Gurlitt, hat die Pädagogik nach so vielen Jahrhunderten nicht mehr von der Natur gelernt?

«Man hält der Rose keine Vorträge darüber, daß sie zu blühen hat, sie tut es aus eigener Kraft. Man braucht auch dem Kinde nicht zu sagen, daß es religiös empfinden müsse, braucht ihm für seine religiösen Bedürfnisse keinen Lehrplan auszuarbeiten. Man braucht ihm auch keinen methodi-

11 A. a. O., S. 39.
12 A. a. O., S. 250.
13 A. a. O., S. 46.

schen Zeichenunterricht zu geben, es nicht nach fein ausgesonnenem System sprechen und sehen zu lehren. Alles das wächst von selbst und wächst von selbst besser, als wenn man es mit künstlichen Mitteln hervorbringen will.»[14]

«Dem Menschen wächst der Verstand ebenso wie ihm die Haare wachsen, und er bekommt Gedanken und Sprache ebenso, wie er Zähne bekommt.»[15]

Auch im Bereich der eigentlichen Erziehung läßt Gurlitt sich von seinem fanatischen Glauben an das Gutsein des Ursprünglichen leiten. Gewiß muß, das gibt er zu, der sittliche Wille geschult werden. Aber man braucht sich darum keineswegs gegen die Natur des Kindes und gegen seine Neigungen zu richten, denn diese Natur ist gut.

«Wir wollen also die Natur nicht anklagen, wo wir uns selbst anklagen müssen. Was nur immer – das ist und bleibt unsere Überzeugung – die Natur dem Menschen an Trieben eingepflanzt hat, das braucht der Mensch, um leben und wirken zu können. Wir haben nur die Aufgabe, unsere Vernunft, die auch ein Stück Natur ist, zur Leiterin unseres Lebens zu machen.»[16]

Die Erziehung, für die Gurlitt eintritt, ist also jene «natürliche Erziehung», die nicht will, daß man zwischen der Erziehung und dem Leben selbst unterscheidet. Der Einfluß des Erziehers sieht sich daher auf die einzige Form reduziert, die ihm gestattet, wirksam zu sein, ohne der Persönlichkeit des Kindes etwas Fremdes aufzuzwingen, nämlich auf die Form des *Vorbilds*. Gurlitt hat noch deutlicher als seine Vorläufer das ausgesprochen, was der ganzen Freiheitspädagogik vorgreift: In der «natürlichen Erziehung» ist für die eigentliche Erziehung kein Platz mehr! «Man kann das Wort ‹Erziehung› streichen und dafür das Wort ‹Vorbild› einsetzen.»[17]

So lapidar spricht Gurlitt die letzte Konsequenz der Freiheitspädagogik aus.

Damit glaube ich, die wichtigsten Ursprünge der revolutionären Pädagogik angeführt zu haben, deren Grundprinzipien im Programm der Hamburger Pädagogen enthalten sind. Die Analogien zwischen Rousseau und seinen Anhängern einerseits und der Pädagogik der Hamburger Gemeinschaftsschulen anderseits sind so evident, daß ich sie nicht im einzelnen aufzuzählen brauche.

Aber es gibt einen Aspekt, der die Ähnlichkeit der zitierten Theoretiker mit den Hamburger Praktikern einschränkt. Es ist der pädagogische Indi-

14 A. a. O., S. 46.
15 A. a. O., S. 67.
16 A. a. O., S. 86.
17 A. a. O., S. 92.

vidualismus, den man in den Ideen Rousseaus und denen der Verkünder der Freiheitspädagogik antrifft. Was sich in Rousseaus fiktiver Praxis schon rein äußerlich zeigt – die Absonderung Émiles und seines Erziehers auf dem Lande –, ist von seinen Nachfolgern so präzise formuliert worden, daß bei ihnen für einen Zweifel kein Raum bleibt: Wir haben es hier mit Vertretern des Individualismus zu tun.

Man kann sich nun fragen, ob nicht jede Freiheitspädagogik zum Individualismus führen muß. Wenn die Erziehung der Freiheit des Individuums keine andere Grenze setzt als das «Recht» der anderen, muß sie dann nicht unweigerlich zur übertriebenen Betonung des Individuums oder wenigstens der Individuen führen und somit zu einer individualistischen Erziehung werden?

Dieser naheliegenden Schlußfolgerung für alle Freiheitspädagogik steht jedoch die Praxis der Hamburger Gemeinschaftsschulen entschieden entgegen. Wenn man bedenkt, welch große Bedeutung die Lehrer dieser Schulen der Gemeinschaftsidee beigemessen haben, muß doch in dieser wesentlichen Hinsicht ein Gegensatz zu den Pädagogen festgestellt werden, die ich als Vorläufer der Hamburger Lehrer-Kameraden bezeichnet habe. Die Frage, ob es den Gemeinschaftsschulen gelungen ist, der Entwicklung zu entgehen, zu der jede Freiheitspädagogik zu führen scheint, ist hier noch nicht zu stellen. Vorläufig ist allein festzustellen, daß es bei den Lehrern am entschiedenen Willen dazu nicht gefehlt hat. Sie wollten zweifellos, daß ihre Schulen im Dienste der Erziehung zur Gemeinschaft stehen sollten. Hier ist wohl wieder deutlich der Einfluß zu erkennen, den doch auch die «Reformpädagogik» auf diese «Freiheitspädagogik» hatte – der Einfluß der Arbeitsschul-, der Selbstverwaltungs- und der Landerziehungsheimbewegung. Dort hat ja der Gedanke der Gemeinschaftserziehung eine große Bedeutung, und jene «Evolution» hat sich mit der «Revolution» der Freiheitspädagogik in einem wichtigen Zeitpunkt gekreuzt.

Aber es wird noch zu zeigen sein, daß innerhalb der Entwicklung der Freiheitspädagogik selbst Kräfte am Werk waren, die den Hamburgern das Anliegen der Sozialerziehung nahebrachten. Vor allem ist an Gustav Wyneken zu denken, dessen «Freier Schulgemeinde» eines der nächsten Kapitel gewidmet ist. Dort wird der Weg, den die Freiheitspädagogik vor den Hamburgern in Deutschland gegangen ist, am Beispiel einer Verwirklichung beleuchtet, von der uns vor allem die spezifisch erzieherische Seite beschäftigen soll. Zuvor jedoch ist, nachdem bis jetzt vor allem von den Postulaten der Freiheitspädagogik die Rede war, die bedeutendste Realisierung auf dem Gebiete des Unterrichts zu schildern.[18]

18 Da ich mich streng auf Beispiele beschränkt habe, die meiner Ansicht nach einen bedeutenden Einfluß auf die Hamburger ausgeübt haben, konnte ich hier nicht von einem großen Außenseiter sprechen, dessen Werk sonst bestimmt in

8. Berthold Ottos natürlicher Unterricht

In den Äußerungen der Lehrer an den Hamburger Gemeinschaftsschulen stößt man immer wieder auf den Namen eines Pädagogen, der ihnen besonders nahesteht.

Niemand hat vor ihnen die Pädagogik «Vom Kinde aus» im Bereich des Schulunterrichts so systematisch angewandt wie Berthold Otto (1859–1933)[1]. Otto hat eine neue Didaktik geschaffen, die er in seiner kleinen Schule, der «Hauslehrerschule» in Berlin-Lichterfelde, erprobte. Diese Schule gründete er 1906, und etwa von 1910 an erregte sie in den führenden Kreisen der Schulreformer in Deutschland und im Ausland eine ständig wachsende Aufmerksamkeit. Im Jahre 1913 waren schon mehr als 4000 Besucher in der kleinen Schule gewesen.[2] Trotz der ständigen

den Rahmen dieser Untersuchung hineingepaßt hätte. Wir wissen, daß Leo Tolstoj, ein glühender Bewunderer Rousseaus, sich zum mindesten in der ersten Hälfte seines Lebens zu freiheitlichen Ideen bekannt hat, die viel Ähnlichkeit mit denen Ellen Keys und Ludwig Gurlitts hatten. In seiner Schule in Jasnaja-Polnjana kannte man keinen Zwang, der von den Lehrern mit Hilfe disziplinarischer Maßnahmen ausgeübt wurde; der gesamte Unterricht wurde hier dem Interesse und der Spontaneität des Schülers angepaßt. Die Beziehungen zwischen Lehrern und Schülern waren vollkommen herzlich und frei. Das Ideal Tolstojs war, daß «sie in der Schule dieselben sein sollten wie beim Rodeln». – Vgl. die Untersuchung von Charles Baudouin, ‹*Tolstoï éducateur*›. – Texte in: Leo N. Tolstoj, ‹*Pädagogische Schriften*›, hg. von Raphael Löwenfels, 2 Bde. Daraus ein paar Proben:

«Ein gesundes Kind erfüllt bei seiner Geburt alle Forderungen einer absoluten Harmonie in bezug auf das Wahre, Schöne und Gute, die wir in uns tragen; es steht den unbeseelten Wesen noch nahe: den Pflanzen, den Tieren, der Natur, die für uns immerdar eine Darstellung des Guten, Wahren und Schönen ist, das wir suchen und herbeiwünschen. Zu allen Zeiten und bei allen Menschen erscheint das Kind als das Muster der Unschuld, Sündenlosigkeit, Güte, Wahrheit und Schönheit. Der Mensch wird vollkommen geboren – das ist ein großes Wort, das von Rousseau stammt, und dieses Wort wird fest und wahr bleiben wie ein Fels.» (1. Bd., S. 303)

«Es ist nicht möglich, ein Kind zu lehren und zu erziehen, aus dem einfachen Grunde, weil ein Kind dem Ideal der Harmonie, der Wahrheit, Schönheit und Güte näher steht, als ich, als ein jeder Erwachsene, der das Kind in seinem Hochmut erst bis zu diesem Ideal emporheben will. Das Bewußtsein des Ideals ist stärker in ihm, als in mir. Es braucht von mir nur das Material, um sich allseitig mit Harmonie zu erfüllen.» (1. Bd., S. 305)

«Die Erziehung verdirbt die Menschen, statt sie zu bessern. Je verdorbener ein Kind ist, um so weniger darf es erzogen werden, um so mehr Freiheit braucht es.» (ib.)

1 Seine wichtigsten Schriften sind: ‹*Der Lehrgang der Zukunftsschule*› (1901), ‹*Kindermundart*› (1908), ‹*Volksorganisches Denken*› (1917), ‹*Die Reformation der Schule*› (1912); vgl. auch seine Zeitschrift *Der Hauslehrer* (1901 ff.).

Schwierigkeiten mit den Behörden, die erst 1918 unter der demokratischen Regierung aufhörten, hat die Hauslehrerschule bis zum Tode ihres Gründers bestanden, und sie hat im Laufe der Jahre vielen Versuchen ähnlicher Art als Vorbild gedient. 1912 bildete sich ein Berthold-Otto-Verein, der Ortsgruppen in mehreren deutschen Städten hatte. Berthold-Otto-Schulen wurden in Magdeburg, Holbeck bei Luckenwalde, Limbach in Bayern, in Breslau und sogar in Budapest eröffnet. Aber die Ideen und die praktischen Neuerungen Ottos waren auch auf die Unterrichtsreformen von Einfluß, die in Deutschland, besonders seit 1918, an den öffentlichen Schulen vor sich gingen.

Das methodische Grundprinzip, von dem Berthold Otto bei seinen Reformen ausging, war, daß der Unterricht sich in jeder Beziehung streng nach der spontanen Entwicklung der Interessen und Fähigkeiten der Kinder richten muß.

Nach Ottos Ansicht trägt jedes Kind die Gesetze seines organischen Wachsens in sich. Otto sagt, in bezug auf den Körper sei dieser Grundsatz allgemein anerkannt, aber für den Geist und die Seele wolle man ihn nicht anerkennen. Den Körper läßt man wachsen, wie er will, man sorgt nur für seine gesunde Betätigung und behütet ihn vor schädlichen Einflüssen und Gefahren. Damit hat man die besten Erfahrungen gemacht. Aber was Geist und Seele angeht, so glaube man, sie würden sich zu scheußlichen Mißbildungen entwickeln, wenn man sie nicht gewaltsam in Formen einpreßt, die dem entsprechen, was der Mensch braucht. Diese Formen nennt man Lernprogramme, und der Geist, der sich in der Entwicklung befindet, muß sich ihnen jahrelang Tag für Tag anpassen, ohne daß man prüft, ob seine eigenen Lebenskräfte ihm gestatten, in der Richtung zu wachsen, die man ihm geben will, und man fragt sich nicht einmal, ob er die Kraft in sich hat, sich zu entwickeln.[3]

Von seiner Schule sagt Otto, sie habe nur das Ziel, die freie Entwicklung von Körper und Geist der Kinder zu garantieren.[4] Ihre erste Regel ist, unbedingt jede vorgeplante Beeinflussung der Kinder zu unterlassen. Das einzige Programm der Schule besteht darin, den Schüler vor den schädlichen Einflüssen zu bewahren, die ihn bisher daran gehindert haben, sich so zu entwickeln, wie es seinen eigenen geistigen Fähigkeiten entspricht.[5]

Die Verstandesbildung, so versichert Otto, hat diesen ganzen Apparat didaktischer Kunstgriffe, denen er den Prozeß gemacht hat, gar nicht

2 Diese Einzelheit und viele andere Mitteilungen über Otto entnehme ich der ausgezeichneten Schrift von Gertrud Ferber, ‹*Berthold Ottos pädagogisches Wollen und Wirken*›.

3 Vgl. *Der Hauslehrer*, 31. 1. 1921.

4 ‹*Volksorganisches Denken*› 41 und 42, S. 120.

5 ‹*Die Zukunftsschule II*›, S. 2.

nötig; das Kind hat eine natürliche Veranlagung, auf die der Unterricht sich nur «aufzupfropfen» braucht, nämlich den Trieb, der es veranlaßt, sich Kenntnisse anzueignen. Und Otto ist davon überzeugt, daß dieser Erkenntnistrieb völlig genügt, das Kind dazu zu veranlassen und anzureizen, sich alle Kenntnisse zu verschaffen, die es braucht. Denn: «Trägheit, Faulheit und Interessenlosigkeit sind nur die Grabdenkmäler über der von Erwachsenen gemordeten Erkenntnisfreude.»[6]

Der «natürliche Unterricht», der diese Tatsachen berücksichtigt, besteht daher ausschließlich darin, diesen natürlichen Trieb dadurch zu leiten, daß er ihm Genüge tut und ihm die geeignetsten Mittel und Wege zeigt, ans Ziel zu kommen. Die Methode dieses Unterrichts beruht also mehr auf psychologischer Beobachtung als auf logischer Überlegung.

Sind wir nun berechtigt, bei dem «natürlichen Unterricht», den Berthold Otto empfahl und selbst praktizierte, wirklich von einer «Methode» zu sprechen? Wenn der «Hauslehrer» (der dem Schullehrer als Vorbild dienen soll) sich die Methode des natürlichen Unterrichts aneignen will, braucht er nur zu beobachten, wie das Kind selbst sich seine erste Belehrung verschafft. Wie erlangt es denn eigentlich den beträchtlich großen Vorrat von Kenntnissen, über den es schon verfügt, wenn es zur Schule kommt? Das Kind *beobachtet*, und vor allem *fragt* es. Es stellt Fragen, die die Personen, die es umgeben, zu beantworten suchen, in erster Linie die Eltern, dann seine Spielkameraden. So informiert das Kind sich seinen Bedürfnissen und seinen Interessen gemäß. Weil die Natur den Weg bahnt, den der Hauslehrer verfolgen soll, braucht der erste Unterricht sich nicht mit Problemen der Methode und des Lernprogramms abzugeben. Er besteht nur darin, ganz einfach auf alle Fragen zu antworten, die Kinder während der Stunden stellen, die man ihnen dafür an jedem Tag einräumt. Das unbedingte Fragerecht der Kinder muß nach Berthold Otto der Angelpunkt jedes Schulunterrichts sein; es ist der natürliche Leitfaden der Verstandesbildung. Die Frage, die das Kind stellt, ist nicht ein Zeichen seiner Unwissenheit. Sie gibt nur einen Hinweis darauf, daß es zwischen vielen sicheren Kenntnissen eine Lücke gibt. Diese Lücke auszufüllen und den jungen Menschen dazu zu bringen, alle anderen Lücken zu erkennen und sie dem Lehrer zu zeigen, darauf kommt es in der «methodischen» Kunst an, die Berthold Otto für seinen natürlichen Unterricht als erforderlich ansieht.

Dies Prinzip führte ihn zu seiner Idee des «Gesamtunterrichts» (der Ausdruck stammt von ihm), einer der pädagogischen Neuerungen, die ganz besonders dazu beigetragen haben, seinen Namen in der pädagogischen Welt bekannt zu machen.

Die folgende Beschreibung des Gesamtunterrichts zitiere ich aus einem Vortrag, den Berthold Otto 1912 in Berlin gehalten hat.[7]

6 *‹Hauslehrerbestrebungen und Altersmundart›*, S. 45.

«Der Gesamtunterricht ist ja nun freilich in vielen Hinsichten das gerade Gegenteil von allem, was man bisher Unterricht genannt hat. Zunächst einmal geht die Initiative grundsätzlich vom Schüler aus. Der Schüler bestimmt, was behandelt werden soll, wie lange es behandelt werden soll und in welcher Reihenfolge die Sachen behandelt werden sollen. Es gibt grundsätzlich keine Beschränkung auf bestimmte Fächer. Die Welt steht als Gesamtheit vor uns, und wir suchen uns als Gesamtheit ihrer zu bemächtigen. Aber auch für die Art und Weise der Bemächtigung gibt es keinerlei Vorschriften. Es ist durchaus unangebracht, zu verlangen, daß etwa nach jeder Diskussion geprüft werde, ob etwas daraus ‹bleibender Besitz der Schüler› geworden sei. Das alles würde ein Eingriff in das natürliche Wachstum der Einzelgeister und des Gesamtgeistes sein.

Die äußere Form des Unterrichts, wie ich ihn handhabe, ist die: Die Schüler sitzen womöglich in einem Kreis angeordnet, wo jeder den anderen sehen kann. Der Lehrer oder die Lehrer, die teilnehmen, ebenso Zuhörer, fügen sich in den Kreis ein. Nur wenn viele Zuhörer da waren, dann habe ich für sie besondere Plätze anordnen müssen. Ich selbst bin Versammlungsleiter. Ich erkläre also, daß wir ‹in die Tagesordnung eintreten› und erbitte mir Meldungen zur Tagesordnung. Die Meldung erfolgt einfach so, daß der Schüler seinen Namen nennt oder sich, was bei uns die Regel ist, persönlich bemerkbar macht. Er hebt den Finger hoch und ruft: ‹Ich melde mich zum Thema›, oder ‹Ich hab ein Thema›. Er sagt sein Thema zunächst nicht an; ich rufe jedem, der sich meldet, seine Nummer zu, dem ersten Nr. 1 usw. Dann, wenn alle Meldungen erfolgt sind, gebe ich dem ersten das Wort. Er bringt irgend etwas vor, einerlei, ob er etwas wissen möchte oder ob er eine Frage stellt. In beiden Fällen wird die Diskussion eröffnet. Die Frage lasse ich womöglich zuerst von den Schülern beantworten. Es ist meistens nicht nötig, sie dazu zu ermuntern. Sie tun es ganz von selbst. Erst wenn von dort keine Antwort erfolgen kann, springe ich ein, soweit meine Kenntnisse reichen. Reichen diese nicht aus, so wende ich mich an andere anwesende Lehrer – deswegen ist es sehr wünschenswert, daß mehrere Fachlehrer dabei sind – und bitte dort um Auskunft. Öfter haben uns auch schon Gäste die gewünschte Auskunft erteilt. Ist auch das nicht möglich, so bekenne ich eben, daß wir die Frage im Augenblick nicht beantworten, die Sache im Augenblick nicht entscheiden können, und verheiße, wenn es danach angetan ist, mich weiter nach der Sache zu erkundigen. Die Erörterung des Themas wird so lange fortgesetzt, wie das Interesse dafür rege ist. Es ist den Schülern dabei durchaus gestattet, zu zeigen, daß sie kein Interesse mehr für die Sache haben. Es ist das für meine Schule von ganz besonderer Wichtigkeit, weil ich grundsätzlich die jüngeren und die älteren Schüler dabei vereinige. Es gibt da Themata, die nur die älteren Schüler interessieren, und da bin ich genötigt, mitunter die Verhandlung

7 ‹*Die Reformation der Schule*›, S. 84ff.

abzukürzen, wenn ich sehe, daß die Diskussion in der Weise geführt wird, daß die jüngeren zuwenig davon haben. Andererseits schütze ich natürlich die jüngeren, wenn sie Themata anschlagen, die für die älteren nicht von Interesse sind. Dieser Fall kommt aber sehr viel seltener vor, denn wenn von den jüngeren Schülern irgend etwas gefragt wird, so macht es den älteren meistens Freude, die gewünschte Auskunft selber zu geben. Sobald das Interesse an dem Thema erschöpft ist, gehen wir zum nächsten Gegenstand der Tagesordnung über, der genau in derselben Weise behandelt wird. Die Erschöpfung des Interesses konstatiere ich aus den Äußerungen der Schüler, ich sage z. B.: ‹Die Kleinen interessiert das nicht mehr, kann das nicht mehr interessieren, wir haben uns zu lange damit beschäftigt, wir wollen nun zu etwas anderem übergehen.› Oder wenn keine derartigen Anzeichen vorliegen, dann frage ich den, der das Thema angeregt hat: ‹Bist du mit der Erörterung zufrieden?› Und wenn er dann ‹Ja› sagt, dann gehe ich zum nächsten Gegenstand über.

So haben wir im Durchschnitt täglich in der Stunde drei bis vier Themata, mitunter erheblich mehr, mitunter bleiben wir auch bei einem einzigen Thema haften. Aber Grundprinzip ist, daß kein Thema von der Erörterung ausgeschlossen ist. Wir sind davon nur durch Beschluß der Schüler gelegentlich abgegangen.»

Das Protokoll einer Gesamtunterrichtsstunde vom 13. September 1923 führt beispielsweise folgende Fragen und Themen auf: «Ob der Baustil durch das Material beeinflußt wird? – Ob der Großstadtstil international ist? – Die russischen Holzhäuser – Backsteinbau und -stil. – Halten Menschen starke Stromstärken aus? – Ob der Mensch auch arbeiten würde, wenn er nicht müßte? – Die Stimmung zur Arbeit. – Was der kategorische Imperativ ist. – Ist Lügen unter Umständen sittlich gerechtfertigt? – Rache – Gewöhnung an Gifte wie Nikotin und Alkohol. – Am 17. September 1923 füllte dagegen die Behandlung des einen Themas ‹Drahtloses Telegrafieren› die Gesamtunterrichtsstunde allein aus.»[8]

Der Unterricht, der in der «Hauslehrerschule» erteilt wurde, bestand nicht ausschließlich aus Gesamtunterricht. Aber dieser war doch außerordentlich wichtig; er sollte der Kern und der Prototyp der anderen Lehrstunden sein.

Die Schüler waren nach dem Lebensalter in drei «Stufen» eingeteilt, ohne daß man sich dabei streng an die Altersgrenzen der einzelnen Stufen hielt. Die erste Stufe bildeten die Schüler von 7 oder 8 bis 10 Jahren, die zweite Stufe die Schüler von 10 bis etwa 13 Jahren, und die dritte Stufe bestand aus den älteren Schülern. Auch jede dieser Stufen hatte ihren eigenen Gesamtunterricht, aber sie hatten außerdem auch Unterricht in den einzelnen Fächern. Das Prinzip der freien Entwicklung der geistigen Kräfte wurde auch im Fachunterricht streng gewahrt. Den Schülern wurde hier

8 Gertrud Ferber, a. a. O., S. 23.

in jeder Beziehung die größte Freiheit eingeräumt. Ich führe einige Tatsachen an, die für diese Freiheit charakteristisch sind. Jeder Schüler suchte sich die Stufe, die seinem Lebensalter einigermaßen entsprach – und damit natürlich auch den Lehrer – selbst aus. Die Schüler schlugen selbst vor, wenn sie in eine höhere Stufe versetzt werden wollten. Der Stundenplan wurde von Lehrern und Schülern gemeinsam aufgestellt. Es gab keinen Zwang, an den Unterrichtsstunden teilzunehmen. Auf Wunsch der Schüler wurden Sonderkurse auf allen möglichen Gebieten eingerichtet. Dadurch gab man den Schülern die Möglichkeit, ihr Wissen und Können auf den Gebieten zu vertiefen, für die sie sich am meisten interessierten oder von denen sie glaubten, daß sie ihnen am besten lägen.

Hinsichtlich der speziellen didaktischen Probleme will ich nur ein paar allgemeine Regeln anführen, an die Berthold Otto sich hielt und die er auch seinen Mitarbeitern vorschrieb. Sie sollten nicht als große methodische Entdeckungen angesehen werden. Sie sind nur die Anwendung des Grundprinzips dieses Unterrichts im einzelnen, und sie ergeben sich, wie Gertrud Ferber überzeugend nachgewiesen hat, organisch aus den Grundsätzen, auf denen der Gesamtunterricht beruht.[9]

Sie lassen sich auf vier Grundregeln zurückführen. Die erste Regel fordert, daß sorgfältig jeder Druck und jeder Zwang vermieden wird, mit dem man versuchen könnte, die freie und natürliche Entwicklung des Geistes und der Fähigkeiten der Kinder zu beschleunigen. Nichts darf ihnen «eingepflanzt» oder «beigebracht» werden. Das Interesse, das der Schüler nimmt und das er durch seine Fragen und durch seine freiwillige Teilnahme am Unterricht bekundet, muß stets die einzige treibende Kraft des Unterrichts bleiben.

Der zweite dieser didaktischen Grundsätze ist «die Beseitigung von Hemmnissen», die die freie Entfaltung der geistigen Tätigkeit stören können. Um diesen Grundsatz besser verständlich zu machen, sei aus Ottos Forderungen nur ein einziges Beispiel zitiert: «Auch das Achtgeben auf die Haltung des Körpers will er beseitigt wissen», schreibt Gertrud Ferber. Otto fürchtet, daß man einen Teil der Aufmerksamkeit, die der Schüler aufbringen kann, ablenken könnte, wenn man von ihm eine straffe oder auch nur eine korrekte Körperhaltung verlangen würde.

Die dritte Regel hält Berthold Otto selbst für die wichtigste. Man könnte sie in einem gewissen Grade als eine didaktische Entdeckung bezeichnen. Sie empfiehlt die «Isolierung der Schwierigkeiten», die sich im Laufe der Stunde ergeben. Diese Regel bedeutet, daß der Unterricht schrittweise vorgehen soll und nie mehr als jeweils nur eine einzige neue Erkenntnis «auf einmal in den Blickpunkt des Bewußtseins» rücken darf. Um ein Beispiel anzuführen: Ein Satz, mit dem man dem Kind einen abstrakten Begriff erklären will, darf keinen anderen Begriff enthalten, der für das

9 A. a. O., S. 42 ff.

Kind neu ist. In der Grammatik darf niemals eine neue Vokabel zugleich mit einer neuen Grammatikregel eingeführt werden. Dieser Grundsatz führt sogar zu der allgemeinen Regel, in einem Satz, der dazu dienen soll, ein neues Problem zu verstehen, niemals einen sprachlichen oder stilistischen Fehler zu beanstanden oder zu verbessern. Dann kann die ganze Anstrengung sich auf eine einzige Schwierigkeit konzentrieren, und die weitere vorwärtsschreitende und natürliche Entwicklung des Verständnisses ist damit gesichert.

Die vierte Regel endlich verpflichtet den Lehrer, sorgfältig darauf zu achten, wann die Grenze der spontanen Leistungsbereitschaft erreicht ist, also niemals weiter bei einer Sache zu verweilen, wenn sich Ermüdung bemerkbar macht oder das Interesse am Thema erlahmt.

In seinem großen didaktischen Werk untersucht Otto die methodischen Probleme und besonders diese vier Grundregeln, die zusammen die freie Entfaltung des kindlichen Geistes garantieren und erleichtern sollen. Aus der dritten dieser Anweisungen, die «die Isolierung der Schwierigkeiten» fordert, zieht er eine merkwürdige Folgerung, die zu einer pädagogischen Neuerung von großer Tragweite führt. Diese Schlußfolgerung ist zusammen mit dem Gesamtunterricht von allen Ideen Berthold Ottos diejenige, die in der pädagogischen Welt die größte Beachtung gefunden hat.

Es handelt sich um folgendes: Berthold Otto hatte bei seinen Versuchen von Anfang an beobachtet, daß die Sprache der Kinder untereinander einen besonderen Charakter hat und daß man diese Sprache nur dann als mangelhaft oder bruchstückhaft bezeichnen kann, wenn man von der einseitigen Sicht der Erwachsenensprache ausgeht. Man tut unrecht, wenn man die Sprache des Kindes mit der Erwachsenensprache vergleicht, sagt Otto, denn die «Kindermundart» ist sozusagen eine Sprache für sich, mit einem eigenen Wortschatz, einer eigenen Formenlehre und einer eigenen Syntax.[10] Auf Grund dieser Beobachtung weist Otto darauf hin, daß der Unterricht dem Kind die größten Schwierigkeiten bereiten kann, wenn er es zwingt, einfach seine Sprache aufzugeben und in einer Sprachform zu denken, die von logischen Beziehungen beherrscht wird, die seinem Denken und seiner eigenen Logik noch fremd sind. Daher wäre es für den Unterricht empfehlenswert, daß der Lehrer sich der Sprache des Kindes anpaßt; er würde dadurch die größten Schwierigkeiten beseitigen, die dem Verständnis für manche Probleme im Wege stehen. Das bedeutet nicht,

10 Es ist bekannt, in welch hohem Maße diese Ansichten inzwischen bestätigt und präzisiert worden sind. Ich mache zum Beispiel auf die Arbeiten von zwei Genfer Professoren aufmerksam. Charles Bally sagt in seinem bekannten Buch ‹*La crise du français*›, S. 36: «Die wahre Sprache des Kindes ist die gesprochene Sprache, die Sprache, die es selbst spricht, nicht die unsere», und Jean Piaget (‹*Le langage et la pensée chez l'enfant*›) hat diesen spezifischen Unterschied psychologisch genau bezeichnet, indem er von «Egozentrismus» und von «Synkretismus» der kindlichen Sprache spricht.

daß die Schule nicht an der richtigen Stelle die korrekte Sprache pflegen sollte. In langjährigen minuziösen Beobachtungen und Übungen hat Otto sich darum bemüht, das unmittelbare intuitive Verständnis der «Kindermundart» aufs neue zu erlernen. Das Ergebnis seiner Arbeit hat er in einer Studie veröffentlicht, die seine sprachliche Einfühlungsfähigkeit und seinen großen psychologischen Scharfsinn zeigt und in der er den Lehrern rät, die spezifischen Sprachformen der einzelnen Altersstufen zu benutzen, die «Altersmundarten», wie er sie nennt, und zwar sowohl im ersten Unterricht als auch bei ihren Gesprächen mit den Kindern. Davon verspricht er sich überraschende Resultate.[11]

«Was wir mit der Benutzung der Altersmundarten gewinnen, ist die Möglichkeit, uns dem Erkenntnistriebe der Kinder in viel höherem Maße anzupassen, als das bisher möglich war. Wir gewinnen, rein theoretisch und im allgemeinen ausgesprochen, die Möglichkeit, jedem Kinde jedes Alters über jede Frage aus jeder Wissenschaft die Antwort zu geben, die gerade dem Verständnis dieses Kindes angemessen ist.»[12]

Berthold Otto hat in der «Kindermundart» eine ganze Literatur geschaffen, die nicht nur Geschichten und Erzählungen enthält,[13] sondern auch Schriften über politische und wirtschaftliche Fragen[14] und sogar eine «Übersetzung» von beiden Teilen des *‹Faust›*.

Aus dem gleichen Gedankengang heraus, aus dem er sein Buch *‹Kindermundart›* schrieb – dieser Gedankengang ist nichts anderes als die konsequente Ausführung des Postulats vom eigenen Wert und von der eigenen Bedeutung der Kindheit –, maß Berthold Otto auch den Spielen der Kinder eine große Bedeutung bei. Er berücksichtigt sie in seinem Unterricht. Im Spiel sieht er nicht nur das geeignetste und sicherste Mittel, das die Natur benutzt, um die Anlagen und Fähigkeiten der Kinder ihnen selbst und ihren Erziehern zu offenbaren, sondern er sieht im Spiel auch die natürliche Übung des Kindes, die seine Entwicklung fördert. Darum benutzte Otto das Spiel in der Schule auch in allen Teilen des Unterrichts, in denen eine mehr oder weniger mechanische Gedächtnisarbeit geleistet werden muß, die man ebensogut spielend wie mit einer lästigen und ermüdenden Anstrengung hinter sich bringen kann.

Berthold Ottos Pädagogik wird ganz von dem Grundsatz beherrscht, der natürlichen Entwicklung des Kindes volle Freiheit zu lassen und sich darauf zu beschränken, die Natur zu unterstützen und ihr bei ihrem Fortschreiten zu helfen. Die große Bedeutung dieser Pädagogik liegt also im

11 *‹Kindermundart›*.

12 *‹Hauslehrerbestrebungen und Altersmundart›*, S. 34.

13 *‹Geschichten in Altersmundart›* (1907).

14 *‹Fürst Bismarcks Lebensweg›* (1918); *‹Vom Deutschen Reich und seinen Einrichtungen›* (1905); *‹Der Leipziger Bankkrach›* (1901); *‹Wie ich meinen Kindern von der Bodenreform erzählte›* (1905).

Bereich des Unterrichts. Hier ist sie die konsequenteste und systematischste Verwirklichung des Prinzips «Vom Kinde aus», die wir kennen. Und außerdem ist es leicht – das dürfte wohl deutlich geworden sein –, in den Grundformen von Berthold Ottos Werk alle Ideen der Freiheitspädagogik nachzuweisen: einerseits den Glauben an das Gute in der Natur und die Anerkennung des Eigenwertes der Kindheit, anderseits die Ablehnung der äußeren Ziele und der «Erziehung» im traditionellen Sinn.

Die Pädagogik des «Vom Kinde aus», die Otto in seiner Schule vor allem im Unterricht verwirklicht hat, hat natürlich, soweit dies möglich ist, in der «Hauslehrerschule» auch ihre Entsprechung im Bereich des rein Erzieherischen gefunden, obwohl diese Schule kein Internat war und sie sich bestimmten Vorschriften der Schulbehörden unterordnen mußte. Das Auffallendste ist natürlich auch da die große Freiheit, die den Schülern gewährt wurde.

Otto schreibt 1924 in seiner Zeitschrift, seine Schule sei die freieste in der ganzen Welt gewesen und sie sei es noch heute. Er zwingt die Schüler zu nichts, vor allem auch nicht dazu, irgendeine fremde Meinung anzunehmen. Er selbst ist Protestant und Monarchist, aber in seiner Schule haben der Katholik, der fromme Jude und der Atheist alle das unbedingte Recht, ihre Meinung zu vertreten. Und auch schon im Kaiserreich, so berichtet er, hätten Sozialisten, Kommunisten und Anarchisten das gleiche Recht gehabt. Er habe niemals versucht, die einen oder die anderen zu «bekehren».[15]

In der «Hauslehrerschule» konnte natürlich nicht davon die Rede sein, daß die Lehrer irgendwelche Sanktionen oder Strafen anwenden durften – oder es auch nur gewollt hätten. Jeder Zwang, sei er moralisch oder intellektuell, war in der Schule verpönt. Otto wünschte nicht einmal, daß die Lehrer Tadel aussprachen. Jeder Akt oder Eingriff dieser Art hätte sich nicht mehr mit dem Grundsatz vereinigen lassen, die freie Entwicklung der Fähigkeiten des Kindes zu fördern. Otto wünschte, daß der Lehrer in seinen Beziehungen zu den Schülern nur solche Mittel und solche Formen anwandte, wie sie in der guten Gesellschaft unter Erwachsenen üblich sind, d. h. mit anderen Worten, daß der Lehrer dem Schüler die Höflichkeit, den Takt und die Achtung bezeugen sollte, wie sie unter wohlerzogenen Menschen, die einander anerkennen, achten, schätzen und gegenseitig als ihresgleichen betrachten, selbstverständlich sind. In der «Hauslehrerschule» herrschte zwischen Lehrern und Schülern tatsächlich ein Geist gegenseitiger Achtung, aus dem sich Beziehungen der Verbundenheit und der Freundschaft entwickelt haben. Niemals sei es vorgekommen, schreibt Otto, daß ein Schüler einen Lehrer betrogen habe.

Es ist also gut zu verstehen, daß die Lehrer der Hamburger Gemeinschaftsschulen, die für viele Versuche der Schulreform eine gewisse Ver-

15 In: *Der Hauslehrer* 1924, Nr. 3, S. 9.

achtung bekundeten, die Leistung Berthold Ottos anerkannten und daß sie auch zugaben, von ihm viele Anregungen empfangen zu haben. In dem Begründer der «Hauslehrerschule» sahen sie einen Mann, der ihnen geistig sehr nahestand und der in gewisser Weise ein direkter Vorläufer von ihnen war. Das deutet auch Wilhelm Paulsen, der schon mehrfach zitierte Theoretiker der Gemeinschaftsschulen, an:

«Hätte man Otto, diesen unermüdlichen und unerschrockenen Vorkämpfer des neuen Schulgedankens von seiten des Staates oder der Stadt mit den genügenden Mitteln unterstützt, sein heutiger Versuch, der sich bewußt auf die Bildung einer *Denk*gemeinschaft zurückzieht, hätte sich zum größeren Versuch der Gründung einer *Lebens*gemeinschaft, wie wir sie gegenwärtig erstreben und wie sie Otto für die Zukunft sieht, erweitert.»[16]

Man hat Berthold Otto natürlich den Vorwurf gemacht, sein natürlicher Unterricht führe in der Erziehung – wie jede Freiheitspädagogik – zu einer individualistischen Theorie und Praxis.

Otto war sich dieser Gefahr bewußt, und er hat versucht, ihr entgegenzutreten. Er tut es vor allem durch eine neue Sicht des Verhältnisses von Individuum und Gemeinschaft, die seine ganze Pädagogik durchdringt und der er eine seiner großen Schriften gewidmet hat.[17] Das individuelle Denken ist nach Otto viel weniger auf sich selbst gestellt, als man gemeinhin annimmt. Berthold Otto glaubt vielmehr, daß das individuelle Denken, bevor es sich als solches ausprägt, ein organischer Bestandteil des Gemeinschaftsdenkens ist und daß jeder individuelle Denkakt Abbild kollektiven Denkens ist. Auch wenn er sich in voller Freiheit entwickelt, ist der individuelle Geist daher von vornherein insofern begrenzt, als sein Denken ein Teil des kollektiven Denkens ist und als er dadurch mit allen übrigen individuellen Geistern verbunden ist. Hinzugefügt werden muß jedoch noch, daß Otto diese Gemeinsamkeit nicht in der Vernunft sieht, die ebenfalls allen Menschen gemeinsam ist, sondern im irrationalen oder besser im triebhaften Leben, das seiner Meinung nach das Leben des Individuums und das Leben der sozialen Gruppe stärker beherrscht als das rationale Bewußtsein, und das das wahre Band zwischen dem Denken des Individuums und dem Denken der Gemeinschaft ist. In dieser Erkenntnis glaubte Otto die Synthese aus dem freien Wachstum des Individuums und dem Interesse der Gemeinschaft gefunden zu haben. Eine Erwägung, wie weit Ottos Gedankengänge zu diesem Thema philosophisch und psychologisch haltbar sind, gehört nicht in den Rahmen meiner Berichterstattung.

Der «Gesamtunterricht» Ottos ist ein praktischer Niederschlag seiner Erkenntnistheorie. Wer solchen Unterrichtsstunden beigewohnt hat oder

16 Wilhelm Paulsen, ‹*Die Überwindung der Schule*›, S. 48.
17 ‹*Volksorganisches Denken*›.

wer die Protokolle liest, die von den Schülern sorgfältig geführt worden sind, gewinnt wirklich nicht den Eindruck, als ob hier auf Kosten der Bedürfnisse der Gemeinschaft eine individualistische Einstellung gepflegt worden sei. Das ergibt sich auch aus der bereits zitierten Schilderung des Gesamtunterrichts, nach der diese «Klasse» schon rein äußerlich das Bild einer echten geistigen Gemeinschaft bot. Zwar hatte jeder Teilnehmer die volle Freiheit, zu reden, zu fragen und zu diskutieren; aber diese Freiheit war dennoch durch Verhaltensregeln begrenzt, die die Interessen und Ideen *aller* Teilnehmer schützten. Im übrigen war deutlich zu erkennen, daß es nicht nur das einzelne Individuum war, das sich durch die Antworten auf seine Fragen Informationen verschaffte, denn die Antworten wurden immer in der Weise formuliert, daß sie eine Erklärung gaben, die jeden Schüler interessieren konnte. Der Fortgang des Unterrichtsgesprächs vollzog sich also für alle, auch wenn er durch die Frage der einzelnen Schüler in Gang gehalten wurde. Und dann appellierte der Gesamtunterricht in sehr hohem Maße an die geistige Hilfsbereitschaft der Schüler, weil ja immer wieder gegenseitige Belehrung beabsichtigt war. Soweit dies irgend möglich war, war es nicht der Lehrer, der eine Frage beantwortete oder die weiterführende Belehrung gab, sondern einer oder mehrere Schüler übernahmen meistens diese Aufgabe.

Auch auf dem Gebiet der eigentlichen Erziehung, nicht nur im Unterricht, legt Berthold Otto großes Gewicht auf die Bildung des Sinns für die Gemeinschaft. Dazu sagt er: «Das Kind ist nicht allein auf der Welt. Es gehört vom ersten Augenblick an einer Gemeinschaft an, von der es die allergrößte Förderung erfährt und in die es sich daher schicken muß, sobald es ihm irgend möglich ist. Das Recht des Kindes findet, wie jedem aus dem Naturrecht geläufig ist, selbstverständlich seine Schranken an dem ebenso guten Recht eines jeden Nebenmenschen.»[18]

In seiner Schule gehorchte Berthold Otto dieser Einsicht dadurch, daß er eine Art von Selbstverwaltung der Schüler genehmigte und förderte, die die Schüler sich 1909 völlig selbständig geschaffen hatten.[19]

9. Gustav Wyneken und die freie Schulgemeinde Wickersdorf

Die Freiheitspädagogik, die ich als «revolutionäre Pädagogik» unterscheide, hat in unserem Jahrhundert in Gustav Wyneken einen besonders eigenständigen und leidenschaftlichen Vorkämpfer gefunden.

Zwischen den Ideen Wynekens und denen Rousseaus, Ellen Keys und Ludwig Gurlitts läßt sich leicht ein Zusammenhang feststellen; aber Wyneken hat dennoch ein Anrecht auf einen besonderen Platz in der

18 ‹*Vom königlichen Amt der Eltern*›, S. 56.
19 ‹*Die Reformation der Schule*›, S. 114.

Geschichte der Freiheitspädagogik, weil er einen eigenen Standpunkt mit teilweise ganz neuen Argumenten vertreten hat. Diese Originalität hat ihn oft dazu verführt, sich als Schöpfer eines völlig neuen Erziehungssystems anzusehen, wie er denn auch davon überzeugt war, daß seine «Freie Schulgemeinde Wickersdorf» mit den Landerziehungsheimen, zu denen sie oft gezählt wurde, nur einige äußere Einrichtungen gemeinsam hatte.

Sein Leben war bewegt, dramatisch und sogar tragisch. Er war Pastorensohn und hatte Theologie studiert. Er hatte in den Lietz-Schulen gearbeitet und dann 1906 zusammen mit Paul Geheeb die Freie Schulgemeinde Wickersdorf gegründet. Als Geheeb 1909 nach einem Zerwürfnis mit Wyneken aus der Freien Schulgemeinde ausschied, verweigerten die Behörden Wyneken die Bestätigung als Leiter. Wegen seiner radikalen Ansichten, seiner scharfen Kritik und Polemik mußte er Wickersdorf sogar verlassen, und er ist erst 1918 dorthin zurückgekehrt. Heute, 1936, lebt er zurückgezogen in Göttingen, denn die Schule in Wickersdorf ist 1931 von der ersten nationalsozialistischen Landesregierung in Deutschland, der Regierung von Thüringen, aufgelöst worden.

Es ist nicht übertrieben, wenn man sagt, daß der Name Wyneken die pädagogische Diskussion in Deutschland fast zwanzig Jahre lang am meisten befruchtet hat. Dieser Mann, der Anhänger und Gegner gehabt hat wie nur wenige andere Pädagogen, war ein scharfer Denker, ein leidenschaftlicher Kämpfer und ein mitreißender Redner, und selbst erbitterte Gegner[1] haben ihn als hervorragend begabten Erzieher anerkannt. Er hat auf seine Zeit und besonders auf die Jugend einen außerordentlich starken Einfluß gehabt, ebenso als Publizist[2] wie als Gründer und Leiter von Wickersdorf und endlich auch noch als großer Anreger der Jugendbewegung. Hier sollen nun vor allem Wynekens pädagogische Ideen und ihre praktische Verwirklichung in der Freien Schulgemeinde Wickersdorf untersucht werden.

Wynekens pädagogische Ideen sind so stark von seinen philosophischen Ansichten bestimmt, daß es unumgänglich ist, zunächst einmal diese in ihren Hauptzügen kurz darzustellen. Es handelt sich um einen philosophischen Eklektizismus, in dem der Einfluß von Kants Idealismus und von Schopenhauers Voluntarismus zu erkennen ist, der sich aber unmittelbar an das System Hegels anschließt, als dessen Anhänger sich Wyneken bekennt und den er nicht hoch genug preisen kann. Und vielleicht muß man Hegels «absoluten Idealismus» kennen, wenn man den Grundbegriff der Philosophie Wynekens, den «objektiven Geist» verstehen will. Dieser

1 Vgl. Ernst Reisinger, ‹*Dr. Wyneken, der „Anfang" und die freideutsche jugend*›, S. 18.

2 Hauptschriften: ‹*Der Gedankenkreis der freien Schulgemeinde*› (1911); ‹*Schule und Jugendkultur*› (1913); ‹*Der Kampf für die Jugend*› (1918); ‹*Eros*› (1921).

«objektive Geist» ist für Wyneken der Verstand, die Vernunft, das Denken, die alle «an sich» bestehen, obwohl wir sie nur in ihren individuellen und konkreten Manifestationen kennen, das menschliche Denken zum Beispiel in der Sprache, in der Wissenschaft, in der Philosophie, in der Geschichte, in der Kunst und in der Religion. Nach Wyneken ist «der objektive Geist nicht nur eine Abstraktion aus den vielen Individualintellekten, sondern ein wirkliches Wesen, nämlich ein Gesetz nach Art irgendeiner Naturkraft, nur freilich (als Geist) jenseits der Natur».[3]

Für Wyneken ist der objektive Geist das einzig Bewegende in der Geschichte der Menschheit. Die Geschichte ist nichts anderes als die Geschichte des objektiven Geistes, der sich seiner selbst bewußt wird, und der Ablauf der Geschichte kann kein anderes Ziel haben, als die Kontinuität des Geistes zu gewährleisten. Diesem höchsten Prinzip hat die Erziehung sich ebenso unterzuordnen wie alle übrigen Einrichtungen des Kulturlebens, und von ihm muß sie ihre Ziele und Aufgaben empfangen. Die Erziehung muß sich auf das Absolute einstellen, nicht auf die Bedürfnisse des täglichen Lebens. Daher darf die Erziehung der Jugend nicht als eine Vorbereitung auf das praktische Leben aufgefaßt werden – Zielsetzungen, die die Schüler zu «guten Staatsbürgern», zu «frommen Menschen» usw. erziehen wollen, bezeichnet Wyneken als «anarchisch» –, sondern als die besondere Periode des Suchens nach dem Absoluten und des Dienstes für den absoluten Geist. Die Jugend muß ihrerseits und auf ihre Art dazu beitragen, die Vernunft, den Geist in der Welt herrschen zu lassen. Und die Aufgabe einer «Neuen Schule» besteht nach Wynekens Überzeugung darin, daß sie die Jugend aufruft und lehrt, diesen Beitrag zu leisten.

Die Jugend soll aber dem Absoluten in eigener Art und Weise dienen. Und das ist der andere Angelpunkt von Wynekens Erziehungsphilosophie: sein Konzept vom Eigenwesen und von der Eigenbedeutung der Jugend. Unter «Jugend» versteht Wyneken nicht einfach die Zeit vor dem Erwachsensein, sondern das dritte «Septennat», die Zeit zwischen dem vierzehnten und dem einundzwanzigsten Lebensjahr. Diese ein wenig willkürliche Abgrenzung ist aus der philosophischen Begründung des Systems zu verstehen. In der Kindheit, so sagt Wyneken, sind wir noch in der Natur verwurzelt, noch im Zustand des Tieres; in diesem Alter «ragen wir erst halben Leibes aus dem Mutterschoß der Natur heraus»[4], und darum ist die Kindheit für eine Pädagogik, die auf den objektiven Geist gerichtet ist, noch von geringem Interesse. «Jugend aber nennen wir die Zeit, wo sich der Mensch losgerungen hat vom Naturgrunde und sich in der Geisteswelt frei zu bewegen beginnt.» Dem jugendlichen Menschen «eignet noch der biologische Reiz des unberührt Naturhaften, während doch schon um seine Stirn der Adel geistiger Schönheit leuchtet», sagt

3 ‹*Schule und Jugendkultur*›, S. 5.
4 ‹*Der Gedankenkreis der freien Schulgemeinde*›, S. 10.

Wyneken[5], um das eigenartige Gleichgewicht zu kennzeichnen, das diesem Lebensalter seinen spezifischen Wert verleiht und aus ihm nicht nur ein Stadium macht, das sich von der Kindheit und vom Erwachsenenalter ganz und gar unterscheidet, sondern ihm auch den Charakter einer wirklich autonomen Periode gibt. Diese Erkenntnis hat Wyneken veranlaßt, nachdrücklich den eigenen Wert der Jugend zu proklamieren.

«Jugend ist nicht lediglich Vorbereitungszeit, sondern sie hat ihren eigenen unersetzlichen Wert, ihre eigne Schönheit und infolgedessen auch das Recht auf ein eigenes Leben, auf die Möglichkeit der Entfaltung ihrer besonderen Art», sagt Wyneken.[6] Und deshalb verurteilt er voller Zorn Theorie und Praxis der Erziehung, die sich gegen diese Wahrheit verschlossen gezeigt hat. Was ist die Erziehung denn bisher? «Erziehung ist Kampf mit der kindlichen Natur, ja, Vernichtung der Kindlichkeit, ist Geltendmachung der Überlegenheit des Erwachsenen, ist Alt- und Erwachsenmachen.»[7]

Nicht nur die Schule hat hier gesündigt, sondern auch die Familie, nicht aus übler Absicht, sondern aus Unfähigkeit. Für Wyneken ist die Familie für die Erziehung nicht nur ungeeignet, sondern dies ist nicht einmal ihre soziologische Aufgabe, denn eigentlich ist sie «eine Institution, die einerseits der Fortpflanzung des Geschlechtes dient, andrerseits in der Volkswirtschaft die Aufgabe der Verwaltung des Einzelbesitzes hat»[8]. Also nicht sie wird die große Aufgabe der Erziehung erfüllen, die darin besteht, die Jugend auf ihren Weg zum Absoluten zu bringen.

Wir brauchen daher eine Wiedergeburt der Schule im vollen Sinne des Wortes, damit die Erziehung der Jugend geleistet werden kann. Diese Erziehung muß alles vermeiden, was den «Geist der Jugend» verletzen würde; sie muß vielmehr versuchen, das, was das Wesen der Jugend ausmacht, noch mehr mit Leben zu erfüllen, das Bewußtsein des Jungseins zu verstärken. Und diese Erziehung darf nach Wyneken nicht eine «Technik» oder eine «Methode» sein; sie muß das Leben selbst sein; sie darf sich kein anderes Ziel setzen, als das autonome Leben der jungen Menschen zu gestalten. Die Schule darf keine Stätte der Vorbereitung sein oder, wie Wyneken sarkastisch sagt, keine Einrichtung zum Älterwerden, sondern sie muß für die Jugend das natürliche Milieu ihres Lebens sein.

«Wir nannten es höheren Wirklichkeitssinn, was die Freie Schulgemeinde vor dem Lietzschen Schulsystem auszeichnet. Wir verstehen darunter, daß alles erzieherische Wirken sich selbst ernstnimmt; also nicht bloß als eine künstlich ersonnene Technik zum Zweck der Bildung der nichtsahnenden Jugend betrachtet (eine *pia fraus*, was auch jede pädago-

5 A. a. O.
6 A. a. O.
7 ‹*Schule und Jugendkultur*›, S. 33.
8 ‹*Schule und Jugendkultur*›, S. 13.

gische Herablassung ist), sondern als ein Reden und Tun, das nicht bloß im Hinblick auf einen in jugendlichen Gemütern zu erzielenden Effekt sich rechtfertigt, sondern auch an und für sich berechtigt und ernstzunehmen ist. Uns widerstrebt im tiefsten die Berechnungspädagogik. Wir haben es an anderem Ort auseinandergesetzt, daß die Schule durch und durch echt sein soll».[9]

Die «Neue Schule» wird also zwei Aufgaben haben. Sie ist «die nie verstummende Stimme des Geistes und ist das Heim der Jugend»[10]. Mit anderen Worten: Sie soll die Jugend mit der objektiven Wirklichkeit konfrontieren, die jungen Menschen aber zugleich so leben lassen, wie es ihrem Lebensalter gemäß ist. Das sind zwei Aufgaben, die auf den ersten Blick zueinander im Widerspruch zu stehen scheinen, denn je mehr die Jugend sich den objektiven Anforderungen anpaßt, um so mehr, so möchte man annehmen, muß sie von ihrem eigenen Wesen preisgeben, für das ja doch ein betonter Subjektivismus charakteristisch ist! Nun, Wyneken betrachtet gerade die Auflösung dieses Widerspruchs als seine größte Entdekkung. Er ist stolz darauf, daß er der Jugend gezeigt hat, wie sie aktiv und in autonomer Weise an der Kultur teilnehmen kann, vor der sie bisher geflohen war oder in der sie nur die Erwachsenen nachahmen konnte. Dies Ziel, so wiederholte er unaufhörlich in seinen Schriften, ist nur zu erreichen, wenn man eine «Jugendkultur» schafft. Diese Jugendkultur ist von Wynekens Ideen bestimmt diejenige, die am meisten diskutiert worden ist. Wyneken hat versucht, seine Gedanken zu diesem Thema in einer Broschüre klarzumachen, die aber noch immer sehr abstrakt ist. Das Postulat einer zu schaffenden Jugendkultur enthält kein bestimmtes sachliches Programm; es will vielmehr ein formales Prinzip verkünden, eine allgemeine Haltung zum Ausdruck bringen. Wyneken sagt:

«Kultur ist eben eine Einheit, ein einheitliches Empfinden, ein Stil, ein gemeinsamer Instinkt, der sich schöpferisch äußert, und das verstehen wir auch unter der Jugendkultur. . . . Die deutsche Jugendkultur hat kein Programm wie eine Partei . . ., sondern sie ist eine Idee und leistet den Dienst einer Idee, indem sie unserm ganzen Handeln Ziel und Richtung gibt.»[11]
Das heißt, etwas einfacher ausgedrückt: Die Jugend soll den ewigen geistigen Werten der Kultur gegenüber eine autonome Haltung einnehmen, die ihrem eigenen Alter gemäß ist. Die jungen Menschen sollen in der Auffassung künstlerischer, religiöser, politischer und anderer Fragen nicht die Urteile der Erwachsenen übernehmen. Wenn sie sich mit diesen Problemen befassen, sollen sie vielmehr ihre eigenen Wege gehen und, wenn es nötig ist, eine Kunst, eine Philosophie, eine Politik der Jugend schaffen.

9 In: *Die freie Schulgemeinde* 1911, I, 4, S. 116.
10 ‹*Der Gedankenkreis der freien Schulgemeinde*›, S. 12.
11 ‹*Was ist Jugendkultur?*› S. 27. Nachdruck in ‹*Grundschriften der Deutschen Jugendbewegung*›. (Hg. Werner Kindt), S. 126.

Und die Schule, die «neue Schule», muß das natürliche Milieu sein, in dem diese Jugendkultur gepflegt wird; sie soll also für die Jugend dasselbe sein, was für die Erwachsenen literarische und andere kulturelle «Kreise», Institute und Akademien sind.

Wenn Wyneken von «Neuer Schule» spricht, so meint er also die Schule, in der die Jugend ganz «sie selbst» sein darf. Was dies konkret für ihn heißt, kann hier nicht unter allen Aspekten untersucht werden. So muß ich darauf verzichten, der Frage nachzugehen, wie und wie weit sich Wynekens Ideen in der Unterrichtsgestaltung an seiner Schule durchgesetzt haben. Was darüber bekanntgeworden ist, erweckt nicht den Eindruck adäquater Verwirklichung des Grundsätzlichen.

Ich beschränke mich hier auf Fragen, die mit dem Thema dieses Buchs am engsten zusammenhängen: Wie ist in Wickersdorf das Recht der Jugend auf Selbstverwirklichung spezifisch pädagogisch berücksichtigt worden. Und welche Rolle fiel dabei dem Lehrer und Erzieher zu?

Wyneken bezeichnet es als «Gesetz» des Schullebens in Wickersdorf, «daß unsere Zöglinge nicht nur als Objekte für Erziehung, Regierung und Unterricht betrachtet werden, sondern als Subjekte unseres gemeinsamen Schullebens, und demgemäß den Erziehern koordiniert sind»[12].

Was Wyneken hierzu in einem Jahresbericht über seine Schule schreibt, entspricht den Gedanken, die ich bereits zusammenfassend dargelegt habe. In einem System, das die Autonomie der Jugend zum Ziel hat, ist kein Platz für Lehrer alter Art, also für Lehrer, die sich auf eine äußere Autorität und Überlegenheit stützen und die zwischen sich und ihren Schülern eine scharfe Trennungslinie ziehen.

«Lehrer und Schüler, Führende und Geführte . . . in derselben einen Front, als Kameraden nicht kraft persönlichen oder sentimentalen Wohlwollens, sondern wesentlich kraft Zugehörigkeit zum selben Heere»[13], so beschreibt Wyneken die Beziehungen zwischen Lehrern und Schülern in der neuen Schule. Aber in diesem Heere, von dem er spricht, gibt es immerhin Offiziere oder besser gesagt: Führer. Es wäre verkehrt, anzunehmen, daß Wyneken die völlige Gleichheit von Jungen und Erwachsenen in der Schule proklamiert hätte. Im Gegenteil, für ihn ist es wichtig, daß der Lehrer leitende und führende Funktionen ausübt. Um die besondere Beziehung zu kennzeichnen, die sich zwischen Lehrer und Schüler entwickeln soll, hat Wyneken immer das Wort «Gefolgschaft» benutzt (das im Mittelalter das Treueverhältnis zwischen den Vasallen und den Lehnsherren bezeichnete). Erzieher der neuen Art ist für Wyneken nur der, zu dem die Jugend sich hingezogen fühlt und dem sie freiwillig folgt.

Das Verhältnis zwischen dem Lehrer und dem Schüler in der neuen Schule ist also komplex. Nach Wyneken vereinigt es in sich drei verschie-

12 In: *Wickersdorfer Jahrbuch*, 1908, S. 29.
13 ‹*Der Gedankenkreis der freien Schulgemeinde*›, S. 13.

dene Beziehungen, eine der Koordination, eine zweite der Subordination und drittens eine freundschaftliche Beziehung.[14] Diese Beziehungen scheinen sich nicht miteinander zu vertragen. Wie kann es gleichzeitig Koordination und Subordination geben? Um das zu erklären, muß man die wichtigsten Einrichtungen der «Freien Schulgemeinde Wickersdorf» beschreiben, der berühmten Gründung Wynekens, in der er seine Ideen verwirklichen wollte.

Gustav Wyneken hat einmal geschrieben: «Lietz hat mitunter ... die Freie Schulgemeinde als eine bloße Nachahmung seines Landerziehungsheimes hingestellt. Ja, wenn die neue Schule in Haferbreifrühstück und Sporthosen bestände! Diese und manches Ähnliche haben wir von ihm übernommen.»[15] Diese Distanzierung ist stark übertrieben. Die «Freie Schulgemeinde Wickersdorf», die 1906 in der Nähe von Saalfeld gegründet wurde (im damaligen Großherzogtum Sachsen-Meiningen, seit 1918 Freistaat Thüringen), war ganz ähnlich aufgebaut wie die Landerziehungsheime, die Wyneken während seiner Lehrjahre bei Hermann Lietz kennengelernt hatte. Nicht nur den äußeren Rahmen. sondern auch manche der inneren Einrichtungen, die ich im Kapitel über die Landerziehungsheime beschrieben habe, gibt es auch in der Freien Schulgemeinde. So finden wir in Wickersdorf zum Beispiel den «Freien Abend» und die «Familien» der Lietz-Schulen,[16] wenn auch unter anderen Namen und mit neuen Zielsetzungen. Aber trotz der Ähnlichkeiten und trotz der zeitlichen und persönlichen Berührung wäre es falsch, wollte man Wickersdorf direkt mit den Lietz-Schulen in Zusammenhang bringen. Wenn auch das äußere Bild und zahlreiche Einrichtungen der Freien Schulgemeinde sich nur wenig von denen der Landerziehungsheime unterscheiden, ist doch der Geist, der hinter diesen Formen steckt, ein anderer. Die Haltung, die man in pädagogischen Grundfragen einnahm, war in Wickersdorf wesentlich anders als in den Lietz-Schulen.

Der Hauptunterschied wird durch Wynekens Postulat von der unbedingten Autonomie der Jugend bestimmt, das zu Lietz' Ideen in offenem Gegensatz steht. Ich will versuchen, von der Verwirklichung dieses Postulats in Wickersdorf eine Vorstellung zu vermitteln. Auf diesem Wege läßt sich auch die Haltung des Lehrers dem Schüler gegenüber am lebendigsten beschreiben, die dort als die gültige angesehen wurde.

Zunächst muß ich vom «Ausschuß» berichten, dem Schülerausschuß, der in Wickersdorf eine große Bedeutung hatte und dessen Mitglieder bei ihren Mitschülern und bei den Lehrern in hohem Ansehen standen. Dieser Ausschuß stellte schon von seiner Geschichte her eine Art von Wahladel dar. Er hatte sich 1908 aus den beiden höchsten Klassen konstituiert, die

14 In: *Wickersdorfer Jahrbuch* 1908, S. 60.
15 ‹*Der Kampf für die Jugend*›, S. 30.
16 Vgl. Kapitel 4.

es bei der Gründung von Wickersdorf gegeben hatte, und er ergänzte sich jedes Jahr durch Kooption. Die Funktionen und Kompetenzen des Ausschusses waren in einer Geschäftsordnung festgelegt, deren § 2 lautet: «Aufgabe dieses Ausschusses ist regelmäßige Besprechung allgemeiner Angelegenheiten der Freien Schulgemeinde, verbunden mit Führung der Schulgeschichte, sowie Stellung von Anträgen bei der Direktion, Lehrerkonferenz oder ‹Schulgemeinde›. Er hat beschließende Stimme nur in besonderen Fällen, wo ihm diese ausdrücklich verliehen wird. Bei Streitigkeiten von Schülern fungiert er auf Anregung eines Teiles als Schiedsgericht.»[17]

Man sieht, die Kompetenzen sind wohl kaum die einer «Regierung». Wyneken sagt von diesem Ausschuß: «Es handelt sich für uns nicht darum, etwa ein repräsentatives Organ zu schaffen; wo jederzeit die Gesamtheit zusammentreten kann, hat ein solches keinen Sinn. Noch viel weniger sollten verschiedene Rechtsklassen geschaffen werden.... Das ist das Charakteristische unserer Ausschuß-Einrichtung, daß sie den Mitgliedern nur Pflichten und keine Rechte gibt.»[18]

Die Versammlung der Gemeinschaft, die in diesem Zitat erwähnt wird, war die «Schulgemeinde», also die allgemeine Versammlung aller Lehrer und Schüler, übrigens die einzige Veranstaltung im Schulleben, von der Besucher und Gäste unbedingt ausgeschlossen waren. Diese Versammlung wurde dann vom Schulleiter einberufen, wenn es genügend Fragen zu besprechen gab oder wenn die Einberufung von einem Drittel der Mitglieder beantragt wurde. Dem äußeren Eindruck nach war die Versammlung demokratisch. Jedermann hatte volle Redefreiheit. Man diskutierte und verhandelte unter dem Vorsitz des Schulleiters. Eine wichtige Diskussion wurde mit einer Abstimmung abgeschlossen, bei der alle Mitglieder gleiches Stimmrecht hatten, mit Ausnahme der jüngsten Schüler, die halbe Stimmen hatten.

Der «Schülerausschuß» und die «Schulgemeinde» waren die beiden Säulen der Schülerautonomie in Wickersdorf. Man wird sich fragen, ob dies System nicht dem sehr ähnlich war, das es in den Lietz-Schulen gab, oder ob es nicht sogar eine Form der «Schülerselbstverwaltung» war, die ich in einem der vorhergehenden Kapitel besprochen habe. Darauf ist zunächst zu erwidern, daß ein wirklich demokratisches System Wynekens Ideen wohl kaum entsprochen haben würde. Für die «Schulgemeinde» stellt er ausdrücklich fest:

«Es handelt sich hierbei eigentlich gar nicht um ein demokratisches Prinzip, wie es den Anschein haben könnte. Demokratie hat erst einen Sinn, wo es Massen gibt und die Quantität ihr Recht fordert.»[19]

17 In: *Wickersdorfer Jahrbuch* 1908, S. 35.
18 A. a. O., S. 36.
19 A. a. O., S. 30.

Von der Kritik, die Wyneken jedem Versuch entgegenbrachte, Schulen einer parlamentarischen Demokratie nachzubilden, wird noch zu reden sein. Vorerst ist zu zeigen, daß das «Regime» von Wickersdorf sich davon deutlich unterscheidet.[20] Da sind einmal die geringen Kompetenzen dieses Schülerausschusses, die ihn wirklich nicht als «Exekutive» erscheinen lassen. Und dann spielte auch die «Schulgemeinde» nicht die Rolle eines «Parlaments», also der «Legislative».

Anfangs gab es in der «Schulgemeinde» weder die Wahl eines Vorsitzenden noch die einer repräsentativen Körperschaft mit parlamentarischem Charakter. Der Schulleiter war zugleich Vorsitzender der Versammlung, in der alle Angelegenheiten in öffentlicher Sitzung behandelt wurden. Es gab also keine rechtliche Ordnung. Es gab nicht einmal «Gesetze», die die Schulgemeinde geschaffen hatte und die zusammen eine «Verfassung» gebildet haben würden. Und weil es keine geschriebenen «Gesetze» gab, die verletzt werden konnten, konnten auch keine Verurteilungen ausgesprochen werden. Weder die «Schulgemeinde» noch der «Ausschuß» verfügten über Strafgewalt, und im übrigen kannte man in Wickersdorf überhaupt keine Strafen. Welches waren denn nun die eigentlichen Funktionen dieser «Schulgemeinde», die – als die Trägerin der Schülerautonomie – im Leben der «Freien Schulgemeinde» eine so wichtige Rolle spielte? Sie hatte vor allem die Aufgabe, die kleinen täglichen Vorgänge des Gemeinschaftslebens zu regeln. Hier legte man die Dauer des täglichen Vormittagsunterrichts fest, die Ruhestunden, die Ausgangszeiten, die Höhe des Taschengeldes. Man verteilte die Gartenarbeiten; man einigte sich über die Vorbereitung einer Theateraufführung. Kurz, die «Schulgemeinde» regelte alle Angelegenheiten des täglichen Lebens, die ihrer Natur nach nicht Sache der Lehrerkonferenz waren. Die zweite – besonders wichtige – Aufgabe der «Schulgemeinde» bestand darin, durch ihre Erörterungen und Entscheidungen einen Gemeinschaftsgeist zu schaffen, eben den «Wickersdorfer Geist». Man diskutierte über Grundsätze, man besprach die gemeinsame Stellungnahme zu Problemen von größter Reichweite, und am Ende dieser Debatten sollte ein «Gesamtwille» der Gemeinschaft stehen. So hatte die «Schulgemeinde» zum Beispiel die Tabak- und Alkoholabstinenz beschlossen. Man besprach das Problem der Beziehungen zwischen älteren und jüngeren Schülern und zwischen Jungen und Mädchen, das Verhältnis der Schule zu den Dorfbewohnern. In der «Schulgemeinde» hat man auch leidenschaftlich darüber diskutiert, ob man von den Dichtern Goethe oder Spitteler den Vorzug geben sollte, von den Komponisten Beethoven oder Bruckner. Wenn ich sagte, daß es in Wickersdorf keine geschriebenen Gesetze gab, so muß ich jetzt hinzufü-

20 Außer Wynekens Schriften und den Veröffentlichungen der Freien Schulgemeinde Wickersdorf habe ich für die nächsten Ausführungen auch benutzt: G. W. Klein, ‹*Die freie Schulgemeinde Wickersdorf. Ein soziologischer Versuch*›.

gen: Aber es gab einen «Wickersdorfer Geist», dem man untreu werden konnte, eine «Idee der Freien Schulgemeinde», die man verraten konnte, einen «Gesamtwillen», der sich empören konnte. Ein falsches Verhalten wurde in Wickersdorf nicht als ein Fall von Ungehorsam angesehen, sondern das Verhalten war falsch, weil es dem Willen nicht nur der Mehrheit, sondern der ganzen Gemeinschaft widersprach. In solchen Fällen reagierte die «Schulgemeinde» mit dem einzigen Mittel, über das sie verfügte: Sie sprach dem «Schuldigen» ihre Mißbilligung aus. Dieser hatte die Möglichkeit, sich zu rehabilitieren, indem er sich selbst eine Arbeit oder ein Opfer zugunsten der Gemeinschaft auferlegte. Im Falle der Wiederholung eines schweren Verstoßes oder wenn einem Schüler dreimal die Mißbilligung der «Schulgemeinde» ausgesprochen worden war, erwartete man von ihm, daß er darauf verzichtete, weiter der Gemeinschaft anzugehören, und daß er die Schule verließ.

Auf diese Weise, so meint Wyneken, werde man dem Recht der Jugend auf Unabhängigkeit gerechter als durch die Einrichtung eines «Self-Government». Solche Versuche freiheitlicher Reformpädagogik lehnt er entschieden ab.

Vor allem sagt er, es handle sich bei allen Experimenten dieser Art, von denen man wisse, um reine Fiktionen von Autonomiegewährung, und er argumentiert da ähnlich, wie ich es hier in einem früheren Kapitel getan habe, als ich von der sehr beschränkten Reichweite solcher Reformen sprach.[21] Wyneken sagt, man habe bei diesen Versuchen einen großen Apparat aufgezogen, um die Schüler glauben zu machen, sie genössen eine Freiheit, die ihnen jedoch gar nicht oder höchstens in sehr geringem Ausmaß gewährt wurde. Außerdem habe man den Schülern hierbei Formen des Gemeinschaftslebens aufoktroyiert, die denen des gesellschaftlichen und politischen Lebens der Erwachsenen nachgeahmt sind, Formen, die der Eigenart spontaner Gemeinsamkeit der Jugend fremd sind. Das Gemeinschaftsleben in Wickersdorf dagegen brauche sich weder auf eine Fiktion zu stützen noch eine Nachahmung oder ein Spiel zu sein. Es müsse einfach Wirklichkeit sein, natürliches und autonomes Leben der Jugend. Es widerspreche auch dem Wesen der Jugendlichkeit, meint Wyneken weiter, ein starres System für das Zusammenleben von jungen Menschen festzulegen, eine «Verfassung». Denn einer der wichtigsten Wesenszüge der Jugend sei ihre ständige Bewegtheit, zumal in ihrem Gemeinschaftsleben. Außerdem sieht Wyneken in einer «Demokratisierung» der Erziehung, wie die Schülerselbstverwaltung sie auffaßt, eine gewisse Tendenz zum Individualismus; das gehe aus dem Bemühen hervor, die Pflichten und Rechte der einzelnen und der Gruppen genau gegeneinander abzugrenzen. Die «Schulgemeinde» dürfe kein «Kompetenzen-Markt» sein; sie solle den Willen der einzelnen zu einem gemeinsamen Willen zusammen-

21 Vgl. Kapitel 3.

schweißen, indem sie jedem das volle Recht garantiert, ständig an der Herausbildung dieses gemeinsamen Willens mitzuwirken. Der übliche Ausgang einer Debatte in der «Schulgemeinde» war daher nicht eine Mehrheitsabstimmung, sondern Einstimmigkeit, und die Diskussionen wurden in die Länge gezogen, um dies Ziel zu erreichen.[22] Man wollte den, der anderer Meinung war, nicht besiegen, sondern überzeugen.

Endlich legt eine Selbstverwaltung, die Rechte und Pflichten der Schüler abgrenzt, anderseits in einem bestimmten Maße auch die Rechte der Lehrer fest. Sie zieht also eine Demarkationslinie zwischen zwei Hoheitsbereichen. Für den Geist von Wickersdorf ist es nun sehr bezeichnend, daß man jede «konstitutionelle» Schulordnung vor allem deshalb ablehnte, weil sie zur Scheidung von Lehrern und Schülern führen mußte. Man wollte gerade vermeiden, daß die Versammlung der «Schulgemeinde» zu einer Einrichtung nur für die Interessenwahrung der Schüler würde. Statt dessen sollte sie das «Forum» der ganzen Gemeinschaft sein, und darum nahmen die Lehrer ja auch an der Versammlung mit den gleichen Rechten teil wie die Schüler. Das beeinträchtigte aber in keiner Weise die Redefreiheit, die jedermann garantiert war. Über alle Probleme des gemeinsamen Lebens wurde hier offen diskutiert. Meinungsverschiedenheiten zwischen einem Lehrer und einem Schüler und selbst eine Beschwerde über einen Lehrer waren nichts Außergewöhnliches und wurden als ganz und gar natürlich betrachtet. In Wickersdorf hat das Recht auf offene Aussprache und auf freimütige Kritik offenbar niemals einen Graben zwischen Lehrern und Schülern ausgehoben. In der Geschichte der Schulgemeinde ist kein Fall bekannt, in dem es infolge einer Meinungsverschiedenheit über welche Frage auch immer eine Fraktionsbildung zwischen Schülern auf der einen und Lehrern auf der anderen Seite gegeben hätte. Die Gruppen, die einander gegenüberstanden, bestanden immer auf beiden Seiten aus Lehrern und Schülern.[23]

Natürlich herrschte in der «Schulgemeinde» zwischen den Lehrern und den Schülern eine strenge Rechtsgleichheit, was darum sehr wichtig ist, weil die Entscheidungen der Versammlung endgültig waren, es also keine Berufungsinstanzen gab. Aber die Lehrer scheuten sich natürlich nicht, in wesentlichen Fragen ihren ganzen Einfluß geltend zu machen, und es ist auch nicht daran zu zweifeln, daß dieser Einfluß in den meisten Fällen entscheidend war. So war sogar der normale Verlauf jeder Versammlung, und es ergibt sich aus vielen Berichten, daß ein Erwachsener – zu Wynekens Zeit natürlich in erster Linie er selbst – oder eine Gruppe von Erwachsenen den «Ton» einer Versammlung angaben, die ja auch, wie erwähnt, von einem Erwachsenen geleitet wurde. Die «Schulgemeinde» war also nicht nur das Band, das die Interessen der Schüler und die der Lehrer koordinier-

22 Vgl. G. W. Klein, a. a. O., S. 17.
23 G. W. Klein, a. a. O., S. 17.

te, sondern sie war recht eigentlich auch der Ort, an dem der Erzieher seine Qualitäten als Führer beweisen konnte, seine Fähigkeit, sich die Gefolgschaft der jungen Menschen zu verschaffen, indem er ihnen die wesentlichen und empfehlenswerten Ziele zu zeigen wußte.

Die persönlichen Beziehungen zwischen den Erziehern und den Schülern wurden in Wickersdorf vor allem in den «Kameradschaften» gepflegt, die noch besser als die «Schulgemeinde» das komplexe Verhältnis kennzeichnen, das Lehrer und Schüler der «Freien Schulgemeinde» miteinander verband. Eine «Kameradschaft» bestand aus etwa zehn, fünfzehn oder zwanzig Schülern jeden Alters, Jungen und Mädchen, und dem Lehrer, um den die Gruppe sich geschart hatte. Man kam einmal in der Woche zusammen und verbrachte einen Abend, oft auch einen Sonntag miteinander, im Zimmer des Lehrers, in einem dafür reservierten Raum oder auch in einer der Hütten, die sich jede Gruppe im Walde gebaut hatte und deren Betreten für jeden, der nicht zu der Gruppe gehörte, streng verboten war. Die Mitglieder der Gruppe saßen bei den Mahlzeiten zusammen, aber sie wohnten nicht zusammen. Diese Einzelheit und ebenso auch die Bezeichnung «Kameradschaft», die nicht zufällig gewählt worden war, bringt den Unterschied zum Ausdruck, den Wyneken zwischen seinen «Kameradschaften» und den «Familien» der Lietz-Schulen machen wollte. Die Zellen des Gemeinschaftslebens in Wickersdorf sollten in nichts an die Familie erinnern, und sie sollten keine materielle Grundlage haben. Sie sollten nur durch reine «Wahlverwandtschaft» zustande kommen. Gegenseitige Zuneigung, gemeinsame Interessen und Ideale sollten die einzigen Bindungen sein, die die Kameraden miteinander verbanden. Zu diesem Zweck fand sich die Gruppe durch eine doppelte Wahl zusammen. Der neueingetretene Schüler wählte sich einige Wochen nach seinem Eintritt in die Schule in voller Freiheit die «Kameradschaft», der er sich anschließen wollte, und die Mitglieder der Gruppe hatten ihrerseits das Recht, über sein Aufnahmegesuch zu entscheiden. Wenn eine Aufnahme zustande gekommen war, war es dem neuen Mitglied in den nächsten Monaten kaum noch möglich, seine Gruppe zu wechseln. Dazu hatten alle Schüler im Frühling und im Herbst Gelegenheit, in den festgelegten Zeiten der «Mauser», wie man sie in Wickersdorf nannte. Aber zwischen diesen beiden Terminen hatte man den Wechsel der Kameradschaft sehr schwer gemacht. Er bedurfte der Zustimmung aller davon Betroffenen und der Genehmigung des Schulleiters, unter Umständen sogar der «Schulgemeinde».

Der Kern dieser kleinen Gemeinschaft war der Lehrer, den die Mitglieder sich als Führer gewählt hatten. Dies war der Bereich, in dem er mit den «Kameraden» in persönliche Verbindung kommen und die Entwicklung ihrer Persönlichkeit beeinflussen konnte. Dafür mußte er das volle Vertrauen aller Mitglieder der «Kameradschaft» besitzen. Aber diese Voraussetzung sei in Wickersdorf fast immer erfüllt gewesen, schreibt Wyneken.[24] Indessen, nicht in erster Linie als Pädagoge, sondern rein mitmenschlich erfüllte der Lehrer seine Aufgabe in der «Kameradschaft». Er war der gewählte Führer; die Anhänglichkeit der jungen Menschen unterstützte ihn, und sein Prestige gewann er daraus, daß er Führer sein konnte und daß er seine Gruppe begeistern und leiten konnte. Der Lehrer prägte den Geist seiner «Kameradschaft». Sie trug seinen Namen, und das Ansehen, in dem sie in der Schule stand, beruhte vor allem auf dem Ruf, den ihr Führer hatte. Zwischen ihm und den «Kameraden» seiner Gruppe herrschte ein vertraulicher, kameradschaftlicher und freundschaftlicher Ton. Der Lehrer wurde hier nicht nur geduzt, sondern oft auch mit seinem Spitznamen angeredet. Ein Besucher bemerkt, dieser vertrauliche Ton habe nichts Überraschendes oder Schockierendes für ihn gehabt, weil er fühlte, daß es der angemessene Ausdruck der inneren Beziehung war.[25]

Durch die «Kameradschaften» entstanden nicht selten echte Freundschaften zwischen einem Lehrer und diesem oder jenem Schüler seiner Gruppe. Ein ehemaliger «Wickersdorfer», Erich Ebermayer, hat in einem fesselnden Roman[26] – gewiß in dichterischer Verschlüsselung und Verklärung – diese Atmosphäre der Vertraulichkeit – die «Wickersdorfer Atmosphäre» – überaus lebendig wiedergegeben.

Wyneken selbst läßt keinen Zweifel daran, daß er Lehrer und Schüler in engster Beziehung geeint sehen will. Eine seiner letzten Schriften[27] ist der Verherrlichung des erzieherischen Eros im platonischen Sinne gewidmet.

Und doch war ihm dies nicht das wichtigste an dem neuen erzieherischen Verhältnis, das er wollte. Nicht auf das persönliche Verhältnis, auf die Gefühlsbeziehung kam es ihm vor allem an, sondern – bei aller Kameradschaftlichkeit – auf die Führungsqualität des Erziehers. Diese Qualität ist es nach Wyneken, die den reifen Menschen dazu befähigt, sich Hand in Hand mit dem reifenden in den Dienst des «objektiven Geistes» zu stellen.

Dies macht den wesentlichen Unterschied zwischen Wyneken und den Hamburgern, den «Lehrer-Kameraden» aus. Aber trotz dieses Unterschiedes mußte ich auf meiner Suche nach den Ursprüngen der Kameradschafts-Pädagogik den Ideen und dem Werk Gustav Wynekens einen so breiten Raum geben. Man darf nicht vergessen, daß Wyneken, indem er sich zum Vorkämpfer der Grundforderungen der Freiheitspädagogik gemacht hat (Ablehnung der äußeren Ziele in der Erziehung – Eigenwert und Autonomie der Jugend), in Deutschland einen weit größeren Einfluß

24 ‹*Erster Jahresbericht der Freien Schulgemeinde Wickersdorf*›, 1906, S. 29.

25 F. Grunder, ‹*Landerziehungsheime und Freie Schulgemeinden*›, 1917, S. 195.

26 ‹*Kampf um Odilienberg*›.

27 ‹*Eros*›.

gehabt hat als beispielsweise Ellen Key und Gurlitt. Wie das nächste Kapitel zeigen wird, hat Wyneken besonders die Jugend selbst für seine Ideen zu begeistern gewußt. Und wie auch deutlich werden wird, hat Wyneken gerade durch sein Wirken in der Jugendbewegung auf manche künftigen Pädagogen starken Einfluß ausgeübt – so auch auf die, die dann 1919 die Hamburger Gemeinschaftsschulen gründeten.

Aber Wyneken spielt in der Geschichte der «Freiheitspädagogik» schon deswegen eine große Rolle, weil er eben doch einer der ersten war, die ihre Postulate in die Praxis umzusetzen versuchte. Was Berthold Otto auf dem Gebiet des Unterrichtlichen geleistet hatte, verwirklichte Wyneken im Bereich des eigentlich Erzieherischen. Zielsicher, in kühner Entschlossenheit schuf er von 1906 an in Wickersdorf eine «Pädagogische Provinz» der Avantgarde, die während vieler Jahre – jedenfalls in Europa – nicht ihresgleichen hatte.

Wynekens theoretisches und praktisches Werk hat so viel Eigenständigkeit, daß man sich fragen muß, ob er in die Geschichte der Freiheitspädagogik einfach eingeordnet werden kann. Die Originalität seiner pädagogischen Konzeption liegt in der Synthese von Autonomie und lenkender Erziehung. Solange, wie es pädagogische Revolutionäre ja getan haben, unter Autonomie nur Freiheitsgewährung schlechthin verstanden wird, besteht die Gefahr, daß solche Freiheit ihren pädagogischen Sinn verliert. Auch Wyneken verwirft alle autoritäre Freiheitsbeschränkung, weil sie nach seiner Meinung zur Heteronomie, zur Selbstentfremdung der Persönlichkeit führt. Aber er stellt der Spontaneität der Jugend eine objektive Wirklichkeit gegenüber. Von ihr soll eine Verpflichtung ausgehen, und dadurch, daß der junge Mensch sich ihr von sich aus unterzieht, wird er, ohne daß Druck und Zwang notwendig werden, zur Autonomie geführt, anstatt in Anomie zu verfallen.

Hat Wyneken nun mit dieser Synthese in der Praxis ebensoviel Erfolg gehabt wie in der Theorie? Seine Gegner haben es immer wieder bestritten, und selbst ein neutraler Beobachter, wie Peter Petersen es zweifellos war, sagt von ihm: «Leider ist Wyneken ein allzu dämonischer Führer, um die Jugend wirklich freizulassen; er zwingt sie hinein in seine Ideen und unter die Macht einer hypnotischen Wirkung.»[28]

Ich selbst bin davon überzeugt, daß jedenfalls Paul Geheeb, der zuerst Mitarbeiter von Wyneken war, nach seinem Ausscheiden aus Wickersdorf für das Problem «Freiheit und Bindung» eine bessere Lösung gefunden hat als Wyneken. Er gründete die «Odenwaldschule», die 1934 in die Schweiz verlegt worden ist.[29] Aber Wyneken hat das unbestreitbare Verdienst, daß er den immanenten Individualismus der Freiheitspädagogik zu überwin-

28 Peter Petersen, ‹*Die neueuropäische Erziehungsbewegung*›, S. 58.

29 Vgl. die ausgezeichneten Studien von Elisabeth Huguenin, ‹*Paul Geheeb et la libre communauté scolaire de l'Odenwald*› und ‹*Die Odenwaldschule*›.

den suchte. Das Freiheitsprinzip, das Ellen Key und Ludwig Gurlitt vertraten, schien wirklich zu einem Kultus der Individualität oder der Persönlichkeit führen zu müssen.[30] Dagegen wandte sich Wyneken: «Der zweite Aberglaube, dem durch eine wahrhaft moderne Pädagogik ein Ende gemacht werden muß, ist der sentimentale Kultus der individuellen Persönlichkeit.»[31]

In Theorie und Praxis hatte er wirklich die Gemeinschaft über das Individuum gestellt. Das harte Urteil Ellen Keys, die Wickersdorf besucht hatte, bezieht sich vielleicht teilweise auf die anti-individualistische Tendenz. Sie sagt von Wyneken, dessen Ansichten ja doch in vielen Punkten mit ihren eigenen übereinstimmten: «Wyneken ist ein begabter Despot; er will Jünger, nicht Menschen erziehen; er ist Jesuitengeneral, nicht Erzieher.»[32]

Im nächsten Kapitel, das die Jugendbewegung behandelt, ist noch viel über Wyneken zu berichten. – Im Augenblick, 1936, scheint er fast vergessen zu sein, obwohl von ihm so viel gesprochen worden ist wie von wenigen anderen zeitgenössischen Pädagogen.

Noch 1921 konnte Fritz Karsen von ihm schreiben: «Wyneken ist zweifellos der gewaltigste pädagogische Anreger der Gegenwart. Durchdrungen von tiefstem Ahnen des gesellschaftlichen Werdens, entreißt er die Schule dem öden seelenlosen Mechanismus des Lernbetriebs und führt sie über den romantischen Idealismus hinauf zu ihrer tiefen unvergänglichen Bedeutung. Sie ist die Lebensstätte der Jugend mit ihren Führern, sie ist autonome Gemeinschaft und ihr Sinn fern allen äußeren Zwecken allein der der Kultur, als des Dienstes am Geist.»[33]

10. Die Jugendbewegung

Auf die deutsche Jugendbewegung habe ich schon mehrere Male hingewiesen. Nicht nur soziologisch gesehen ist diese Emanzipation der Jugend wichtig,[1] sondern besonders auch für die Geschichte der Pädagogik. Um zu begründen, warum die Jugendbewegung gerade für das zentrale Thema dieser Untersuchung so wichtig ist, brauche ich nur Kurt Zeidler zu zitieren, der viele Jahre lang Lehrer an der Hamburger «Wendeschule» gewesen ist:

«Wer das Wesentliche der Jugendbewegung nicht erfaßt hat, dem muß

30 Vgl. Kapitel 7.

31 ‹*Schule und Jugendkultur*›, S. 21.

32 Zitiert nach E. Reisinger, ‹*Dr. Wyneken, der „Anfang" und die freideutsche Jugend*›, S. 17.

33 Fritz Karsen, ‹*Deutsche Versuchsschulen der Gegenwart und ihre Probleme*›.

1 Vgl. Teil II, Kapitel 1.

notwendig auch die ganze neue Schulbewegung verschlossen bleiben, der kann in ihr kaum etwas anderes sehen, wie es wirklich oft geschieht, als eine unreife Schmähung alles dessen, was vordem bestand.»[2]

Ich hoffe zeigen zu können, daß man den Einfluß der Jugendbewegung auf die Freiheitspädagogik, mit der sich dies Buch beschäftigt, gar nicht hoch genug veranschlagen kann. Darum kann die Jugendbewegung auch in diesem Abschnitt, der den Titel «Schulrevolution» trägt, einen eigenen Platz beanspruchen. Die pädagogische Revolution, aus der ich einige besonders charakteristische Stadien besprochen habe, wäre tatsächlich auf halbem Wege stehengeblieben, wäre nicht die Jugend selbst den Pädagogen zur Hilfe gekommen, über deren Bestrebungen ich berichtet habe. Dies bemerkenswerte, in der Geschichte der Pädagogik zweifellos einmalige Phänomen, daß die Jugend selbst sich aktiv für ein pädagogisches Ideal einsetzt, dessen Verwirklichung sie wünscht, verdient eine besondere Beachtung. Dies pädagogische Ideal ist ganz genau die Pädagogik des «Vom Kinde aus». Aber bevor ich den pädagogischen Einfluß der Jugendbewegung genauer untersuche, will ich die Bewegung selbst in großen Zügen beschreiben.

Wer von «Jugendbewegung» spricht – auch außerhalb Deutschlands – meint damit die *deutsche* Jugendbewegung.[3] Man muß nämlich wissen, daß die Begründer der Bewegung stets Wert darauf gelegt haben, daß der Name «Jugendbewegung» für die Gruppen vorbehalten bleibt, die selbständig von der Jugend gegründet worden sind, die unter der Leitung von gewählten Führern standen, die selbst jung waren, und die in keinem Zusammenhang mit Organisationen der Erwachsenen standen. Die Pfadfinder und der «Christliche Verein junger Männer», die in Deutschland wie in anderen Ländern vertreten waren, sind niemals zur Jugendbewegung gerechnet worden. Man ordnete sie zwischen die Vereinigungen ein, die von Erwachsenen aus der «Jugendpflege» organisiert sind, und man hat zwischen Jugendbewegung und Jugendpflege immer eine scharfe Trennung vollzogen. Oft standen sie einander feindlich gegenüber.

Die Jugendbewegung, die vor ihrer Auflösung durch die Nationalsozialisten bestimmt mehrere hunderttausend junge Menschen umfaßte, hatte ihren Ursprung 1896 in einem kleinen Kreis von Schülern in Berlin-Steglitz gehabt. Der Student Karl Fischer, der die Leitung der Gruppe über-

2 Kurt Zeidler, ‹*Die Wiederentdeckung der Grenze*›, S. 15.

3 Die deutsche Jugendbewegung hat zwar Nachahmer gefunden, besonders in Österreich, in der Schweiz und in Skandinavien. Diese Bewegungen haben oft einen eigenen Charakter, sind aber doch nicht so eigenständig, daß man ihre geistige Abhängigkeit von der deutschen Jugendbewegung bestreiten könnte. Der Frage, warum keine selbständigen Bewegungen in anderen Ländern entstanden sind, soll hier nicht nachgegangen werden, da sie zu weit führen würde. Die deutsche Soziologin Charlotte Lütkens hat dazu interessante Hypothesen entworfen; vgl. ihre Schrift ‹*Die deutsche Jugendbewegung*›.

nahm, schlug seinen Gefährten vor, regelmäßig Ausflüge und Fußreisen zu veranstalten. Dieser Kreis, der sich dann den Namen «Wandervogel» gab, vergrößerte sich zur Überraschung seiner Gründer in kurzer Zeit ungeheuer. Im Jahre 1914 hatte der «Wandervogel» mehr als 45 000 Mitglieder, und fast jede Stadt in Deutschland hatte ihre Ortsgruppe. Außerdem waren andere Organisationen ähnlicher Art gegründet worden, die dazu beitrugen, für die Bewegung zu werben, besonders in der Studentenschaft: 1905 der Hamburger Wanderverein, 1906 die Akademische Freischar in Göttingen, dann die Akademische Freischar in Marburg und noch viele andere Vereinigungen.[4]

Woher kam der ungeheure Erfolg dieser Bewegung? Man hat oft versucht, ihre tieferen psychologischen Ursachen zu ergründen, und die verschiedenen Interpretationen, zu denen man dabei kam, waren beinahe ebenso zahlreich wie widerspruchsvoll. Die Anfänge der Jugendbewegung hat zweifellos Hans Blüher in seiner Geschichte des «Wandervogels»[5] am packendsten und am anschaulichsten beschrieben; aber dies Buch, das nicht ganz unparteiisch ist, hat in den Kreisen des «Wandervogels» selbst so viel Widerspruch gefunden, daß man es nur mit Vorbehalt benutzen kann. Auf Blühers Ansichten komme ich später noch zurück. Zunächst will ich versuchen, eine allgemeine Vorstellung davon zu vermitteln, was der «Wandervogel» eigentlich ist.

Ursprünglich war die Vereinigung wohl einfach Ausdruck jugendlicher Romantik. Wieviel mußte es den jungen Leuten bedeuten, wenn man in kleinen Gruppen die Ebenen und die Täler des Landes durchwanderte, wenn man bei den Bauern übernachtete oder sein Zelt mitten im Wald oder an einer alten Burgruine aufschlug! Diese Romantik kommt auch in der Bedeutung zum Ausdruck, die die «Wandervogelkluft» hatte und die Gitarre, die auf jeder «Fahrt» mitgenommen werden mußte.

Aber in diesem Gefühl gab es auch vielleicht schon von Anfang an ein tieferes und ernsthafteres Element. Wenn diese jungen Menschen ihre Sonntage und ihre Ferien auf Fahrten oder in Lagern zubrachten, wollten sie die ganze Zivilisation hinter sich zurücklassen, in die sie Tag für Tag eingeschlossen waren. Sie flohen durch dies «Zurück zur Natur» aus der materialistischen Mentalität der «Gründerjahre», wie man diese Zeit des materiellen Wohlstandes vor der Jahrhundertwende in Deutschland genannt hat. Diese Jugend entzog sich der gesättigten, moralistischen und

4 Eine vollständige Aufzählung der verschiedenen Organisationen enthält die Schrift von Normann Körber, ‹*Die Deutsche Jugendbewegung*›. – Vom gleichen Verfasser vgl. ‹*Das Bild vom Menschen in der Jugendbewegung unserer Zeit*› (1927), jetzt in: ‹*Grundschriften der Deutschen Jugendbewegung*›, S. 472 (Anm. d. Übers.)

5 Hans Blüher, ‹*Wandervogel. Die Geschichte einer Jugendbewegung*›. – Auszüge jetzt in: ‹*Grundschriften der Deutschen Jugendbewegung*›, S. 33–62 (Anm. d. Übers.).

doch nicht sauberen Lebensatmosphäre eines gewissen Bürgertums. Sie wollte aber auch den lärmigen studentischen Festivitäten den Rücken kehren, bei denen Alkohol und zweideutige Spaßmacherei so leicht die Oberhand erhielten. Sie floh vor allem vor der intellektualistischen und autoritären Schule, die für die lebendigen Interessen der jungen Menschen kein Verständnis hatte und die sich gegen ihre Wünsche nach Gemeinschaft und Kameradschaft sperrte. Man kann diese Bewegung nur richtig verstehen, wenn man erkennt, daß sie zunächst wirklich eine Flucht war.[6]

Man begnügte sich aber bald nicht mehr damit, seine Sonntage und seine Ferien in einer «splendid isolation» zu verbringen und sich an Volkskunst, Volkstänzen und Volksliedern zu erfreuen.[7] Diese jungen Menschen gingen bald dazu über, abends am Lagerfeuer und im Winter in ihrem «Stadtnest» die Welt, aus der sie sich gerade eben zurückgezogen hatten und in die sie am nächsten Tage zurückkehren mußten, einer heftigen Kritik zu unterziehen. Und ihre Kritik wurde dadurch nur noch schärfer, daß sich in den Familien ein gewisser Widerstand gegen die Jugendbewegung bemerkbar machte, daß man es in den Schulen nicht gern sah, wenn sich Schüler dem «Wandervogel» anschlossen, daß die Lehrer immer häufiger die Zeitschriften der «Wandervögel» beschlagnahmten und daß hier und da eine ihrer Ortsgruppen von den Schulbehörden aufgelöst wurde. Von der Kritik gingen die jungen Leute bald zur offenen Opposition über, zum Haß auf alles, was erwachsen war, und zur Ablehnung jeder Institution, die von Erwachsenen geschaffen war. Das folgende Zitat vermittelt von dieser Haltung eine Vorstellung. Es stammt zwar aus dem Jahr 1919, aber es wäre leicht, andere Dokumente aus der Vorkriegszeit anzuführen, die die gleichen Gedanken zum Ausdruck bringen, vielleicht weniger schneidend, aber doch ebenso deutlich. Die Einladung des «Zentraljugendrats in Deutschland» zu einer Tagung der «Entschiedenen Jugendbewegung» beginnt mit diesen Worten:

«Kameraden! Wir sind einig im Haß der Einrichtungen dieses Lebens und dieser Zeit. Wir fragen uns: Wer ist schuld an diesem Leben, diesen Einrichtungen, dieser Kultur? Wer hat diese Staaten, diese Schulen, diese Kirchen, diese Politik, diese Presse und vieles andere auf dem Gewissen? Die Erwachsenen.»[8]

Es läßt sich nun aber sicher nachweisen, daß die Wendung der Jugendbewegung von der Sezession zum Geist der Revolte nicht allein durch jugendlichen Impuls selbst zustande kam. Der Einfluß Älterer hat hier eine wesentliche Rolle gespielt, die als Publizisten und Redner ihre Sendung

6 Diesen Zug hat August Messer in seinem Buch ‹*Die freideutsche Jugendbewegung*› besonders herausgearbeitet.

7 Die Volkslieder waren in dem berühmten ‹*Zupfgeigenhansl*›, dem Liederbuch des Wandervogels, zusammengefaßt (1. Aufl. 1908).

8 August Messer, a. a. O., S. 68.

darin sahen, der Jugend das Elend ihrer Existenz vor Augen zu führen. Von ihnen muß zuerst Hans Blüher genannt werden. In seinem Buch über die Geschichte des «Wandervogels» tritt er ebensosehr als Historiker wie als Inspirator der Bewegung auf. Es ist voll von Aufrufen zur Empörung, von Bannflüchen gegen Staat, Kirche und Familie und ganz besonders gegen die Schule. Ich will eine dieser schwungvollen Stellen anführen.

Man muß sich vorstellen, wie dieser herausfordernde Ton auf die Jugend gewirkt hat.

«Die Schule ist nicht für die Jugend da, sondern für den Staat. Sie ist eine Funktion der Majorität, die dazu dient, dem jungen Gemüte ‹ab ovo› eine bestimmte Richtung zu geben; sie soll es zur Brauchbarkeit für den gerade herrschenden Staatsgedanken herrichten. ... Die Lehrer, als die Vollstrekker dieser Tendenz, können im letzten Grunde niemals Freunde der Jugend sein. ... Sie können nur mehr oder weniger gütige Kerkermeister sein, die den jungen Menschen helfen, mehr Licht und Sonnenschein in die Räume ihrer Gefangenschaft zu bringen.»[9]

Der Einfluß, den Blüher auf den «Wandervogel» hatte, war indessen begrenzt. Schon gleich in den ersten Jahren waren junge Lehrer in die Bewegung eingetreten, und sie hatten sich dort einen gewissen Einfluß gesichert, der natürlich dem Einfluß Blühers entgegenstand. Das veranlaßte Blüher, für den der revolutionäre Geist des «Wandervogels» das Wesentliche war, dazu, schon 1909 von einem Verfall des «Wandervogels» zu sprechen, der nur noch ein «Schüler-Reisebüro» sei.

In einigen anderen Gruppen der Jugendbewegung fand Blühers Propaganda mehr Widerhall. Besonders der Kreis um die Zeitschrift *Der Anfang*[10] machte sich die Gedanken Blühers zu eigen und ging zu einer Polemik in seinem Geiste über. Eine Gruppe junger Leute, vor allem höhere Schüler, hatte sich mit diesen grünen Heften eine «Tribüne der Jugend» geschaffen, in der dann Schüler, die unter Pseudonymen schrieben, ihrer Verachtung und ihrem Haß gegenüber der Erwachsenenwelt und ihren Institutionen und besonders gegenüber der Schule freien Lauf lassen konnten. Die offizielle Verantwortung für den Inhalt dieser Zeitschrift übernahm Gustav Wyneken, der als Chefredakteur zeichnete. Diese Funktion dürfte dem Wickersdorfer Kämpfer noch mehr Feindschaft eingetragen haben als seine eigenen Schriften und seine Reden. Trotzdem hatte er es für richtig gehalten, die Verantwortung für die Zeitschrift zu übernehmen, weil er glaubte, es sei wichtig, der Jugend auf diese Weise ein «Forum» zu schaffen, wo sie frei ihre Meinung äußern und versuchen konnte,

9 Hans Blüher, a. a. O., Band I, S. 73.

10 Die Zeitschrift *Der Anfang* ist in verschiedenen Zeiten erschienen. 1908 gab Georges Barbizon in Berlin 10 hektographierte Broschüren heraus; 1911 sind 4 gedruckte Nummern erschienen. Interessant sind aber vor allem die 16 Nummern von 1913 bis 1914, die von Georges Barbizon und Siegfried Bernfeld in Berlin herausgegeben worden sind.

eine gemeinsame Aktionsbasis zu finden.

Gustav Wyneken hat auf die Jugendbewegung noch einen stärkeren, umfassenderen und kontinuierlicheren Einfluß ausgeübt als Hans Blüher; wir werden seinem Namen noch häufiger begegnen. Gewiß war seine Persönlichkeit auch da umstritten, aber er hat der Bewegung mehr als jeder andere geistige Grundlagen gegeben. Nicht nur hatte er mit seinem Wikkersdorf eine Schule geschaffen, von der er sagte, sie habe die Kritik all derer nicht zu fürchten, die in der öffentlichen Schule ein Ärgernis sahen.[11] Vor allem hat er, in seinem Buch ‹*Schule und Jugendkultur*› (1919) und in Aufsätzen und Reden, zusammengefaßt in ‹*Der Kampf für die Jugend*› (1920), für die Jugendbewegung Grundpostulate formuliert und ein eigentliches Aktionsprogramm entworfen.

Er konnte wirklich für sich das Verdienst in Anspruch nehmen, der Jugend ein Ziel jenseits der Romantik, der Flucht aus der Zivilisation und der unfruchtbaren Kritik gezeigt zu haben. Dies Ziel war die Autonomie der Jugend, die von 1913 an zur zentralen Idee der Bewegung wurde. Die Geschichte der Jugendbewegung ist von diesem Zeitpunkt an die Geschichte des Kampfes, den die deutsche Jugend für die Anerkennung ihrer geistigen Eigenständigkeit führt. Dieser Kampf, der ein überaus packendes Schauspiel bietet, hat sich in mehreren Etappen vollzogen.

Der Jugendtag auf dem Hohen Meißner stellt einen ersten Höhepunkt dar. Die dreizehn wichtigsten Organisationen der Jugendbewegung riefen im Oktober 1913 ihre Mitglieder und mit ihnen die ganze deutsche Jugend auf einen Berg in der Nähe von Kassel zusammen. Ein Fest der Jugend sollte alle verstreuten Gruppen zusammenführen und sie zu einer großen Bewegung vereinigen, deren einziges Ziel es war, der Jugend einen autonomen Platz im Leben der Nation zu sichern. Das brachte der sogenannte «Zweite Aufruf» zum Ausdruck, den Wyneken verfaßt hat:

«Die deutsche Jugend steht an einem entscheidenden Wendepunkt. Die Jugend, bisher nur ein Anhängsel der älteren Generation, aus dem öffentlichen Leben ausgeschaltet und auf eine passive Rolle angewiesen, beginnt sich auf sich selbst zu besinnen. Sie versucht, unabhängig von den Geboten der Konvention, sich selbst ihr Leben zu gestalten. Sie strebt nach einer Lebensführung, die jugendlichem Wesen entspricht, es ihr aber auch ermöglicht, sich selbst und ihr Tun ernst zu nehmen, und sich als einen besonderen Faktor in die allgemeine Kulturarbeit einzugliedern ...»[12]

Das Datum dieses Festes war nicht willkürlich gewählt. Zum gleichen

11 In seiner Schrift ‹*Der Gedankenkreis der Freien Schulgemeinde*›, die dem Wandervogel gewidmet ist, bezeichnet er die Bewegung und die «Freie Schulgemeinde» als eine harmonische Verbindung, die man mit dem Schaft und der Spitze einer Lanze vergleichen kann.

12 ‹*Freideutsche Jugend*›, Festschrift zum freideutschen Jugendtag (Hg. Arthur Kracke); wieder abgedruckt in: ‹*Grundschriften der Deutschen Jugendbewegung*›, S. 93.

Zeitpunkt rollte in Leipzig mit Paraden, Reden und Banketten die Jahrhundertfeier der Schlacht von Leipzig ab. Nicht, daß es den jungen Leuten auf dem Hohen Meißner darum gegangen wäre, durch ihre eigene Zusammenkunft gegen jeglichen Patriotismus zu demonstrieren oder der Befreiungstat der Vorväter die Achtung zu verweigern. Aber sie wollten zeigen, daß die Jugend große geschichtliche Ereignisse anders zu feiern wußte als mit Paraden und kriegerischen Reden, daß sie das Werk der Ahnen wohl fortsetzen wollte, aber in einem neuen Geist. Das betonte dieser Satz in dem ‹*Ersten Aufruf zum Freideutschen Jugendtag*›:

«Vor allen Dingen hassen wir den unfruchtbaren Patriotismus, der nur in Worten und Gefühlen schwelgt, der sich – oft auf Kosten der historischen Wahrheit – rückwärts begeistert, und nicht daran denkt, sich neue Ziele zu stecken.»[13]

Zwei Tage lang ließ man den Volkstanz und das Volkslied wiederaufleben, man sah eine Aufführung von Goethes «Iphigenie», und Männer wie Gottfried Traub, Bruno Lemke, Knud Ahlborn, Ferdinand Avenarius und Gustav Wyneken sprachen zu den zweitausend jungen Menschen, die aus ganz Deutschland zusammengekommen waren.[14] Die Führer der verschiedenen Organisationen verhandelten über das Aktionsprogramm, das die Freideutsche Jugend annehmen sollte. Hier war es wiederum Wyneken, der der Jugend den Weg zeigte, den sie einschlagen sollte. Er beschwor diese jungen Menschen, sich ihre volle Handlungsfreiheit zu bewahren, auf der Hut zu sein, daß ihr wunderbarer Schwung nicht aufhöre, wenn sie ein festgelegtes Ziel erreicht hätten, das, selbst wenn es sehr hoch sei, den Bedürfnissen der Jugendbewegung entgegenstehen könnte. Und man folgte ihm. Das konkrete Ergebnis dieser Kundgebung war nicht ein festgelegtes und detailliertes Aktionsprogramm, sondern ein begeistertes Bekenntnis der Jugend zur Autonomie auf allen Gebieten. Die berühmte «Meißner-Formel», die einmütig und begeistert angenommen wurde, bringt diese Entschlossenheit zum Ausdruck:

«Die freideutsche Jugend will aus eigener Bestimmung, vor eigener Verantwortung, mit innerer Wahrhaftigkeit ihr Leben gestalten. Für diese innere Freiheit tritt sie unter allen Umständen geschlossen ein.»

Obwohl durch diese Erklärung keine revolutionäre Aktion ausgelöst wurde, begann diese «ketzerische» Jugend, die die Autorität der Erwachsenen ablehnte, die öffentliche Meinung doch zu beunruhigen. Zwar hatten angesehene Persönlichkeiten wie der Verleger Eugen Diederichs, der Philosoph Friedrich Jodl, der Psychologe Ludwig Klages, die Schriftsteller Ludwig Thoma und Hermann Anders Krüger, die Pädagogen Paul Natorp, Ludwig Gurlitt und Georg Kerschensteiner der Bewegung ihre Sympathie bekundet,[15] aber anderseits veröffentlichten die konservativen Zeitungen

13 ‹*Freideutsche Jugend*›, (Festschrift), S. 3.
14 ‹*Freideutscher Jugendtag 1913, Reden*›.

alarmierende Berichte, und im Bayrischen Landtag wurde sogar der Unterrichtsminister wegen des revolutionären Geistes, der Unruhe in die Jugend brächte, interpelliert.[16] Die «Freideutsche Jugend» ließ sich von der Kritik, die ihr zuteil wurde, kaum beunruhigen, und schon traten die Führer der verschiedenen Organisationen in Marburg zu einer Tagung zusammen, um der trotz allem doch reichlich unbestimmten Meißner-Formel ein wenig mehr Realität zu geben. Sie konnten sich aber nicht darüber einigen, wie man konkret weiterkommen sollte. Man scheiterte immer wieder an der genaueren Definition der Autonomie, die zu fordern war. Einige Teilnehmer waren auch der Meinung, daß der Einfluß Älterer auf die Jugendbewegung immer noch zu groß sei. Sie wollten, daß man die Meißner-Formel noch durch die folgende Erklärung ergänzte: «Als ‹Freideutsche Jugend› treten Jugendbünde zusammen, die von der Jugend selber geschaffen sind, und die wollen, daß nun auch ihre Gemeinschaft von der Jugend getragen werde.»[17]

Das war eigentlich nur eine kaum verschleierte Aufforderung an die Adresse des 38jährigen Gustav Wyneken, der auch an der Tagung teilnahm, sich aus der Bewegung zurückzuziehen. Das tat er dann auch, nach einer sehr bewegten Debatte und zum großen Bedauern einer ziemlich großen Minderheit. Was soll man dazu sagen, daß diese Jugend die Parole der völligen «Autonomie» gerade dem Manne gegenüber geltend machte, der sie ihr in den Mund gelegt hatte? War es Undankbarkeit, oder war es eine logische Notwendigkeit? Jedenfalls läßt sich nicht bestreiten, daß Wyneken seinen Einfluß auf die Jugendbewegung rückhaltlos dazu benutzt hat, um dort für seine Ideen zu werben.

Die Marburger Tagung wurde von der Mehrheit der Organisationen, die in der Freideutschen Jugend zusammengeschlossen waren, als die endgültige Befreiung von jedem jugendfremden Einfluß betrachtet. Die «Freideutsche Jugend» glaubte, nun endlich die völlige geistige Autonomie erlangt zu haben, und sie gelobte, sie gut anzuwenden. Sie hoffte, Einfluß auf die Schule zu gewinnen, und sie wollte eine Kunst, vielleicht sogar eine Politik der Jugend schaffen![18] Aber bevor es zur Verwirklichung dieser Pläne kam, brach der Krieg aus und setzte dem allem ein Ende, wenigstens für eine gewisse Zeit.

Jetzt glaubte die deutsche Jugend nicht mehr abseits stehen zu dürfen, und in der Erschütterung, die durch die Nation ging, Bewahrung ihrer Eigenständigkeit fordern zu können. Die Zeit für Beratungen über emanzipatorische Aktionsprogramme schien vorbei zu sein. Die Älteren gingen

15 Die Grußadressen dieser und anderer Persönlichkeiten sind abgedruckt in: ‹*Freideutsche Jugend, Festschrift zum freideutschen Jugendtag*›.

16 Vgl. die Broschüre ‹*Die freideutsche Jugend im bayrischen Landtag*›.

17 ‹*Die Marburger Tagung der freideutschen Jugend*›.

18 *Freideutsche Jugend* I (1915), S. 173.

an die Front, voll Begeisterung und Opferwillen und begleitet von den heißen Wünschen und manchmal auch von dem Neid der Jüngeren. Denn man sah in diesem Krieg «das unabwendbare Resultat realer politischer Faktoren», und man war, wie die Erwachsenen, davon überzeugt, daß nur «die Waffen» Deutschland retten konnten.[19] Aber nach der Begeisterung der ersten Monate erinnerten die «Freideutschen» sich allmählich daran, daß sie auf dem Hohen Meißner Wyneken zugestimmt hatten, als er feierlich erklärt hatte: «Wenn ich die leuchtenden Täler unseres Vaterlandes hier zu unseren Füßen ausgebreitet sehe, so kann ich nicht anders als wünschen: Möge nie der Tag erscheinen, wo des Krieges Horden sie durchtoben. Und möge auch nie der Tag erscheinen, wo wir gezwungen sind, den Krieg in die Täler eines fremden Volkes zu tragen.»[20]

Und in den Zeitschriften und Versammlungen der «Freideutschen Jugend» wurde der Geist des Hohen Meißners wieder lebendig. Die Jugend erinnerte sich, daß sie andere Pläne gehabt hatte, als sich blind auf die Schlachtfelder führen zu lassen. «Was haben wir mit Völkerhaß und -mord zu tun – wir wollen keinen Chauvinismus, keine Unterdrückung fremder Art», schrieb Knud Ahlborn 1915.[21] 1916 protestierte die «Freideutsche Jugend» offen, als das «Reichsjugendwehrgesetz» erlassen und damit die vormilitärische Ausbildung der deutschen Jugend verfügt wurde.[22] Man stimmte ganz der Ansicht Friedrich Wilhelm Foersters zu, der im *Berliner Tageblatt* erklärte: «Für den zukünftigen Frieden und nicht für den Krieg müssen wir die Jugend ... vorbereiten!» Und in einem Lager, das die «Freideutsche Jugend» 1917 im Solling veranstaltete, faßte man Beschlüsse, in denen die offene Ablehnung des Kriegs zum Ausdruck kam. Indessen enthielt die «Freideutsche Jugend» sich jeder Aktion in dieser Richtung; sie wartete auf das Ende des Krieges, um den geistigen Kampf dort wiederaufzugreifen, wo er 1913 stehengeblieben war.

Aber 1918 war nicht mehr 1913! Die Revolution wurde von der Mehrheit der «Freideutschen» mit Sympathie aufgenommen. Die «Freideutsche Jugend», die ihrem Wesen nach revolutionär war, wenn auch in einem anderen Sinn als dem politischen, hatte schon immer antikapitalistische Tendenzen gezeigt; sie sympathisierte seit langem mit sozialen Reformversuchen. Aber dies war nicht die Haltung der ganzen Jugendbewegung und konnte es auch gar nicht sein, denn ihre Mitglieder stammten zum großen Teil aus bürgerlichen Schichten. Die natürliche Folge dieser gegensätzlichen Einstellungen war eine zunehmende Aufspaltung der Bewegung in eine große Zahl von Organisationen, die sich durch ihre politischen Überzeugungen voneinander unterschieden. Diese Entwicklung

19 *Freideutsche Jugend* I (1915), S. 144.
20 ‹*Freideutscher Jugendtag. (Reden)*›, S. 34.
21 *Freideutsche Jugend* I (1915), S. 171.
22 *Freideutsche Jugend* II (1916), S. 170.

machte natürlich ein gemeinsames Handeln, wie man es 1913 geplant hatte, unmöglich. Die Tatsache, daß die Jugendbewegung immer stärker unter den Einfluß der Politik geriet, was seit 1918 nicht mehr zu leugnen war,[23] setzte der Idee einer einheitlichen und autonomen deutschen Jugendbewegung ein Ende, denn in den verschiedenen Gruppen ging es nun nicht mehr darum, eine «Politik der Jugend» zu verwirklichen, sondern man bekannte sich im allgemeinen, allenfalls mit einigen Vorbehalten, zu den Programmen einer Partei.

Noch zweimal hat die «Freideutsche Jugend», die große Organisation, der seit 1913 die Hauptgruppen der Jugendbewegung angehörten, versucht, dieser Entwicklung entgegenzuwirken. In einer Führertagung, die 1919 in Jena stattfand,[24] bemühte man sich noch einmal, die Grundsätze für ein gemeinsames Aktionsprogramm zu formulieren, aber die Tagung endete mit der Abspaltung einer ziemlich starken Gruppe – der «Entschiedenen Jugendbewegung» –, die sich zu einem rein revolutionären Programm bekannte. Und 1922, auf der Tagung in Hofgeismar, nahm das Zerwürfnis eine solche Schärfe an, daß der Chronist der Zeitschrift diese Tagung als das «Ende der Freideutschen Jugend» bezeichnete.[25]

Die Entwicklung, die uns besonders interessiert, war also durch die politischen Ereignisse abgebrochen worden. Die Emanzipation der Jugend, wie man sie seit dem Freideutschen Jugendtag auf dem Hohen Meißner gefordert hatte, konnte nicht verwirklicht werden. Die Jugend konnte – als ein «Stand» oder als eine «Klasse» – die gewünschte Autonomie nicht erreichen. So mußte die Bewegung ihr hohes Ziel, das vielleicht zu hoch gewesen war, aufgeben. Aber was selbst nach der Auflösung der Organisation in einem bestimmten Maße erhalten blieb, war die Idee der Bewegung selbst. Die Jugendbewegung vergrößerte sich durch die vielen neuen Organisationen, die hinzukamen, nach 1919 zahlenmäßig noch beträchtlich.[26] Diese Organisationen, die voneinander völlig getrennt waren und einander oft auf Grund ihrer verschiedenen religiösen und politischen Richtungen bekämpften, hatten trotzdem etwas Gemeinsames, das nicht

23 «Die Bewegung hat sich politisiert. Das ist Tatsache und nicht rückgängig zu machen», stellte Friedrich Schlünz im April 1919 in der Zeitschrift *Freideutsche Jugend* V (1919), S. 175, fest.

24 Siehe Knud Ahlborn (Hg.), ‹*Krieg, Revolution und Freideutsche Jugend. Die Jenaer Tagung der freideutschen Jugend*›.

25 *Freideutsche Jugend* VI (1920), S. 215. (In ‹*Grundschriften der deutschen Jugendbewegung*›, S. 230–256, berichten Wilhelm Ehmer und Elisabeth Busse-Wilson ausführlich über die Hofgeismarer Tagung. Anm. d. Übers.)

26 Ich will hier nur einige der wichtigsten «Bünde» und Vereinigungen aus dieser Zeit aufzählen: Wandervogel, Jungwandervogel, Neudeutsche Pfadfinderbewegung, Bund der Köngener, Deutsch-christliche Studentenvereinigung, Großdeutsche Jugend, Quickborn, Entschiedene Jugendbewegung, Frei sozialistische Jugend, Übernationale proletarische Jugend.

nur äußerlich in ihrer Kleidung und in ihren Traditionen zum Ausdruck kam, sondern ein geistiges Band zwischen diesen jungen Menschen knüpfte, obwohl von einem gemeinsamen Aktionsprogramm jetzt natürlich nicht mehr die Rede sein konnte. Und dieser Geist ist sicher viel wichtiger als die Organisation, die er überlebt hat. Wie das ‹*Handbuch der deutschen Jugendpflege*› noch 1923 feststellen konnte, hatte die deutsche Jugendbewegung dem Leben der Jugendlichen einen besonderen Charakter gegeben.[27] Und man darf wohl sagen, daß der Geist der Jugendbewegung zwischen 1910 und etwa 1930 auf die Erziehung der Jugend einen ebenso großen Einfluß gehabt hat wie die Schule und selbst die Familie.

Was war denn nun eigentlich dieser «Geist der Jugendbewegung», und in welchem Sinne hat er die deutsche Jugend beeinflußt? Man darf ihn zunächst einmal mit dem Wort «Autonomie» kennzeichnen. Autonomie der Jugend: das hatte die Bewegung zum Ziel gehabt, und hat sie eine äußere Unabhängigkeit auch nicht erreichen können, so hat diese Jugend doch ein Bewußtsein ihrer selbst gefunden, was vielleicht wesentlicher ist. Und die Jugendbewegung hat Hunderttausende von jungen Menschen zu einer neuen Lebensgestaltung in der Freizeit geführt, zu einem Leben in der Natur, einem Leben ausschließlich unter jungen Menschen. Das Leben hat sich bald seine eigenen Formen geschaffen. Durch einen neuen «Lebensstil», wie man oft gesagt hat, sollten sich die Anhänger der Bewegung von anderen Menschen unterscheiden, besonders von Erwachsenen. Es war ein einfaches und schlichtes Leben. In den meisten Gruppen waren zum Beispiel Alkohol und Rauchen verboten. Man legte Wert auf einfache Kleidung, und man bevorzugte das Einfache und Natürliche auch in der Kunst. Volkstanz und Volkslied, wie sie auf dem Lande noch hier und da erhalten geblieben waren, zog man den modernen Tänzen und Liedern vor. Die Neue Musikbewegung beispielsweise, die auf die einfachen und volkstümlichen Melodien zurückgreift und die auch in der Schweiz viele Anhänger gefunden hat, ist aus der Jugendbewegung hervorgegangen, die von Anfang an in diesem Geist musiziert hat.[28] Auch in der Literatur folgte die Jugend nicht mehr dem herrschenden Geschmack. Man unterwarf sich auch da nicht den herrschenden Modeströmungen; den gerade tonangebenden Dichtern und Schriftstellern wurde zum Beispiel Carl Spitteler vorgezogen. Die Anerkennung, die dieser Schweizer in Deutschland gefunden hat, ist weitgehend auf die Verehrung zurückzuführen, die ihm in den Kreisen der Jugendbewegung zuteil wurde. Auch Stefan Georges Dichtung gelangte wohl zunächst auf diesem Wege zu ihrem Ansehen. Diese jungen Leute versuchten also, auf allen Lebensgebieten ihrem eigenen Geschmack zu folgen und sich eine eigene Kultur zu schaffen, also das zu tun, wofür Gustav Wyneken so beredt geworben hatte.

27 Bd. II, Vorwort.
28 Siehe z. B. Fritz Jöde, ‹*Musikalische Jugendkultur*›.

Aber vor allem hat die Jugendbewegung in diesen jungen Menschen das Gefühl des Jungseins geweckt, und sie hat sie dazu gebracht, im Jungsein allein das einigende Band unter allen Jungen zu sehen, und zugleich den trennenden Wall gegenüber allem, was erwachsen ist. Man fühlte sich jung, und man wollte es auch sein. Aus diesem Lebensalter, das die Tradition als einen Zustand des Unvollkommenen ansah, machten die jungen Menschen eine Tugend und ein wertvolles Gut. Und sie nahmen es nicht mehr hin, daß die Jugend nur als ein Durchgangsstadium betrachtet wurde, das keinen anderen Wert hatte als den einer Vorbereitung auf das Erwachsenendasein. Man wollte nicht mehr nur etwas *werden*, man wollte vor allem jemand *sein*.

Dies neue Selbstverständnis der Jugend vor allem war der Geist der Jugendbewegung, und damit hat sie die jungen Menschen an sich gezogen und entscheidend geprägt. Dies um so mehr, als man aus dem neuen Bild des Jungseins auch die pädagogischen Konsequenzen zog, aus denen ein neues Bild der Erziehung hervorging. Die Jugendbewegung hat aber nicht nur ein pädagogisches Programm verkündet; sie hat es in ihren eigenen Reihen auch in einem gewissen Grade verwirklicht.

Die erste Konsequenz war natürlich, daß man den Erwachsenen das Recht abstritt, die Jugend zu erziehen. Nicht nur, weil man die Erwachsenen für unfähig hielt, diese Aufgabe zu erfüllen, sondern vor allem, weil man sich selbst als dafür vollkommen befähigt ansah. Aber dies muß den jungen pädagogischen Revolutionären zugestanden werden: Sie wußten sehr wohl zwischen Anomie und Autonomie zu unterscheiden. Sie wollten der Autorität, die sie bekämpften, nicht durch eine Anarchie den Beweis liefern, daß sie eigentlich berechtigt und notwendig gewesen sei. Sie waren sich der Verantwortung bewußt, die sie durch ihre Selbstbefreiung auf sich nahmen, und sie nahmen sich vor, die Erziehung durch die Erwachsenen durch etwas weit Höheres zu ersetzen, nämlich durch die *Erziehung an sich selbst*, wie sie die Meißner-Formel verkündet hatte. «Bei unserer Jugendbewegung», so schrieb Ahlborn in einem damals viel zitierten Aufsatz, «handelt es sich nicht um eine Schar führerloser Kinder und unreifer Jugendlicher, sondern um Erziehungsgemeinschaften, in denen jeder Einzelne jedem Anderen gegenüber zugleich Lehrer und Schüler ist.»[29]

Ich will mich weder bei all den oft großsprecherischen Interpretationen aufhalten, die diese «Erziehung an sich selbst» gefunden hat, noch bei den etwas nebulösen Plänen, im Sinne Wynekens eine eigene Kultur, eine *Jugendkultur* zu schaffen, die alle geistigen Werte umfassen sollte, deren die Erziehung bedarf. Aber ich möchte statt dessen untersuchen, in welcher Weise und mit welchen Mitteln die Bewegung diese Erziehung im engeren Rahmen ihres eigenen Gemeinschaftslebens realisiert hat.

29 Knud Ahlborn in einer Polemik gegen Wyneken in: *Freideutsche Jugend* III (1917), S. 148.

Man kann wirklich sagen, daß diese «Selbsterziehung» nicht wie manches andere im Erziehungsprogramm der Jugendbewegung bloßes Schlagwort geblieben ist. Sie wurde bis zu einem gewissen Grade verwirklicht, nämlich mit Hilfe der *Gemeinschaft* und der *Führer*.

Die Idee der Gemeinschaft war eine der zentralsten in der Jugendbewegung. Das beweisen schon die Namen der verschiedenen Gruppen: «Bund» war im allgemeinen der Name für eine große Organisation. Die regionalen Sektionen der Wandervögel nannten sich «Stämme»; die Gruppe, die sich zu einer Fahrt zusammenschloß, war eine «Horde». Das Gemeinschaftsleben auf den Fahrten und im Lager hatte eine große Anziehungskraft. Das ist begreiflich, wenn man bedenkt, daß die Schule damals jedes Gemeinschaftsgefühl und jede Solidarität unter den Schülern vernachlässigte oder sogar unterdrückte. Aber dies Zusammenleben verlangte Anpassung, Disziplin und sogar persönliche Opfer, wodurch es zu einem ausgezeichneten sozialpädagogischen Mittel wurde. Außer der Unterordnung unter das gemeinsame Interesse, die es von jedem einzelnen verlangte und die dem Individualismus nur noch wenig Raum bot, appellierte das Zusammenleben immer wieder an die Solidarität und an die gegenseitige Hilfe, durch die eine Gruppe erst zu einer wirklichen Gemeinschaft wird.

Den besten Beweis für ihren erzieherischen Wert hat die Jugendbewegung dadurch erbracht, daß die meisten Gruppen aus Jungen und Mädchen bestanden. In einer Zeit, die aus der Prüderie eine Tugend machte, dabei aber gleichzeitig den Flirt und die Prostitution duldete, gingen diese Jungen und Mädchen tage- und wochenlang auf gemeinsame Wanderfahrten, übernachteten in Bauernscheunen, zelteten im Wald und gaben sich ohne jede Aufsicht einem freien und naturnahen Leben hin, das aber außer in einigen vereinzelten Fällen keinen Anlaß zu «Skandalen» gab. Die Jugendbewegung hat damit selbst in einem gewissen Maße die Koedukation verwirklicht, als sie nur erst in einigen avantgardistischen Schulen wie in Wickersdorf oder der Odenwaldschule eingeführt war. Wie wäre dies wohl möglich gewesen, wenn sich nicht die einzelnen Jungen und Mädchen durch ein Gefühl der Verpflichtung und einen gemeinsamen Geist gebunden gefühlt hätten, wenn nicht die Gemeinschaft einen stark erzieherischen Einfluß auf ihre Mitglieder ausgeübt hätte? Man darf allerdings die Bedeutung, die die Mädchen in der Bewegung gehabt haben, nicht überschätzen.[30] Die Jugendbewegung ist in erster Linie eine Bewegung der Jungen und der jungen Männer gewesen. Zeitweilig zeigte sie an einzelnen Stellen sogar ausgesprochen antifeministische Züge. Man braucht natürlich nicht mit Hans Blüher im Homoerotischen eine der tiefsten und wesentlichsten Triebkräfte der Jugendbewegung zu sehen,[31] aber

30 Vgl. zu diesem Thema: Elisabeth Busse-Wilson, ‹*Die Frau in der Jugendbewegung*›.

sicher hat sie hier doch wohl eine gewisse Rolle gespielt. Die Dokumente, die Blüher und nach ihm R. J. Hoffmann[32] zu diesem Thema gesammelt haben, geben darüber Aufschluß. Die Freiheit und Zurückgezogenheit und das enge Zusammensein der jungen Leute bei ihrem Leben in der Natur haben zweifellos die Entwicklung der invertierten Tendenzen begünstigt, die es bei einzelnen Menschen gibt, und ihnen die Möglichkeit gegeben, andere Personen in dieser Beziehung zu beeinflussen. Aber Blüher ist mit seiner Verallgemeinerung entschieden zu weit gegangen. Auch hier hat die Gemeinschaft überall dort, wo sie intakt war, eine erzieherische Funktion gehabt: Sie hat solche Neigungen eingedämmt und sicher auch oft sublimiert. Bestimmt ist die Bedeutung dieses erotischen Faktors in großen Verbänden wie der Freideutschen Jugend niemals so groß gewesen, wie Blüher sie sah – oder sehen wollte.

Die Selbsterziehung, die die Jugendbewegung forderte, war nicht nur das Werk der Gemeinschaft, sondern auch der Gruppenleiter. Die deutsche Jugend dieser Epoche hat für demokratische Einrichtungen offenbar kaum mehr Sympathie gezeigt als die der dreißiger Jahre. Die Bedeutung, die der Jugendführer damals gehabt hat, kann also kaum überschätzt werden. Was waren seine Funktionen und seine Kompetenzen, und welchen Einfluß hatte er durch sie? Der Gruppenleiter war der Kamerad, der die Mitglieder zu einer Fahrt zusammenrief, der die Wanderstrecken und die Rasten bestimmte, der die kleinen Ämter verteilte, die für das Leben im Zeltlager nötig waren. Außerdem leitete er die Aussprachen auf den «Nestabenden». Er vertrat seine Gruppe auf den Tagungen, in denen über die gemeinsamen Aktionen der Jugendbewegung beraten wurde. Auf den Fahrten mußte er für Ordnung und Disziplin sorgen, was ihm das Recht gab, Anordnungen zu treffen und von seinen Kameraden einen gewissen Gehorsam zu fordern. Der Jugendführer stellte also eine gewisse Autorität dar. Aber diese Autorität hatte einen ganz anderen Charakter als zum Beispiel die eines Familienvaters oder eines Lehrers.[33] Sie war zunächst einmal schon dadurch charakterisiert, daß sie den Führer nicht ausdrücklich von den übrigen Mitgliedern der Gruppe unterschied. Der Führer gewann seine Autorität aus der Anerkennung der Kameraden, die ihn frei und unbeeinflußt erwählt hatten, ohne ihm einen devoten Gehorsam zu versprechen. Seine Autorität beruhte ausschließlich auf dem Ver-

31 Hans Blüher, ‹*Die deutsche Wandervogelbewegung als erotisches Phänomen. Ein Beitrag zur Erkenntnis der sexuellen Inversion*›.

32 R. J. Hoffmann, ‹*Fug und Unfug der Jugendkultur*›, S. 31 ff.

33 Ich beziehe mich auf den Durchschnittstyp des Jugendführers, wie er sich aus der Untersuchung der Dokumente abzeichnet, und sehe von Ausnahmeerscheinungen ab, wie etwa den diktatorischen Führern, die u. a. Blüher in ‹*Führer und Volk in der Jugendbewegung*› beschreibt, der aber stets von der großen Mehrheit der Bewegung abgelehnt worden ist. Vgl. z. B. *Freideutsche Jugend* III (1917), S. 322 mit der negativen Besprechung des Buches von Blüher.

trauen und der Anhänglichkeit der Gruppenmitglieder; für sie bürgte nur die Treue derer, die zu ihm im Verhältnis der «Gefolgschaft» standen, dem ja auch Wyneken eine so große Bedeutung beigemessen hatte.[34] Dem Führer gehorchte man weniger, als daß man ihm folgte. Er war also kein «Vorgesetzter». Seine Autorität und sein Einfluß auf die Kameraden hatten ihre Grundlage nicht in einer «Mission» oder in einem «Amt», sondern einfach in der Tatsache, daß er einer der ihren war, daß er ihnen nicht seinen Willen aufzwingen wollte, sondern daß er es am besten verstand, den Gesamtwillen zum Ausdruck zu bringen. «Nicht die Masse beherrschen und gängeln gilt es jetzt ... Ihr Exponent, ihr zufälliger und darum notwendiger Ausdruck sein: das ist die Losung für morgen.»[35]

Aber die Autorität des Führers beruhte auf der Wirkung seiner Persönlichkeit. Hier lag seine tiefe erzieherische Funktion, denn den eigentlichen Einfluß, den er hatte, übte er nicht durch seine Anordnungen aus, sondern durch die Integrität seiner Person, durch sein eigenes Verhalten, durch das Beispiel, das er gab. Der Schriftsteller Friedrich Wilhelm Fulda, selbst ein ehemaliger Wandervogelführer, beschreibt die Funktion des Führers so:

«Was der Wandervogelführer an Denkart, Gesinnungen, Sitten von seiner Horde verlangt, dafür muß er ihr selbst ein Beispiel sein. Auf diesem Beispielsein beruht einzig und allein seine Autorität, nicht auf irgend welchem amtlichen Charakter.»[36]

Nach diesem Bericht über die Jugendbewegung dürfte es sich wohl erübrigen, die Analogien, die sich zwischen diesem Kapitel und den vorhergehenden aufdrängen, im einzelnen aufzuzählen. Die Übereinstimmung zwischen den pädagogischen Bemühungen Rousseaus, Gurlitts, Ellen Keys und Wynekens einerseits und denen der Jugendbewegung anderseits ist ganz offenkundig. Die Revolution, zu der diese Autoren aufgerufen hatten, versuchte die Jugendbewegung durchzuführen. Es handelt sich um die «kopernikanische Revolution in der Erziehung», wie ich sie einmal in diesem Buch mit einem Wort Édouard Claparèdes genannt habe.

Auf dem Hohen Meißner hatte Gustav Wyneken der deutschen Jugend ihr unmittelbares Ziel gezeigt:

«Hier liegt die erste konkrete Aufgabe der neuen Jugend: sich ihr geistiges Heim, die Schule zu erobern.»[37]

Die Jugendbewegung hat direkt dies Ziel nicht erreicht. Aber wenn sie auch als Organisation die Schule nicht in ihre Hand bekommen konnte, so

34 Vgl. im vorigen Kapitel S. 116.

35 In: ‹*Masse und Führer*› von Bruno Lemke, in: *Freideutsche Jugend* VII (1921), S. 48.

36 Friedrich Wilhelm Fulda, ‹*Die Beispielspädagogik im Wandervogel*›, S. 12.

37 ‹*Freideutsche Jugend*› (Festschrift), S. 168.

haben doch viele ihrer Mitglieder später, als sie selbst Lehrer geworden waren, sich darum bemüht, den Geist der Jugendbewegung in ihren Schulen zu verwirklichen. Und zu ihnen gehören auch viele Lehrer der Hamburger Gemeinschaftsschulen. Die Pädagogik des Lehrer-Kameraden, die ich im ersten Teil des Buches besprochen habe, wäre in der Tat ohne den Einfluß der Jugendbewegung undenkbar gewesen. Fast möchte man sagen, daß der Lehrer-Kamerad nur der Jugendführer in der Schulklasse ist.

Das soll hier nicht durch weitere Einzelheiten belegt werden. Die Lehrer der Hamburger «Wendeschule» haben es deutlich genug ausgesprochen, als sie ihren ersten Arbeitsbericht so einleiteten:

«Wo immer der Versuch unternommen wird, die Tatsache unserer Schule zu begreifen, da muß eines gesagt werden: Sie ist geboren aus dem Geist der Jugendbewegung. Sie ist die Gestaltung unseres Jugenderlebnisses. Wir tragen sie in uns seit unseren Jünglingsjahren, seit einer Zeit, als wir von den Möglichkeiten einer politischen Revolution noch nichts wußten.»[38]

Die Freiheits- und Kameradschaftspädagogik hat also eine Geschichte, die weit hinter die politische Unruhe der Zeit zurückreicht, zu der sie in den Hamburger Gemeinschaftsschulen erstmals in so entschiedener und weitreichender Weise Wirklichkeit wurde. Aber dies ist nicht einfach die Geschichte der Lockerung starrer Autoritätsverhältnisse und der menschlichen Annäherung von Lehrer und Schüler überhaupt. Die Geschichte der Freiheitspädagogik ist einer der beiden Wege, auf denen das Kind freier geworden, der Erzieher ihm entgegengekommen ist. Der eine dieser Wege führte, am deutlichsten als Arbeitsschulprinzip, Schülerselbstverwaltung, Landerziehungsheim, zu Reformen; auf ihm aber blieb die Erziehung im Wesen, was sie immer gewesen war, auch als «Neue Erziehung». Der andere Weg ist revolutionär, und es fragt sich, ob das Tun, das er offen läßt, noch Erziehung sein will, Erziehung zu nennen ist. Er ist der Weg der Freiheitspädagogik.

38 *‹Die Wendeschule›*, in: *‹Berichte der hamburgischen Versuchs- und Gemeinschaftsschulen›*, Hg. Nicolaus Henningsen, S. 5.

III. Das Ende des Hamburger Versuchs

Im letzten Teil dieses Buchs, der das Ende des Hamburger Schulversuchs behandelt, ist nun auch über seine enttäuschenden Mißerfolge zu berichten. Aber darüber darf die wertvolle Arbeit nicht übersehen werden, die die Hamburger Lehrer geleistet haben. Sie sind mutig in ein Gelände der Pädagogik vorgestoßen, das ganz neu war; ihre Hingabe an ihren Beruf und an die Aufgabe, der sie sich verschrieben hatten, war vorbildlich. Das Kollegium der Berlinertorschule zum Beispiel hat sich im ersten Jahr beinahe täglich zu Konferenzen versammelt, die oft viele Stunden dauerten.

Es ist heute nicht möglich, in diesem kurzen Rückblick aus räumlichem und zeitlichem Abstand und angesichts der inzwischen eingetretenen wirtschaftlichen, gesellschaftlichen, kulturpolitischen und allgemeinpolitischen Veränderungen den positiven Ergebnissen der damals neuen pädagogischen Arbeit, insbesondere auf didaktischem Gebiet, ganz gerecht zu werden.

Besondere Verdienste haben die Hamburger Gemeinschaftsschulen sich auf einem sehr wichtigen Gebiet ihrer Arbeit erworben, nämlich in der Pflege der Beziehungen zwischen Schule und Elternhaus. Hier haben sie neue Möglichkeiten und neue Wege gezeigt, die für jeden Versuch einer modernen Erziehung nachahmenswert sind. Auch in dem Bereich, der das eigentliche Thema dieser Untersuchung ist, in den Beziehungen zwischen Lehrern und Schülern, hat es in Hamburg nicht nur Fehlschläge gegeben. Zahlreiche Besucher und Beobachter dieser Schulen haben die unverkennbaren Vorteile anerkannt, die das neue Lehrer-Schüler-Verhältnis gegenüber der alten Schule hatte. Einer von ihnen, der pommersche Schulrat und pädagogische Autor Adolf Rude, zählt als besondere «Vorzüge der Gemeinschaftsschule» u. a. auf: «Das herzliche Vertrauensverhältnis zwischen Lehrern, Schülern und Eltern. (. . .) die Schüler werden in hohem Maße zur Selbständigkeit und Selbstverantwortung erzogen. – Es herrscht viel freudiges Interesse der Schüler an der Schularbeit.»[1] Seiner Meinung nach können die Fähigkeiten der Kinder sich hier freier und vollständiger entfalten als in der traditionellen Schule.

Die Hamburger Gemeinschaftsschulen bestehen nicht mehr. Selbstverständlich nicht, wird man sagen, und man wird heute, 1936, nach den bekannten politischen Ereignissen, über ihr Verschwinden nicht überrascht sein. Aber nur eine einzige von den vier Gemeinschaftsschulen, die Schule Am Tieloh, hat noch bis zur nationalsozialistischen Machtüber-

1 Adolf Rude, ‹*Besuche in Versuchs- und Gemeinschaftsschulen*›, in: Pädagogische Warte 1924, Heft 9/10, und 1925, Heft 16/17, übernommen in: A. W. Lay, ‹*Die Lebensgemeinschaftsschulen*›, S. 179.

nahme existiert. Von den anderen drei Schulen hatten zwei – die Schule an der Telemannstraße, die von jeher die gemäßigtste war, und die Wendeschule, die als die radikalste von allen bekannt war – schon 1925 freiwillig auf ihren Status als Versuchsschulen verzichtet, der ihnen 1919 die Arbeit ermöglicht hatte. So waren sie nun unter die Aufsicht der Schulbehörde zurückgekehrt, und sie waren an das Schulgesetz, die Lehrpläne und Verfügungen gebunden, was darauf hinauslief, daß sie ihre ehemaligen Grundsätze aufgeben mußten. Die Schule am Berlinertor dagegen lehnte es 1925 kategorisch ab, ihre Freiheit aufzugeben. Sie bestand noch bis 1930, als das Kollegium angesichts des Rückgangs ihrer Schülerzahlen beschloß, die vorhandenen Klassen noch bis zum Ende der gesetzlichen Schulzeit der Schüler fortzuführen, aber keine weiteren neuen Klassen mehr zu eröffnen. Die Berlinertorschule hatte in diesem Augenblick noch rund 100 Schüler; 1919 hatte jede der Gemeinschaftsschulen über 600 Schüler gehabt.

Aber hier sollen nun vor allem die inneren Vorgänge in der Endphase des Hamburger Versuchs besprochen werden. Dabei stütze ich mich wieauf authentische Dokumentationen. Besonders ergiebig war auch für diese Zeit William Lottigs persönliches Tagebuch[2], in dem er sich von 1919 bis 1930, durch die elf Jahre hindurch, die die Berlinertor-Gemeinschaftsschule existiert hat, laufend Aufzeichnungen über alle Schulereignisse von irgendwelcher Bedeutung gemacht hat. Als zweite Quelle diente mir Kurt Zeidlers kritischer Rückblick aus dem Jahre 1926 auf seine Erfahrungen in der Wendeschule[3].

Die ständigen Schwierigkeiten, die die neue Haltung der Lehrer mit sich brachte, werden schon durch die Tatsache bewiesen, daß in den Versuchsschulen ein dauernder Wechsel der Lehrkräfte an der Tagesordnung war. Nicht nur junge Anfänger waren es, die sich 1919 in naiver Begeisterung an die Versuchsschulen drängten, um sie nach ein paar Monaten tief enttäuscht wieder zu verlassen und ihre Zukunft in der Sicherheit zu suchen, die von dem Lehrerpult der «alten Schule» ausging. Auch etliche «alte Kämpfer» verließen das Feld nach einigen Jahren aufreibender Arbeit und kehrten in die Reihe der Lehrer an normalen Volksschulen zurück. Und 1927 vermerkt Lottig in seinem Tagebuch, jetzt sei es schon schwer, gute Lehrer zu finden, die bereit sind, an eine Gemeinschaftsschule zu gehen. Endlich, und das ist am bedenklichsten, muß festgestellt werden, daß die Lehrer, die hier ausharrten, erkannten, daß sie ihre ursprünglichen Grundsätze nicht immer anwenden konnten, also die Pädagogik, die sie sich ein-

2 Ich habe aus diesem Tagebuch schon mehrere «Momentaufnahmen» zur Veranschaulichung der Haltung des Lehrer-Kameraden angeführt. Ich bin William Lottig ungemein dankbar, daß er mir seine Aufzeichnungen zur Verfügung gestellt hat, dies um so mehr, als ich ihn nicht im Zweifel darüber gelassen habe, daß ich sie sehr kritisch benutzen wollte.

3 ‹*Die Wiederentdeckung der Grenze*›.

mal vorgenommen hatten, doch nicht ganz verwirklichen konnten.

Ganz am Anfang, kurz nach der Eröffnung der Gemeinschaftsschulen, hatten sie schon lernen müssen, daß man in der Schule nicht mit Kindern zusammen leben kann, ohne sie zu zwingen, gewisse Verhaltensmaßregeln einzuhalten, oder, anders ausgedrückt: ohne ihnen bestimmte Vorschriften und Verbote aufzuerlegen. Die Kinder hatten sich zum Beispiel angewöhnt, auf dem Treppengeländer hinunterzurutschen. Um sie nicht dieser ständigen Gefahr auszusetzen, blieb doch wirklich nichts anderes übrig, als ihnen dies gefährliche Vergnügen ein für allemal zu verbieten![4] Aus dem gleichen Grunde mußte man den kleinen Schülern bald untersagen, allein in die Turnhalle zu gehen. Kurz, nach knapp einem Monat mußten die Lehrer sich zu den ersten notwendigen Einschränkungen ihres Prinzips «Ohne Zwang und ohne Verbote» entschließen, an dessen Anwendbarkeit sie geglaubt hatten.[5]

Aber die absolute Freiheit der Kinder wurde noch durch ernstere Eingriffe begrenzt. Zeidler berichtet zum Beispiel, daß es bald nötig war, eine feste Pausenordnung mit gemeinsamen Pausen für die ganze Schule einzuführen, und daß das System der Unterrichtsstunden schließlich fast automatisch auch wieder zu einem System der Schulklassen führte, das von den Schülern verlangte, an den vorgesehenen Schulstunden teilzunehmen, und für die Schüler auch die Möglichkeit aufhob, ihre «Gruppe» zu wechseln, wenn es ihnen in der bisherigen nicht mehr gefiel.[6] Auch die rein erzieherischen Verhältnisse, die Beziehungen zwischen Lehrern und Schülern, ließen sich nicht so aufrechterhalten, wie man sie sich gedacht hatte. Die Grenzen und Einschränkungen der Kameradschaft lassen sich im Hamburger Versuch von Anfang an leicht nachweisen. 1923 beschloß die Lehrerkonferenz der Berlinertorschule, daß ihre Entscheidungen unbedingt auszuführen seien, auch gegen den Willen der Schüler.[7] Und Zeidler berichtet, daß man immer häufiger beobachten konnte, wie die Lehrer einen gewissen Zwang ausübten, um in ihren Klassen produktives Arbeiten zu erreichen.[8]

Die Dokumente zeigen auch, daß man nach einiger Zeit wieder Strafen einführte, um die notwendige Ordnung und Disziplin durchzusetzen. 1923 beschlossen die Lehrer der Berlinertorschule nicht nur, daß Schüler, die morgens zu spät zum Unterricht kamen, eine Viertelstunde lang im Lehrerzimmer festgehalten werden sollten, sondern es kam auch ziemlich häufig vor, daß ein Lehrer diesen und jenen widerspenstigen Schüler eine Zeitlang vor die Tür setzte, und hier und da hat man sich offenbar auch

4 Lottigs Tagebuch vom 24. August 1919.
5 A. a. O., 13. Mai 1919.
6 Zeidler, a. a. O., S. 25 f.
7 Lottigs Tagebuch vom 17. September 1923.
8 Zeidler, a. a. O., S. 74.

nicht gescheut, eine Unverschämtheit mit einer Ohrfeige zu beantworten.[9]

Womit lassen sich nun diese Mißerfolge erklären?

Zunächst muß man an den Einfluß der äußeren Umstände denken. Trotz der dominierenden Tendenzen der Revolutionszeit, die den Versuch anfangs begünstigten,[10] waren die allgemeinen Lebensbedingungen bald darauf für einen so kühnen Versuch alles andere als günstig. Die Nachkriegsjahre waren in Deutschland die Jahre des größten materiellen und moralischen Elends. Die Folgen des militärischen Zusammenbruchs, Revolution und Inflation lasteten auf Erwachsenen und Kindern, und sie schufen wahrhaftig nicht jene unbeschwerte Atmosphäre, die man einem so völlig neuen Versuch gewünscht hätte. In diesen Jahren bahnte sich auch die politische Radikalisierung an, die immer wieder in die Nähe des Bürgerkriegs führte. Die Gemeinschaftsschulen haben schwer unter diesen Zuständen gelitten. Da sie ihrem Ursprung und ihrem Charakter nach selbst revolutionär waren und als Exponenten der sozialistischen Schulpolitik angesehen wurden (zu Unrecht, wie wir heute wissen), wurden sie von den Gegnern der Sozialisten unaufhörlich angegriffen und verleumdet. Außerdem mußten sie dauernd mit materiellen Schwierigkeiten kämpfen. Oft fehlte ihnen einfach alles, was sie brauchten: Platz, Licht, Kohle, Papier, Kreide, Seife. Das hatte zweifellos auch eine verheerende Auswirkung auf die Stimmung und auf die Nerven von Lehrern und Kindern. Man darf die Bedeutung dieser Details nicht unterschätzen; sie können eine entscheidende Rolle spielen. Um den Mut der Hamburger gerecht zu beurteilen, denke man vergleichsweise etwa an die materiellen und geistigen Privilegien, die ein Wyneken genoß, der seine Ideen in einem abgelegenen Internat auf dem Lande in einem kultivierten Milieu und fern von jeder materiellen Sorge verwirklichen konnte!

Dokumente, die mir vorliegen, weisen eine gewisse Verantwortung für die Beendigung dieses Schulversuchs direkt der Hamburger Schulbehörde zu. Besonders nachdem 1925 ein neues Schulgesetz – das «Grundschulgesetz» – in Kraft getreten war, das den Versuchsschulen für das Ende der Grundschulzeit das gleiche Lernziel vorschrieb wie den normalen Hamburger Volksschulen, hat man der Behörde mangelndes Verständnis für die besonderen Verhältnisse der Gemeinschaftsschulen vorgeworfen. Dennoch darf aber nicht übersehen werden, daß die gleiche Behörde ihnen vor dieser Entscheidung für ihre ungewöhnlichen pädagogischen Versuche großes Vertrauen gewährt und volle Freiheit eingeräumt hatte. Wenn die Behörde die Gemeinschaftsschulen nun zwang, in ihren Grundschulklassen dieselben, genau festgelegten Resultate zu erzielen wie die anderen

9 Lottigs Tagebuch vom 20. April 1923.
10 Vgl. S. 53.

Schulen, so bedeutete dies, daß sie weitgehend von ihrem Prinzip «Vom Kinde aus» abweichen mußten. Aber zwei der ursprünglichen Versuchsschulen hatten sich ja bereits freiwillig den Forderungen der Behörde gefügt.

Die Stellungnahme der *Eltern* zu den Gemeinschaftsschulen läßt sich leichter beschreiben. Eine von ihnen, die Schule Am Tieloh, verdankte ihre Gründung der Elterninitiative eines Hamburger Wohnviertels. Ich erwähnte bereits das Interesse und die Hilfsbereitschaft, die die Elternschaft den Gemeinschaftsschulen viele Jahre lang entgegenbrachte. Ich zitiere eine Würdigung dieser Elternmitarbeit aus der Feder des bekannten Hamburger Schulreformers Wilhelm Lamszus, der dem Kollegium der Tieloh-Schule angehörte.

«Vom ersten Augenblick an haben sich die Eltern den Aufgaben, die an sie herantraten, mit großem Ernst unterzogen. Jene Selbsterziehung, die die Arbeiterschaft jahrzehntelang an sich vollbracht hatte, trug ihre Früchte. Sie sind auf Klassenelternabenden der jungen parlamentarisch unerfahrenen Lehrerin zur Hand gegangen, haben die Geschäftsführung übernommen und mit Geschick und Humor erste Befangenheit zerstreut. Die Väter haben für unsere Schulbesichtigungen Betriebe, Fabriken, Lagerhäuser geöffnet, wo sie als Arbeiter oder Angestellte beschäftigt waren. Väter kamen und übernahmen, weil es sie drängte, Abendkurse für unsere Kinder. Dieser half beim Tischlern, bei der Metallarbeit. Jener übernahm Lebenskunde-Unterricht. Sie halfen in der Werkstatt, die überhaupt nur mit ihrer Hilfe eingerichtet werden konnte, weil sie ihr Werkzeug zur Verfügung stellten. Die Mütter halfen in der Nähstube. Sie kleideten die ärmsten unserer Kinder. Sie halfen bei der Schulspeisung. Unsere Eltern waren es, die uns die Wohlfahrtseinrichtungen erschlossen. Das Wort, das damals fiel, als wir auf Reisen gingen: Aus Armut dürfe kein Kind zurückbleiben, fiel aus dem Munde der Eltern und wurde von ihnen wahrgemacht. Die Eltern übernahmen Ämter in Ausschüssen und Kommissionen. Sie nahmen uns zeitraubende Wege ab und verhandelten mit Behörden und Instanzen. Die Eltern halfen, Schulfeste zu verschönern, halfen, das Schulheim zu verwirklichen. Sie schlossen sich zum Schulverein zusammen, griffen in ihren kargen Geldbeutel und ermöglichten uns das, was der Staat nicht mehr gewähren konnte. ... Das stärkste und schönste aber, was sie uns schenkten, war das unbegrenzte Vertrauen, das sie uns entgegenbrachten.»[11]

Aber das ständige Absinken der Schülerzahlen scheint doch zu bewei-

11 Wilhelm Lamszus, ‹*Der Weg der Hamburger Gemeinschaftschule*›, in: Fritz Karsen (Hg.), ‹*Die neuen Schulen in Deutschland*›, S. 46 f. (Wilhelm Lamszus, 1881–1968, ist als Schulreformer bekannt geworden durch seine [in Gemeinschaft mit Adolf Jensen verfaßten] Bücher ‹*Unser Schulaufsatz, ein verkappter Schundliterat*›, 1910, und ‹*Der Weg zum eigenen Stil*›, 1912. – Im Jahre 1912 erschien seine Kriegsutopie ‹*Das Menschenschlachthaus*›. Anm. d. Übers.)

sen, daß das Vertrauen der Elternschaft zur Gemeinschaftsschule später immer geringer geworden ist. Wahrscheinlich war das auch eine Auswirkung der politischen Auseinandersetzungen, die nach Lottigs Tagebuchnotizen viele gemeinsame Versammlungen von Eltern und Lehrern ausgefüllt haben. Aber der Hauptgrund dieses Vertrauensverlustes ist doch wohl in der Sorge zu suchen, die eine Schülermutter in einer Eltern-Lehrer-Versammlung der Berlinertorschule zum Ausdruck gebracht hat. Sie sagte einfach, die Kinder lernten nichts, ihre Erziehung werde völlig vernachlässigt, und die Kinder, die die Gemeinschaftsschule durchlaufen hätten, hätten später die größten Schwierigkeiten, sich im praktischen und beruflichen Leben zurechtzufinden. Die Lehrer, so bemerkt Lottig, konnten diese Vorwürfe nicht widerlegen.[12] Zwei Jahre vorher hatte er schon einmal nach einem Elterngespräch in sein Tagebuch geschrieben: «Es gehört neben aller Feinheit auch Robustheit dazu, mit uns aus- und durchzuhalten, auch eine Rücksichtslosigkeit in die Zukunft der Kinder hinein.»[13]

Der Gedanke an die Zukunft ihrer Kinder hat sicher auch solche Eltern davon abgehalten, sie in eine der Gemeinschaftsschulen zu schicken, die deren pädagogisches System bejahten. Wenn die Kinder Aussicht haben sollten, später die Prüfung zur Aufnahme in eine Höhere Schule zu bestehen, brauchten sie dafür eine andere Vorbildung, als die Gemeinschaftsschulen sie ihnen gegeben hätten, nämlich einen Unterricht nach den allgemeingültigen Lehrplänen.

Inwieweit haben die Kinder mit ihren Reaktionen auf die neue Pädagogik zu dem unbefriedigenden Ausgang des Hamburger Versuchs beigetragen? Diese Frage ist für das Thema dieses Buches von zentraler Bedeutung; es ist die Frage nach dem Wert der pädagogischen Haltung des Lehrer-Kameraden.

Zunächst einmal muß jedoch festgestellt werden, daß die Voraussetzungen der Schüler, die den Lehrern der Gemeinschaftsschulen anvertraut wurden, für das Gelingen ihres kühnen Versuchs nicht besonders günstig waren. Die überwiegende Mehrheit der Schüler kam aus den wirtschaftlich schwächsten Schichten der Bevölkerung und brachten oft ungünstige psychische Voraussetzungen mit; diese Kinder standen unter den unglücklichen physischen und geistigen Auswirkungen der Armut, wenn nicht sogar des Elends. Und im übrigen ist kaum anzunehmen, daß die meisten von ihnen in ihren Familien Verhaltensformen erlernt hätten, die den Lehrern ihre Arbeit erleichterten.

Die Schulen trafen unter den Kindern, die ihnen gebracht wurden, keinerlei Auswahl. Man kann sich leicht vorstellen, wie sich diese Großzügigkeit auswirkte. Die Gemeinschaftsschulen bekamen dadurch oft Schüler, die wegen ihrer schlechten Schulleistungen oder wegen irgendwelcher

12 Lottigs Tagebuch vom 13. November 1925.
13 A. a. O., 4. September 1923.

Charaktermängel in den normalen Volksschulen gescheitert waren. Bei Durchsicht der Dokumente gewinnt man häufig den Eindruck, daß die Gemeinschaftsschule für manche Kinder die «ultima ratio» gewesen ist. Man erfährt gelegentlich, daß ein Lehrer sich darüber beschwert, daß sich in seiner Klasse Kinder befinden, die eigentlich in die Hilfsschule gehören. Aber dabei handelt es sich um Ausnahmen, nicht um den Normalzustand, und die Elternbeschwerden, von denen ich eine zitiere, hätten sicher nicht mit dem Argument zurückgewiesen werden können, daß den Kindern ganz allgemein die intellektuellen Voraussetzungen für ein Gelingen des Versuchs fehlten.

Einer der Vorwürfe war also, daß die Kinder in diesen Schulen «nichts lernten». Viele Kinder haben zweifellos die Hoffnung, die ihre Lehrer in sie gesetzt hatten, nicht erfüllt. So hatten diese Lehrer beispielsweise erwartet, die Kinder würden die Aufhebung jeden Zwanges zur Arbeit mit eigenem Eifer und mit echtem und stetigem Interesse und disziplinierter freiwilliger Arbeit beantworten, von der gute Resultate zu erwarten seien. Aber sie mußten bald einsehen, daß sie zu optimistisch gewesen waren. Das Interesse der Kinder war in den meisten Fällen ungenügend und unstetig. Weil aber diese Pädagogen in ihrer Arbeit nur von dem spontanen Interesse der Kinder ausgehen wollten, hing der Fortschritt im Unterricht – und damit auch die Wirkungsmöglichkeit der Lehrer – ganz vom Willen der Kinder ab. So berichtet Lottig von einem Gespräch mit einer Lehrerin, die sich vergeblich bemüht hatte, ihre Klasse für eine bestimmte Lektüre zu interessieren. Sie sei von der Gutwilligkeit ihrer Kinder abhängig, gesteht sie ihm tief enttäuscht.[14]

Wenn bei den Schülern ein Gefühl der moralischen Verpflichtung zur Arbeit entstanden wäre, dann wäre der Verzicht auf äußeren Zwang gerechtfertigt gewesen. Aber statt dessen war zu beobachten, daß die Kinder sich auf allen Gebieten immer nur mit dem beschäftigten, wozu sie gerade Lust hatten. Lottig berichtet von einem Besuch in der Musikstunde eines Kollegen: «Auch hier geht alles drunter und drüber. Die Kinder singen, was sie wollen; der Lehrer ist mit allem einverstanden. Angeblich kennen sie alles; aber es gibt kein Lied, das sie wirklich beherrschen. Einige singen nicht mit; sie tun eine lange Zeit nichts anderes als vor sich hinträumen.»[15]

Die Einstellung der Kinder zu ihrer Arbeit in der Schule unterschied sich in nichts von ihrer Einstellung zu ihren Spielen. Vergebens wartete man auf die Anstrengung, die allein – auch nach Ansicht der Hamburger Pädagogen – zu positiven und dauerhaften Leistungen führen könnte.

«Die Kinder begrüßen zwar die Befreiung vom Lernzwang und nehmen sie als etwas Selbstverständliches hin; statt nun aber innere Nötigung zum

14 Lottigs Tagebuch vom 30. August 1921.
15 A. a. O., 23. August 1921.

Arbeiten zu entdecken, erwacht in ihnen ein schrankenloser Spieltrieb.»[16] So faßte ein Lehrer seine Eindrücke zusammen, der nach vier Jahren harter Arbeit in der Versuchsschule die Geduld verlor und in eine gewöhnliche Volksschule zurückkehrte. Der vorherrschende Eindruck ist in der Tat, daß die Kinder ihre Freiheit genossen und sich mit einer Sache nur so lange beschäftigten, wie sie ihnen Spaß machte, sie aber liegen ließen, sobald die Arbeit wirkliche Anstrengung und Ausdauer von ihnen verlangte.

Auch nach dem Urteil eines Lehrers der Lichtwark-Schule, das Lottig anführt, war Ausdauer nicht die Stärke dieser Kinder. «Aus seinen Erfahrungen mit Kindern, die die Lichtwark-Schule aus Versuchsschulen übernommen habe, müsse er sagen: Sie hätten in der Tat Mut zu sich selbst und ließen sich nicht ducken. Schwer werde es für sie, wenn der erste Elan nicht mehr hinreiche und sie zu unliebsamer Arbeit gezwungen werden müßten.»[17]

Die Lehrer der Gemeinschaftsschulen hatten auch gehofft, daß die Entfesselung der Spontaneität der Kinder zu einer großen Bereicherung der Schularbeit in sämtlichen Fächern führen werde und daß die Kinder die Unterrichtsstunden mit Leben und Bewegung füllen würden. Sie hatten geglaubt, damit besser als durch jede andere Beweisführung zeigen zu können, wie öde und eintönig der Geist der traditionellen Schule gewesen war. Über einen Mangel an Leben und Bewegung in ihren Schulen konnten sie sich wirklich nicht beklagen, aber die geistige Produktivität und die kreative Kraft der Kinder hat ihre Lehrer offenbar enttäuscht.

Einer von ihnen, Kurt Zeidler, schreibt: «Auf allen Gebieten des Schullebens machte sich eine trostlose Verarmung bemerkbar. Die einzelnen Fächer, der freien kindlichen Initiative überlassen, warteten vergeblich auf eine spontane Belebung von innen heraus.»[18]

Diese enttäuschenden Resultate sind wenigstens teilweise der Unordnung zuzuschreiben, die nicht nur am Anfang in diesen Schulen herrschte. Das «Chaos» des Anfangs hatte den Lehrern ja keine Sorgen bereitet. Sie hatten damit gerechnet, und sie betrachteten es als ein notwendiges Durchgangsstadium, dem eine neue Disziplin folgen sollte, die von den Kindern selbst ausgehen würde.[19] Die meisten Kinder machten sich wegen der neuen Disziplin keine Gedanken. Sie benutzten und mißbrauchten weiter ihre Freiheit. Die Schulgebäude erzitterten unter dem Getobe der Kinder; das Mobiliar wurde beschädigt. Im Oktober 1919, also nach sechs Monaten, notierte Lottig den verzweifelten Ausruf eines Lehrers: «Wird man eine solche Rasselbande zu freundlichen Hütern *ihres* Hauses erziehen können, ohne daß man durchgreift?!»[20] Und noch im März 1920

16 A. a. O., 19. Oktober 1923.
17 A. a. O., 19. Januar 1925.
18 Kurt Zeidler, a. a. O., S. 73.
19 Vgl. Teil I, 1. Kapitel.

erklärte das Kollegium einer der Versuchsschulen, es könne den alarmierenden Bericht über die Zustände in dieser Schule, der in einer großen Hamburger Tageszeitung erschienen war, nicht abstreiten. Eine neue Disziplin setzte sich nur in dem Maße durch, in dem die Lehrer ihre unwirksame Weise aufgaben und einige von ihnen sich entschlossen, gegen die Ordnungswidrigkeiten der Kinder einzuschreiten.

Ganz am Anfang hatte man geglaubt, die Klasse oder die «Gruppe» werde jedes Eingreifen des Lehrers überflüssig machen; die Schülergemeinschaft werde nicht nur die Unordnung bekämpfen, sondern sie werde auch alle notwendigen erzieherischen Funktionen übernehmen. Zweifellos haben die Lehrer der Gemeinschaftsschulen mit ihrem Appell an den Gemeinschaftssinn der Schüler, über den schon berichtet wurde, auf dem Gebiete der Sozialerziehung große Erfolge erzielt, und dieser Gemeinschaftssinn ist hier sicher weit stärker entwickelt worden als in Schulen alter Art. Aber offenbar haben die Lehrer irrtümlich angenommen, der soziale Sinn müsse in den Kindern von vornherein vorhanden sein.

Auch bei der Arbeit verhielten die Kinder sich sehr individualistisch, ganz im Gegensatz zu dem, was ihre Lehrer von ihnen erwartet hatten, die den größten Wert auf die gemeinsame Arbeit gelegt hatten. Lottig notiert das Urteil einer Lehrerin über das Arbeitsverhalten der Kinder: «Wo die Kinder fleißig an sich arbeiten, will es nicht zur Gemeinsamkeit in der Arbeit kommen – Eigenbrödelei überall!»[21]

Noch unbefriedigender sind die Erfahrungen in bezug auf die Disziplin. Zeidler beurteilt sie so: «Die Frucht des platten grenzenlosen Vertrauens in die schöpferische Einsicht der Kinder, in die Kraft ihres Willens und ihrer Ausdauer, in die Sicherheit ihres Instinkts, in die gemeinschaftsbildenden Triebe des Individuums . . . war überall dort, wo es Gelegenheit fand, sich auszuwirken, schließlich, daß an Stelle der erstrebten Gemeinschaften zuchtlose Haufen sich bildeten.»[22]

Endlich sei noch kurz darüber berichtet, wie die persönliche Einstellung der Lehrer auf die Kinder von ihnen selbst erwidert worden ist. Haben sie sich des Vertrauens würdig erwiesen, das die Lehrer ihnen entgegenbrachten? Haben sie die Freundschaft und Kameradschaft, die ihnen geboten wurden, richtig zu schätzen gewußt? Auf Grund der Berichte, die mir zur Verfügung stehen, ist nicht daran zu zweifeln, daß in den Gemeinschaftsschulen manche erfreuliche Beziehung zwischen Lehrer und Schüler entstanden ist.

Auch in Lottigs Tagebüchern finden sich sehr viele Notizen über die Anhänglichkeit und die Dankbarkeit, mit der die Kinder oft auf die Haltung ihrer Lehrer reagiert haben; aber auch auf diesem Gebiet sind den

20 Lottigs Tagebuch vom 11. Oktober 1919
21 A. a. O., 19. Oktober 1923.
22 Zeidler, a. a. O., S. 36.

Hamburger Pädagogen Enttäuschungen nicht erspart geblieben. Oft waren die Reaktionen der Kinder so, daß dem Lehrer der Mut und die Geduld ausgingen. Immer wieder machte das Verhalten einiger Kinder es den Lehrern unmöglich, ihnen mit Gelassenheit und Freundlichkeit zu begegnen.

Fast überall war zu beobachten, daß die Kinder es schlecht vertrugen, der Mittelpunkt von allem zu sein, was rings um sie geschah. Um sie drehte sich jede Schulstunde, der Stundenplan, und auch für die Lehrer stand ihr Interesse und ihr jeweiliges Bedürfnis im Mittelpunkt. Lehrer, die sich ihr gesundes Urteilsvermögen bewahrt hatten, mußten zugeben, daß bestimmte Kinder ihre Natürlichkeit verloren und sich arrogante Allüren angewöhnten.

In diesem Sinne äußert sich auch Kurt Zeidler: «Auch die Spielstunden mißlangen oft genug, weil die Jungen selbst über die hierbei immerhin noch erforderlichen Bedingungen sich glaubten hinwegsetzen zu dürfen, weil es ihnen schließlich überhaupt ihrer unwürdig erschien, anders zu handeln als unter den Antrieben ihrer momentanen und ständig wechselnden Eingebungen.»[23]

Das egozentrische Wesen und der Subjektivismus der Schüler waren also ausgeprägter, als ihre Lehrer erwartet hatten. Das war für das Gelingen des Hamburger Versuchs sicher ungünstig, zumal der Subjektivismus der Schüler sich häufig auch direkt gegen die Lehrer richtete. Oft ernteten sie als Antwort auf ihre Freundlichkeit nur Grobheiten und Unverschämtheiten. Die folgende Äußerung eines Lehrers, die Lottig sich notiert hat, vermittelt uns eine Vorstellung von ihrer Enttäuschung:

«Es ist jetzt schon bald so, wir Lehrer werden wohl bald aus unserer eigenen Schule hinausgeworfen!»[24]

Hierher gehört auch die folgende kleine Begebenheit aus den letzten Jahren der Berlinertorschule, die Lottig für wichtig genug hielt, sie in seinem Tagebuch aufzuzeichnen.[25] Ein paar Jungen, die sich eine Ungehörigkeit geleistet hatten, sollten sich beim Schulleiter melden. Statt sich bei ihm einzufinden, ließen sie ihm sagen, er könne ja sie aufsuchen, wenn er ihnen irgend etwas mitteilen wolle. – Eine Kleinigkeit, gewiß! Und doch notiert der Autor des Tagebuchs sie nicht ohne die tief besorgte Frage: «Sind wir doch den Kindern *zu* sehr Kamerad? Können sie's doch nicht vertragen, daß sie zu einigen Lehrern ‹du› zu sagen gewohnt sind?»

23 ‹*Die Wiederentdeckung der Grenze*›, S. 50.
24 Lottigs Tagebuch vom 11. Oktober 1919.
25 A. a. O., 27. November 1929.

Bibliographie

ADLER, ALFRED, und CARL FURTMÜLLER: Heilen und Bilden. München 1914

AHLBORN, KNUD (Hg.): Krieg, Revolution und Freideutsche Jugend. Die Jenaer Tagung der Freideutschen Jugend. Hamburg 1919

BALLY, CHARLES: La crise du français – Notre langue maternelle à l'école. Neuchâtel, Paris o. J.

BAUDOUIN, CHARLES: Tolstoï éducateur. Neuchâtel, Paris 1921

BEHRENS, MARGARETE: Die Magdeburger Versuchsschule. In Fritz Karsen (Hg.): Die neuen Schulen in Deutschland. Langensalza 1924

BERNFELD, SIEGFRIED: Kinderheim Baumgarten. Berlin 1921

BLÜHER, HANS: Wandervogel, Geschichte einer Jugendbewegung. Bd. I und II. Berlin 1912

Die deutsche Wandervogelbewegung als erotisches Phänomen. Ein Beitrag zur Erkenntnis der sexuellen Inversion. Berlin 1912

Führer und Volk in der Jugendbewegung. Jena 1918

BONDY, CURT: Scheuen. Pädagogische Bemerkungen zum Lüneburger Fürsorgeerziehungsprozeß. Berlin 1921

BURKHARD, CARL: Klassengemeinschaftsleben. Tagebuchblätter aus der Knabensekundarschule Basel. Berlin 1911

BUSSE-WILSON, ELISABETH: Die Frau in der Jugendbewegung. Hamburg 1919

CAPITAINE, W.: Das Schulwesen Großbritanniens. Eschweiler 1907, 1909

CHRISTOFFEL, S.: Martin Planta. Bern 1865

CLAPARÈDE, EDOUARD: Psychologie de l'enfant. Genf 1920

L'Education fonctionelle. Neuchâtel, Paris 1931

COUSINET, ROGER: La méthode de travail libre par groupes pour les enfants de neuf à douze ans. Garches 1925

DEWEY, JOHN: L'Ecole et l'enfant. Neuchâtel, Paris 1922

DOTTRENS, R.: L'Education nouvelle en Autriche. Neuchâtel, Paris 1927

EBERMAYER, ERICH: Kampf um Odilienberg. Berlin 1930

FERBER, GERTRUD: Berthold Ottos pädagogisches Wollen und Wirken. Langensalza 1925

FERRIÈRE, ADOLPHE: L'Ecole active. Genf 1920 (übers. von Emmi Hirschberg: Schule der Selbstbetätigung oder Tatschule. Weimar 1928) L'Autonomie des écoliers. Neuchâtel, Paris 1921

La pratique de l'école active. Genf 1924

La liberté de l'enfant à l'école active. Brüssel 1928

FOERSTER, FRIEDRICH WILHELM: Schule und Charakter. Zürich 1910

Die Freideutsche Jugend im bayrischen Landtag. Hamburg 1914

Freideutscher Jugendtag, 1913, Reden. Hamburg 1913

FREUD, ANNA: Psychoanalyse für Pädagogen. Leipzig, Stuttgart 1931

FULDA, FRIEDRICH WILHELM: Die Beispielspädagogik im Wandervogel. Leipzig 1914

GAGGELL, G.: Die Selbstregierung der Schüler. München 1920

GANZ, MADELEINE: La psychologie d'Alfred Adler le développement de l'enfant. Neuchâtel, Paris 1935

GEBHARD, JULIUS: Die Schule am Dulsberg. Das Werden einer neuen Hamburger Volksschule. Jena 1924

Gill, Wilson L.: The boys and girls republic. Philadelphia 1913
Girard, Pater Gregor: Der moralische Werth des wohleingerichteten wechselseitigen Unterrichts. Zürich 1825
Giroud, G.: Cempuis – éducation intégrale. Paris 1900
Gläser, Johannes: Vom Kinde aus. Braunschweig 1920
Gläss, Theo: Die Entstehung der Hamburger Gemeinschaftsschulen und die pädagogische Aufgabe der Gegenwart. Berlin 1932
Graf, Alfred (Hg.): Schülerjahre. Erlebnisse und Urteile namhafter Zeitgenossen. Berlin 1914
Grolman, Adolf von: Kind und junger Mensch in der Dichtung der Gegenwart. Berlin 1930
Grunder, F.: Le mouvement des écoles nouvelles en Angleterre et en France. Paris 1910
Landerziehungsheime und freie Schulgemeinden. Leipzig 1917
Gunning, J. W. L.: Jan Ligthart. Sa vie et son œuvre. Neuchâtel, Paris 1922
Gurlitt, Ludwig: Erziehungslehre. Berlin 1909
Hamaïde, Amélie: La méthode Decroly. Neuchâtel, Paris 1922. (Neuauflage mit Vorwort von Pierre Bovet 1956, übers. von Marie-Therese Pape: Die Methode Decroly. Weimar 1928)
Handbuch der deutschen Jugendpflege. Berlin 1923
Henningsen, Nicolaus (Hg.): Berichte der hamburgischen Versuchs- und Gemeinschaftsschulen. Hamburg 1921
Hoffman, R. J.: Fug und Unfug der Jugendkultur. Hinweise und Feststellungen nebst zahlreichen Dokumenten jugendlicher Erotik bei Knaben. Greiz 1914
Hughes, Thomas: Tom Brown's school days. London 1858
Huguenin, Elisabeth: Paul Geheeb et la libre communauté scolaire de l'Odenwald. Genf 1919 (übers. von Emmi Hirschberg: Die Odenwaldschule. Weimar 1926)
Jöde, Fritz: Musikalische Jugendkultur. Hamburg 1918
Die Lebensfrage der neuen Schule. Hamburg 1919
Pädagogik deines Wesens – Gedanken der Erneuerung aus dem Wendekreis. Hamburg 1920
Karsen, Fritz: Deutsche Versuchsschulen der Gegenwart und ihre Probleme. Leipzig 1923
(Hg.): Die neuen Schulen in Deutschland, Langensalza 1924
Kerschensteiner, Georg: Begriff der Arbeitsschule. Leipzig 1912
Key, Ellen: Das Jahrhundert des Kindes. Berlin 1902
Kindt, Werner (Hg.): Grundschriften der Deutschen Jugendbewegung. Düsseldorf, Köln 1963
Klein, G. W.: Die freie Schulgemeinde Wickersdorf. Ein soziologischer Versuch. Jena 1921
Körber, Normann: Die deutsche Jugendbewegung. Berlin 1920
Lampel, Peter Martin: Jungen in Not. Berlin 1928
Revolte im Erziehungsheim. Berlin 1929
Lamszus, Wilhelm: Der Weg der Hamburger Gemeinschaftsschule. In Fritz Karsen (Hg.): Die neuen Schulen in Deutschland. Langensalza 1924
Langermann, Johannes: Der Erziehungsstaat nach Stein-Fichteschen Grundsätzen in einer Hilfsschule durchgeführt. Berlin 1920
Lay, August Wilhelm: Die Lebensgemeinschaftsschule. Osterwieck 1927

LIETZ, HERMANN: Emlohstobba. Roman oder Wirklichkeit? Bilder aus dem Schulleben der Vergangenheit, Gegenwart oder Zukunft? Berlin 1897
Die drei ersten Landerziehungsheime. Veckenstedt 1918
Die deutsche Nationalschule. Leipzig 1920
Lebenserinnerungen. Von Leben und Arbeit eines deutschen Erziehers. Veckenstedt 1920
Freseni. Privatdruck o. O., o. J. (1903) Dann in: Heim der Hoffnung – Von Lebenserfahrung und Lebensaufgabe – Fresini. Veckenstedt 1921
LIGTHART, JAN: Pädagogik des vollen Lebens. Weimar 1931
LOTTIG, WILLIAM: Unveröffentlichtes, handschriftliches Tagebuch 1919–33
LÜTKENS, CHARLOTTE: Die deutsche Jugendbewegung. Frankfurt a. M. 1925
MAYER, ADOLF: Die Methode des holländischen Elementarlehrers Jan Ligthart. Langensalza 1917
Die Marburger Tagung der freideutschen Jugend. Hamburg 1914
MEISSNER, ERICH: Hermann Lietz. Veckenstedt 1920
MESSER, AUGUST: Pädagogik der Gegenwart. Berlin 1926
Die freideutsche Jugendbewegung. Langensalza [5]1924
METZENTHIN, EDUARD: Die Selbstbetätigung der Schüler auf dem Gebiet der Schulerziehung in früherer Zeit. Langensalza 1915
MONTESSORI, MARIA: Die Entdeckung des Kindes. Freiburg, Basel, Wien 1969
MÜLLER, C. H.: Loslösung. In Fritz Jöde (Hg.): Pädagogik deines Wesens. Hamburg 1920
NEILL, A. S.: The Problem Child. London 1926
OTTO, BERTHOLD: Der Lehrgang der Zukunftsschule. Leipzig 1901
Hauslehrerbestrebungen und Altersmundart. Leipzig 1905
Vom königlichen Amt der Eltern. Leipzig 1906
Kindermundart. Berlin 1908
Die Reformation der Zukunftsschule. Berlin-Lichterfelde 1912
Die Zukunftsschule II. Berlin-Lichterfelde 1914
Volksorganisches Denken. Berlin 1925/26
PAULSEN, WILHELM: Die Überwindung der Schule. Leipzig 1926
PETERSEN, PETER: Die neueuropäische Erziehungsbewegung. Weimar 1926
PFISTER, OSKAR: Die Psychanalyse im Dienste der Erziehung. Leipzig 1929
PIAGET, JEAN: Le langage et la pensée chez l'enfant. Neuchâtel, Paris 1923
Le jugement moral chez l'enfant. Paris 1922 (übers. von Lucien Goldmann: Das moralische Urteil beim Kinde. Zürich 1954)
PINLOCHE, A.: Geschichte des Philanthropismus. Deutsche Bearbeitung von J. Rauschenfels u. A. Pinloche. Leipzig 1914
PRODINGER, KARL: Was ich mit meiner Schulgemeinde will. Pola 1909
PUPIHOFER, J. A.: Leben und Wirken von J. G. Wehrli. Frauenfeld 1857
REISINGER, ERNST: Dr. Wyneken, der «Anfang» und die freideutsche Jugend. München 1914
RICHERT, HANS (Hg.): Richtlinien für die Lehrpläne der höheren Schulen Preußens. Berlin 1924
RÖHL, ADOLF: Das Chaos – der Anfang. In Fritz Jöde (Hg.): Pädagogik deines Wesens. Hamburg 1920
RÖSSGER, KARL: Der Weg der Arbeitsschule. Leipzig 1927
ROUSSEAU, JEAN-JACQUES: Emile. Stuttgart 1965
RUDE, ADOLF: Besuche in Versuchs- und Gemeinschaftsschulen. In A. W. Lay: Die

Lebensgemeinschaftsschule. Osterwieck 1927
SCHLÜNZ, FRIEDRICH: Von der wesentlichen Haltung – Wider die Schulreform. Hamburg 1920
SCHOHAUS, WILLI: Schatten über der Schule. Zürich 1930
STANLEY, A. P.: The life and Correspondence of Thomas Arnold. London 1846
TEPP, MAX: Die neue Schule. Hamburg 1919
TOLSTOJ, LEO N.: Pädagogische Schriften. Hg. von Raphael Löwenfels. Jena 1911 (Teilnachdruck in: Ausgewählte pädagogische Schriften. Hg. von Theodor Ruut. Paderborn 1960)
VEUTHEY, LÉON: Un grand éducateur: Le Père Girard. Paris 1934
WEINMANN, DR. E.: Das Seminar Kreuzlingen 1833–1933. Kreuzlingen 1933
WILKER, KARL: Der Lindenhof. Heilbronn 1921
WYNEKEN, GUSTAV: Was ist Jugendkultur? München 1913
Der Gedankenkreis der freien Schulgemeinde. Leipzig 1913
Schule und Jugendkultur. Jena 1913
Der Kampf für die Jugend. Jena 1919
Eros. Lauenburg 1921
ZEIDLER, KURT: Vom erziehenden Eros, Hamburg 1920
«Der Ernst des Lebens». In Fritz Jöde (Hg.): Pädagogik deines Wesens. Hamburg 1920
Die Wiederentdeckung der Grenze. Jena 1926

Zeitschriften und Jahrbücher

Der Anfang. Zeitschrift der Jugend. Berlin
L'Educateur. Lausanne
Freideutsche Jugend. Hamburg
Die freie Schulgemeinde. Jena
Hamburger Lehrerzeitung
Der Hauslehrer. Hg. von Berthold Otto. Berlin-Lichterfelde
L'Intermédiaire des éducateurs. Lausanne
Jahrbücher der Freien Schulgemeinde Wickersdorf. Jena
Jahresbücher der «Deutschen Landerziehungsheime». Veckenstedt
Jahresberichte der Freien Schulgemeinde Wickersdorf. Jena
Der Leib. Hg. von Max Tepp. Hamburg
Leipziger Schulwart
Pädagogische Reform. Hamburg
Schweizer pädagogische Zeitschrift. Zürich
Unsere Schule. Blätter der Schulgemeinde Berlinertor. Hamburg
Die Wende. Rundbrief für die freideutsche Lehrerjugend. Hg. von Fritz Jöde. Hamburg
Das werdende Zeitalter. Eine Monatszeitschrift für Erneuerung der Erziehung. Hg. von Elisabeth Rotten und Karl Wilker. Berlin

684/2